彩图1 网店整体配色

彩图2 单一色彩配色

彩图3 色相环

彩图4 暖色色调

彩图5 冷色色调

彩图6 暗色色调

彩图 7　明色色调

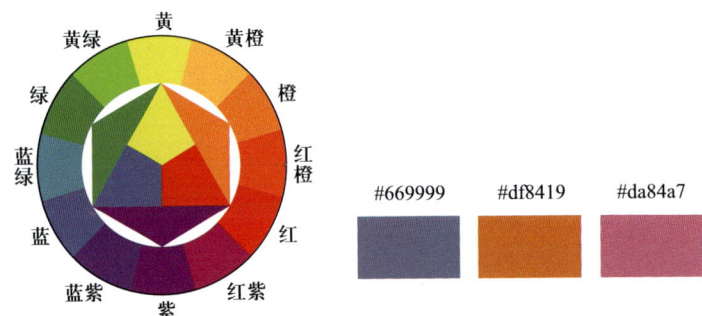

彩图 8　淡色色调

彩图 9　根据色相环配色

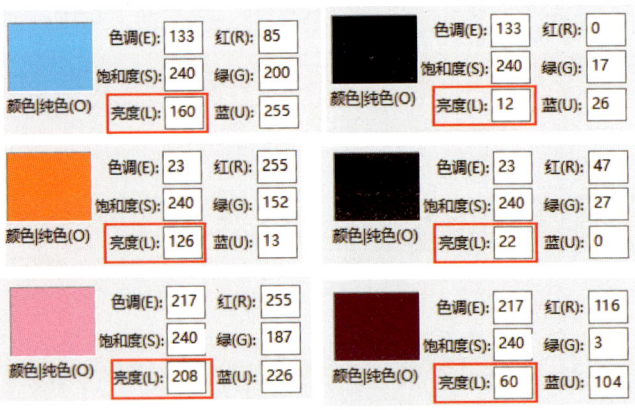

彩图 10　借鉴成功网店配色方案

彩图 11　用黄金分割法选取对比色

职业技能等级认定培训教程

电子商务师

(网商)(三级)

中国就业培训技术指导中心
人力资源和社会保障部职业技能鉴定中心　组织编写

中国劳动社会保障出版社

图书在版编目（CIP）数据

电子商务师.网商：三级 / 中国就业培训技术指导中心，人力资源和社会保障部职业技能鉴定中心组织编写.-- 北京：中国劳动社会保障出版社，2024

职业技能等级认定培训教程

ISBN 978-7-5167-6232-5

Ⅰ.①电… Ⅱ.①中…②人… Ⅲ.①电子商务 – 职业技能 – 鉴定 – 教材 Ⅳ.① F713.36

中国国家版本馆 CIP 数据核字（2024）第 073535 号

中国劳动社会保障出版社出版发行

（北京市惠新东街1号 邮政编码：100029）

*

北京谊兴印刷有限公司印刷装订 新华书店经销

787 毫米 ×1092 毫米 16 开本 17.5 印张 1 彩插页 287 千字
2024 年 6 月第 1 版 2025 年 1 月第 2 次印刷
定价：55.00 元

营销中心电话：400-606-6496
出版社网址：http://www.class.com.cn

版权专有 侵权必究

如有印装差错，请与本社联系调换：(010) 81211666
我社将与版权执法机关配合，大力打击盗印、销售和使用盗版图书活动，敬请广大读者协助举报，经查实将给予举报者奖励。

举报电话：(010) 64954652

职业模块 6　商务数据分析 · 225
　培训课程 1　电子商务数据加载 · 227
　培训课程 2　电子商务数据报表设计制作 · 238
　培训课程 3　电子商务数据统计分析 · 256
　　学习单元 1　交易数据分析 · 256
　　学习单元 2　营销活动数据分析 · 263

编审委员会

主　任　吴礼舵　张　斌　韩智力
副主任　葛恒双　葛　玮
委　员　李　克　朱　兵　赵　欢　王小兵　贾成千　吕红文
　　　　瞿伟洁　高　文　郑丽媛　陆照亮　刘维伟

本书编审人员

主　编　崔华楠　王利锋
副主编　夏名首　马文娟　张明勇
编　者　何兴旺　陈仕爱　农小晓　李雪菁　王黎明　宋　玉
　　　　龚　靓　甘　博　李春蕾　李小敬
主　审　易　久
审　稿　夏　敏　廖姣娣

前　言

为加快建立劳动者终身职业技能培训制度，全面推行职业技能等级制度，推进技能人才评价制度改革，促进职业培训包制度与职业技能等级认定制度的有效衔接，进一步规范培训管理，提高培训质量，中国就业培训技术指导中心、人力资源和社会保障部职业技能鉴定中心组织有关专家依据《电子商务师国家职业技能标准（2022年版）》（以下简称《标准》），编写了电子商务师职业技能等级认定培训教程（以下简称等级教程）。

电子商务师等级教程紧贴《标准》要求编写，内容上突出职业能力优先的编写原则，结构上按照职业功能模块分级别编写。该等级教程共包括《电子商务师（基础知识）》《电子商务师（网商）（五级）》《电子商务师（跨境电子商务师）（五级）》《电子商务师（网商）（四级）》《电子商务师（跨境电子商务师）（四级）》《电子商务师（网商）（三级）》《电子商务师（跨境电子商务师）（三级）》《电子商务师（二级　一级）》8本。《电子商务师（基础知识）》是各级别电子商务师均需掌握的基础知识，其他各级别教程内容分别包括各级别电子商务师应掌握的理论知识和操作技能。

本书是职业技能等级认定推荐教程，也是职业技能等级认定题库开发的重要依据，已纳入职业培训包教材资源，适用于职业技能等级认定培训和中短期职业技能培训。

本书由现代职业教育研究院崔华楠、苏州经贸职业技术学院王利锋担任主编，安徽商贸职业技术学院夏名首、广州南洋理工职业学院马文娟、武汉职业技术学院张明勇担任副主编，北京石油化工学院易久担任主审。具体分工为：山东劳动职业技术学院李春蕾编写了职业模块1；威海海洋职业学院龚靓、济宁市技师学院宋玉、山东劳动职业技术学院甘博编写了职业模块2；山东水利职业学院李小敬、安徽商贸职业技术学院何兴旺、北京创联教育投资有限公司陈仕爱编写了职业模块3；广西职业技术学院农小晓编写了职业模块4；山东劳动职业技术学院王黎明编写了职业模块5；威海职业学院李雪菁编写了职业模块6。

  本书在编写过程中得到现代职业教育研究院、北京联合大学电子商务行业与教育研究所等单位的大力支持与协助，在此一并表示衷心感谢。

中国就业培训技术指导中心
人力资源和社会保障部职业技能鉴定中心

目录 CONTENTS

职业模块 1　产品及服务信息管理 ·· 1

  培训课程 1　产品及服务品类信息管理 ······································ 3
    学习单元 1　产品及服务品类信息设置 ···································· 3
    学习单元 2　产品及服务品类信息修改 ·································· 15

  培训课程 2　产品及服务组合信息管理 ···································· 17
    学习单元 1　产品及服务组合信息设置 ·································· 18
    学习单元 2　产品及服务组合信息优化 ·································· 22

  培训课程 3　产品及服务价格信息管理 ···································· 23
    学习单元 1　产品及服务价格信息设置 ·································· 24
    学习单元 2　产品及服务价格信息修改 ·································· 29

职业模块 2　线上店铺设计与装修 ··· 31

  培训课程 1　整体风格设计 ·· 33
    学习单元 1　网店风格定位 ·· 33
    学习单元 2　网店视觉设计 ·· 39
    学习单元 3　网店配色方案设计 ·· 43

  培训课程 2　装修元素设计 ·· 48
    学习单元 1　网店文案字体设计 ·· 48
    学习单元 2　网店文案样式设计 ·· 53
    学习单元 3　网店装修图片设计 ·· 58
    学习单元 4　网店装修推广图设计 ······································ 70
    学习单元 5　网店装修视频制作 ·· 76

  培训课程 3　用户页面设计 ·· 79
    学习单元 1　网店首页设计 ·· 79
    学习单元 2　商品详情页设计 ·· 83
    学习单元 3　网店自定义页设计 ·· 88

职业模块3　营销推广··93

培训课程1　搜索引擎推广···95
学习单元1　搜索引擎优化认知···95
学习单元2　搜索引擎优化关键词挖掘及关键词词库建立···········101
学习单元3　商品标题优化···113
学习单元4　关键词竞价推广··121
学习单元5　关键词竞价推广效果优化······································133

培训课程2　信息流推广··138
学习单元1　信息流推广认知··138
学习单元2　信息流推广策略选择··145
学习单元3　信息流推广投放···149
学习单元4　信息流推广效果优化··155

职业模块4　业务处理··161

培训课程1　采购管理··163
学习单元1　商品补货计划···163
学习单元2　商品采购管理···166

培训课程2　销售管理··171
学习单元1　客户信息管理···171
学习单元2　交易评价处理···173
学习单元3　销售数据管理···178

职业模块5　客户服务··187

培训课程1　社群管理··189
学习单元1　社群定位···189
学习单元2　社群建立···193
学习单元3　社群推广···197
学习单元4　社群运营···203

培训课程2　客户关系管理···211
学习单元1　客户忠诚度管理··211
学习单元2　客户挽回策略制定···217

职业模块 ① 产品及服务信息管理

培训课程 1　产品及服务品类信息管理
　　学习单元 1　产品及服务品类信息设置
　　学习单元 2　产品及服务品类信息修改

培训课程 2　产品及服务组合信息管理
　　学习单元 1　产品及服务组合信息设置
　　学习单元 2　产品及服务组合信息优化

培训课程 3　产品及服务价格信息管理
　　学习单元 1　产品及服务价格信息设置
　　学习单元 2　产品及服务价格信息修改

培训课程 1
产品及服务品类信息管理

在电商平台，当商家销售的商品较少时，用户可以一个一个地浏览，然后选择自己喜欢的商品，但当商家销售的商品越来越多时，用户是没有办法一个个进行浏览选择的。所以，为了解决在商品数目过多的情况下，让用户有序浏览商品，产品及服务品类信息管理系统就应运而生。

学习单元1　产品及服务品类信息设置

一、电商平台品类划分依据

电商平台的品类是指平台上所提供的各种商品的分类，它是根据产品及服务的属性、行业分类、用户需求等因素进行划分和组织的。电商平台品类划分依据包括以下几个方面。

1. 产品及服务的属性

电商平台的品类可以根据产品及服务的属性进行划分，如服装鞋包、家居家装、美妆个护、食品饮料、数码家电、母婴用品、运动户外等。这种划分方式主要根据产品及服务的物理属性和功能特点来进行分类，方便消费者根据需要进行选择和购买。

2. 行业分类

电商平台的品类也可以根据产品及服务所属的行业进行分类，如时尚、家居、美妆、食品、电子、母婴、运动等。这种划分方式主要考虑到不同行业的产品及服务特点和消费者需求，便于消费者在特定行业中浏览和购买产品或服务。

3. 用户需求

电商平台的品类也可以根据用户需求进行划分，如女装、男装、童装、宠物用品、家具、厨具、礼品、学习培训、景点门票等。这种划分方式主要考虑到不同用户群体的消费需求和偏好，方便他们根据自身需求进行选择和购买。

4. 品牌划分

电商平台的品类也可以根据产品或服务所属的品牌进行划分，如自有品牌、国内知名品牌、国际品牌等。这种划分方式主要考虑到品牌对消费者购买决策的影响和品牌的知名度，方便消费者找到自己喜欢的品牌。

5. 价格区间

电商平台的品类还可以根据产品及服务的价格区间进行划分，如高端品牌、中端品牌、低端品牌等。这种划分方式主要考虑到消费者的消费能力和购买预算，方便他们根据自身经济条件进行选择和购买。

6. 销售渠道

电商平台的品类也可以根据产品及服务的销售渠道进行划分，如自营产品、第三方销售产品等。这种划分方式主要根据产品及服务销售的来源和渠道进行分类，方便消费者选择合适的购买方式。

7. 地理位置

电商平台的品类还可以根据产品及服务的产地和服务区域进行划分，如国内产品、进口产品等。这种划分方式主要考虑到商品的产地和质量特点，方便消费者选择符合自己需求的商品。

电商平台的品类划分旨在提供更好的购物体验和满足消费者的多样化需求。通过合理的品类划分，电商平台可以更好地展示商品信息，提高用户购物效率，促进交易的顺利进行。同时，电商平台也可以根据市场需求和发展趋势不断调整和优化品类设置，以适应不断变化的消费者需求。

二、产品及服务品类信息内涵

产品及服务品类划分是指在网络店铺中，商家将自己的商品按照一定的分类标准进行划分和组织，以便消费者浏览和购买。品类划分对于网店的运营和销售至关重要，可以提高用户的购物体验，提升销售效果。网络店铺中常见的不同行业的产品及服务品类划分如下。

1. 服装鞋包

服装鞋包一般包括男装、女装、童装、鞋类、箱包等。商家可以根据不同的季节、款式、材质等元素进行细分，以满足不同消费者的需求。

2. 家居家装

家居家装主要包括家具、家纺、装饰品、厨具等。随着人们对家居环境和生活品质的要求越来越高，对家居家装品类的需求也越来越大。商家可以根据不同的家居风格、功能需求等进行细分，以提供更好的选择。

3. 美妆个护

美妆个护包括化妆品、护肤品、个人护理用品等。美妆个护品类是网店销售的热门品类之一，不仅女性消费者关注，男性消费者也越来越重视个人形象和护理。商家可以根据不同的品牌、功效、适用人群等进行细分。

4. 食品饮料

食品饮料包括零食、保健品、酒水等。食品饮料是人们日常生活中必需的消费品，也是网店销售的重要品类之一。商家可以根据不同的食品类型、产地、口味等进行细分，以满足人们对不同美食的需求。

5. 数码家电

数码家电主要包括手机、计算机、相机等。随着科技的不断发展，消费者对数码家电品类的需求也越来越大。商家可以根据不同的功能、品牌、价格等进行细分，以满足消费者对不同科技产品的需求。

6. 母婴用品

母婴用品主要包括婴儿用品、孕产妇用品、玩具等。因为婴儿和孕产妇的需求特殊而且持续性强，母婴用品是网店销售的重要品类之一。商家可以根据不同的年龄段、功能需求等进行细分，以为消费者提供更好的选择。

7. 运动户外

运动户外主要包括运动装备、户外用品、健身器材等。随着人们健康意识的提高和生活方式的改变，对运动户外用品的需求也越来越大。商家可以根据不同的运动项目、户外活动等进行细分，以满足消费者对不同运动和户外活动爱好的需求。

在进行品类划分时，商家应该对自身的经营特点和目标客户群体进行分析，合理设置品类信息，提供丰富多样的产品或服务选择，以满足不同消费者的需求。

注意事项：在实际应用中，需要根据实际情况选择合适的品类划分方法。例如，对于食品品类，可以按照食品的营养成分进行分类，分为碳水化合物类、蛋白质类、脂肪类、维生素类等；对于电子产品品类，可以按照电子产品的功能进行分类，分为手机、平板、笔记本电脑、游戏机等；对于家具品类，可以按照家具的用途进行分类，分为卧室家具、客厅家具、餐厅家具等。

 **典型案例**

服装产品的品类划分

服装产品的品类可以按照以下几个方面进行划分，见表1-1-1。

表1-1-1　服装产品常见的品类划分依据

划分依据	划分标准	品　　类
性别	男装	西装、衬衫、T恤、卫衣、裤子、鞋子等
	女装	连衣裙、半身裙、衬衫、T恤、裤子、鞋子等
	童装	婴儿装、幼儿装、儿童装等
种类	外套	风衣、夹克、大衣、皮衣等
	衬衫	长袖衬衫、短袖衬衫、牛仔衬衫等
	T恤	圆领T恤、V领T恤、长袖T恤等
	裤子	牛仔裤、休闲裤、西裤、运动裤等
	裙子	连衣裙、半身裙、长裙、短裙等
风格	休闲装	休闲T恤、休闲裤、运动鞋等
	商务装	西服、衬衫、领带、皮鞋等
	运动装	运动T恤、运动裤、运动鞋等
	时尚装	时尚外套、时尚裤子、时尚鞋子等
材质	棉质	棉质T恤、棉质衬衫、棉质裤子等
	麻质	麻质衬衫、麻质裤子等
	羊毛	羊毛外套、羊毛裤子等
	丝绸	丝绸连衣裙、丝绸衬衫等

续表

划分依据	划分标准	品类
季节	春季服装	薄外套、薄毛衣、长袖T恤等
	夏季服装	短袖T恤、短裤、凉鞋等
	秋季服装	毛衣、卫衣、长袖衬衫等
	冬季服装	羽绒服、棉衣、毛呢大衣等
功能	防晒服	防晒衣、防晒帽等
	运动服	运动T恤、运动裤、运动鞋等
	工作服	工作制服、工作鞋等
	礼服	晚礼服、婚礼礼服等
	配饰	帽子、围巾、手套、腰带、饰品等

以上是服装行业常见的分类方法，不同的分类方法适用于不同的场景，同时，每个细分品类根据不同的标准还可进一步细分。在实际应用中，需要根据实际情况选择合适的分类方法。

三、产品及服务品类信息设置流程

1. 登录后台，进入"商品"模块。

2. 在"商品"模块中，选择"商品分类"。

3. 在"商品分类"页面中，可以看到已有的商品分类，也可以创建新的商品分类。

4. 如果要创建新的商品分类，可以点击"新建分类"按钮，填写分类名称和分类描述等信息。

5. 在创建或选择商品分类后，需要设置该分类的属性，包括品牌、型号、规格等信息。

6. 设置完属性后，可以在该分类下添加商品，也可以将已有的商品移动到该分类下。

淘宝 PC 端产品及服务品类设置方法

一、操作情景

小红的团队在淘宝注册了网店，打算销售女装类产品。请为该网店淘宝 PC 端添加产品品类。

二、操作步骤

步骤 1　进入产品及服务品类界面

如图 1-1-1 所示，进入千牛工作台，展开店铺中的"店铺装修"，选择"PC 店铺装修"，点击右侧的"宝贝分类"，即可进入产品及服务品类设置的界面。

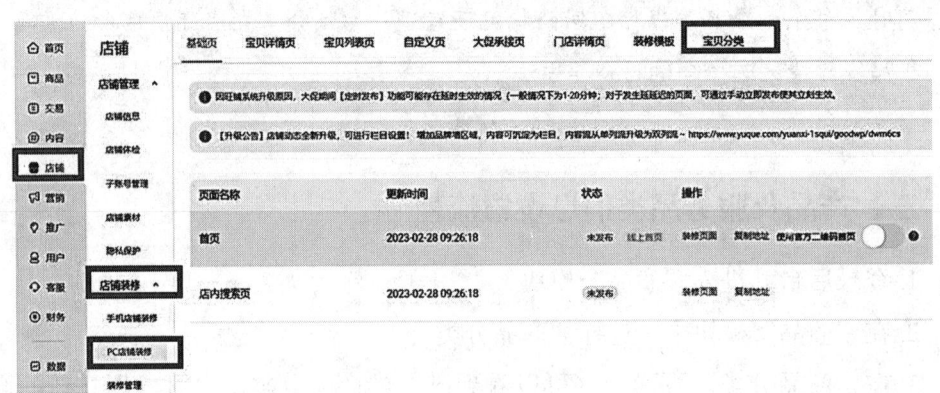

图 1-1-1　产品及服务品类设置示意图

步骤 2　添加手工分类

如图 1-1-2 所示，点击左上角的"添加手工分类"，即可添加商品分类。依次完成相关参数的设置，即可完成产品及服务品类的设置。具体参数如图 1-1-3 所示。

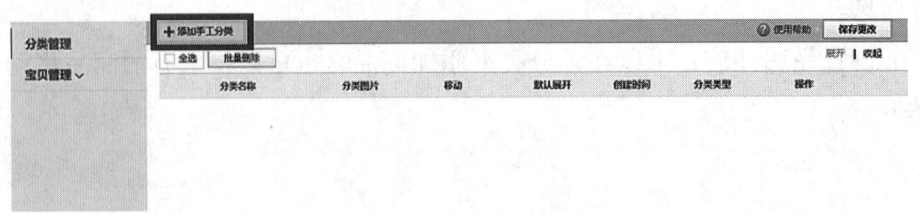

图 1-1-2　PC 端产品及服务品类添加按钮

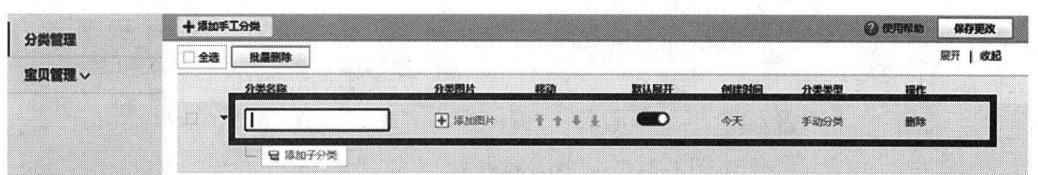

图 1-1-3　PC 端产品及服务品类添加示意图

（1）输入分类名称

（2）添加分类图片

 小贴士

分类图片必须使用图片空间中的图片，图片宽度需在指定大小以内。

（3）调整分类顺序

点击"移动"下的置顶"↑"、向上"↑"、向下"↓"、置底"↓"、按钮，即可对分类调整顺序。

（4）设置是否默认展开

"默认展开"按钮打开时，分类的子分类会在店铺分类显示的时候自动展开。点击"默认展开"按钮，即可关闭默认展开，分类的子分类在店铺分类显示的时候不会自动展开，需要手动操作。

步骤 3　添加子分类

如图 1-1-4 所示，点击"添加子分类"，即可对现有分类添加子分类。依次完成相关参数的设置，即可完成产品及服务品类的设置，具体如图 1-1-5 所示。

图 1-1-4　PC 端产品及服务子分类添加示意图

步骤 4　删除分类或子分类

如图 1-1-6 所示，点击"删除"按钮，即可对已添加的分类或子分类进行删除。

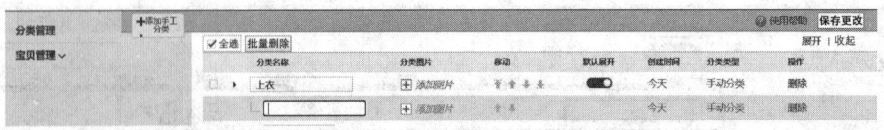

图 1-1-5　产品及服务子分类添加界面

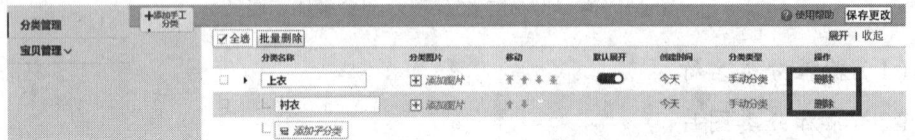

图 1-1-6　PC 端产品及服务子分类删除示意图

 **小贴士**

删除产品及服务分类时，必须满足两个条件：该分类下不存在其他子分类，该分类下不存在其他商品。

步骤5　保存品类设置

如图 1-1-7 所示，依次完成相关参数的设置后，点击保存更改即可完成产品及服务品类的设置。

图 1-1-7　PC 端产品及服务子分类保存示意图

手机端产品及服务品类设置方法

一、操作情景

小红的团队在淘宝注册了网店，打算销售女装类产品。请为该网店淘宝手机端添加产品品类。

二、操作步骤

步骤1 进入产品及服务品类界面

如图1-1-8所示,进入千牛工作台展开店铺中的"店铺装修",选择"手机店铺装修",点击右侧的"宝贝分类",点击"装修页面",即可进入手机端产品及服务品类设置的界面。

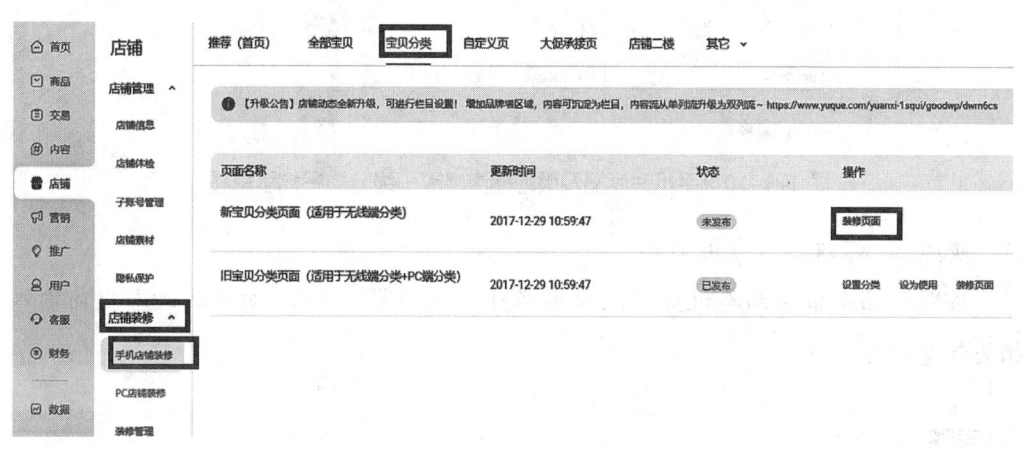

图1-1-8 手机端产品及服务品类设置操作图

步骤2 修改一级分类名称

如图1-1-9所示,由于手机端产品及服务品类设置界面已有示例分类,故首次添加分类时,只需对现有分类名称进行修改即可。将鼠标置于"示例一级分类"上方,此时右侧出现修改按钮,如图1-1-10左上角所示。点击修改按钮,输入新的一级分类名称即可完成修改。

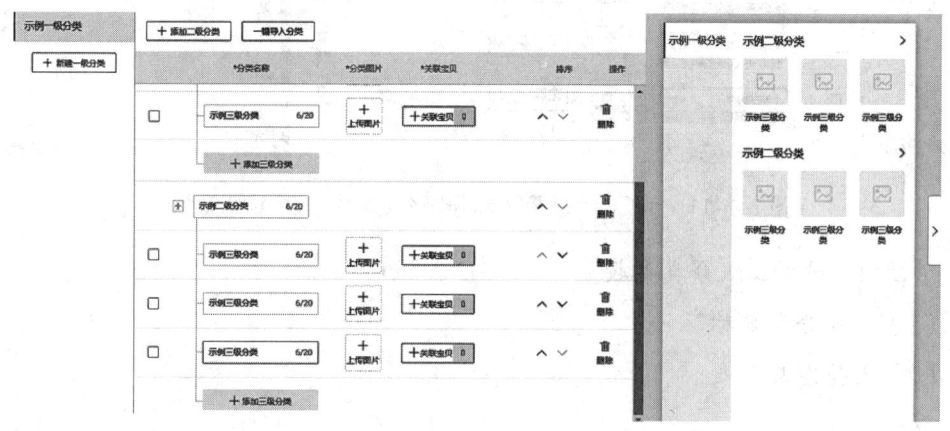

图1-1-9 手机端产品及服务品类设置界面

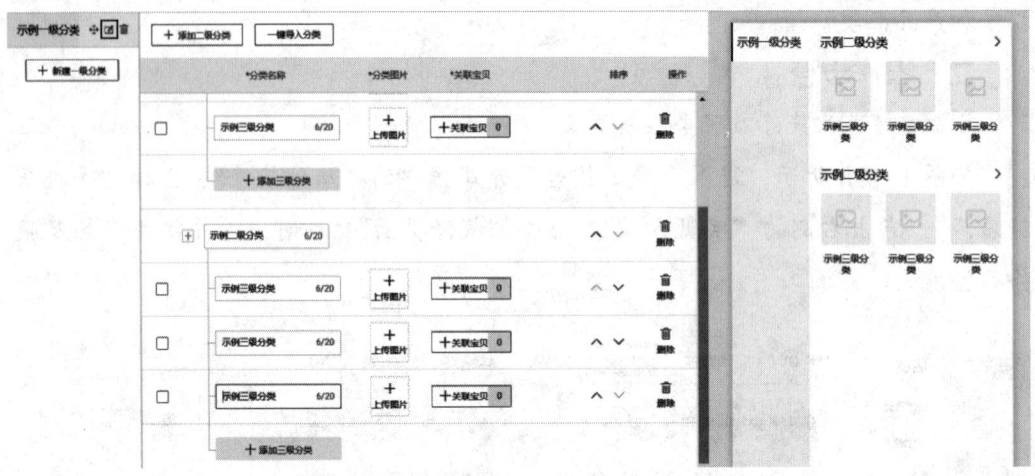

图 1-1-10 手机端产品及服务品类修改一级分类名称示意图

步骤3 修改二级分类名称

按照产品及服务品类设置二级分类名称,在如图 1-1-11 所示的文本框内输入相关信息即可。

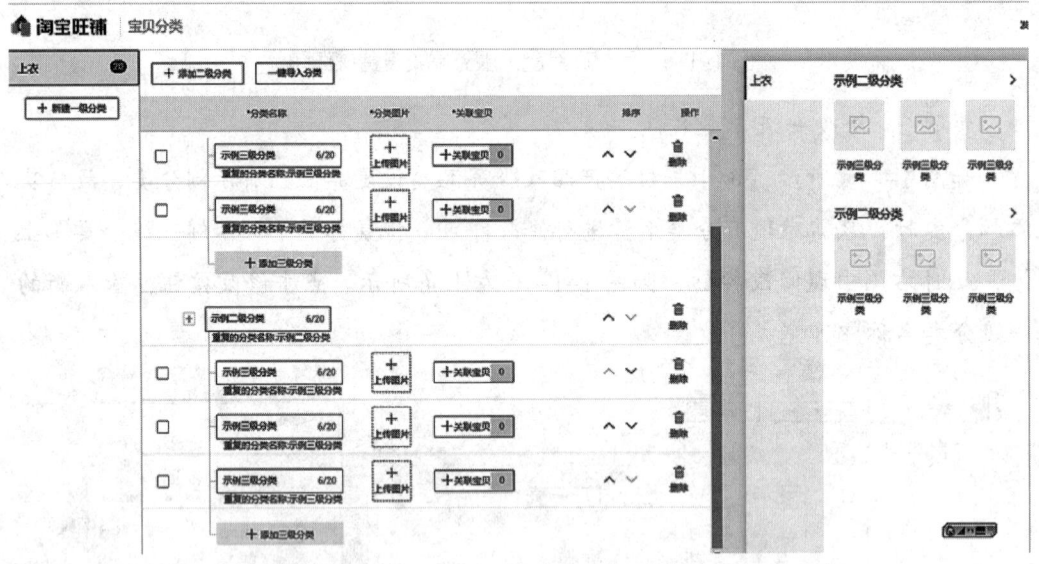

图 1-1-11 手机端产品及服务品类修改二级分类名称示意图

步骤4 设置三级分类参数

(1)输入分类名称。

(2)上传图片。

 **小贴士**

上传图片必须使用图片空间中的图片，图片宽度需在指定大小以内。

（3）关联商品

点击"关联宝贝"，即可完成对已添加商品的关联。

 **小贴士**

单个分类最多仅支持关联100个商品。

（4）排序

点击"排序"下的向上、向下按钮，即可调整三级分类顺序。

步骤5　删除分类

如图1-1-12所示，点击删除按钮，即可对已添加的分类进行删除。

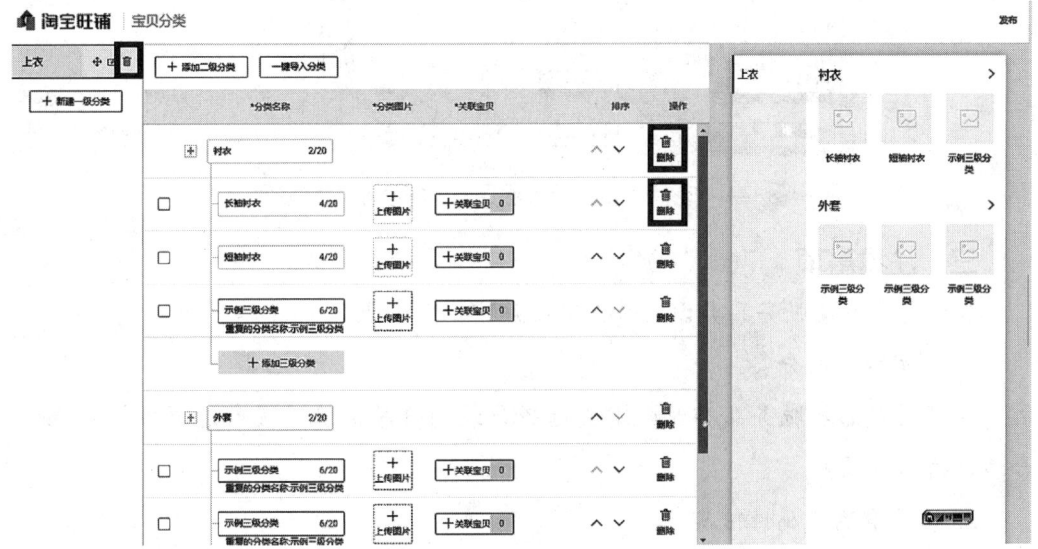

图1-1-12　手机端产品及服务品类删除分类示意图

> 删除产品及服务分类时,必须满足两个条件:该分类下不存在其他子分类,该分类下不存在其他商品。

步骤6　保存分类

如图1-1-13所示,依次完成相关参数的设置后,点击"发布"即可完成产品及服务品类的设置。

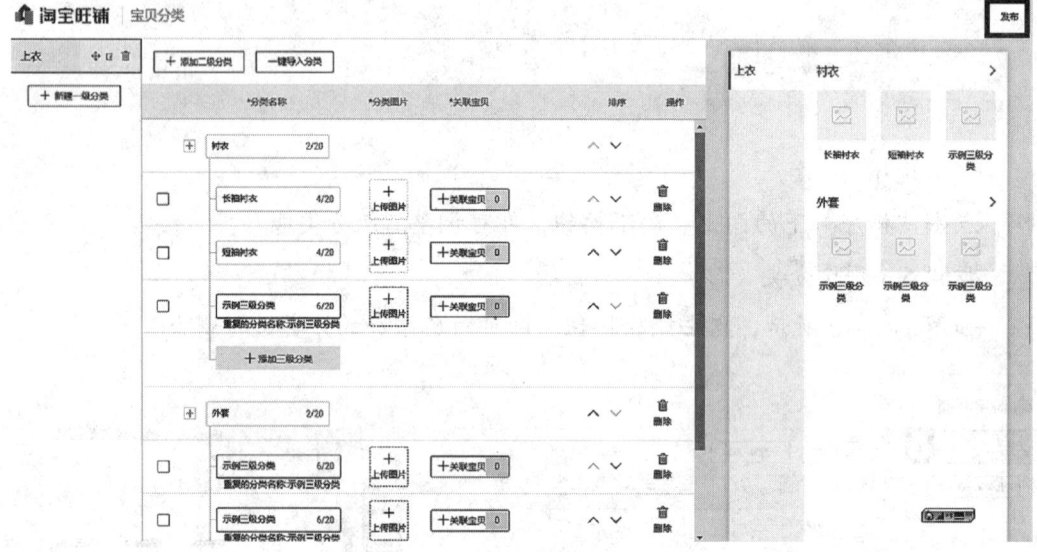

图1-1-13　手机端产品及服务品类保存分类示意图

三、注意事项

在进行产品及服务品类设置时,需要注意以下几点。

1. 确定合适的分类

在设置产品及服务品类时,需要选择合适的分类,确保买家能够方便地找到合适的商品或服务。

2. 填写准确的属性信息

在设置产品及服务品类时,需要填写准确的属性信息,包括品牌、型号、规格等。这些信息将直接影响买家的购买决策,因此需要认真核对。

3. 提供详细的商品描述和清晰的图片

在设置产品及服务品类时，需要提供详细的商品描述和清晰的图片，让买家更好地了解商品或服务。商品描述应该包括商品的特点、功能、使用方法等信息，商品图片应该清晰、美观、全面。

学习单元 2　产品及服务品类信息修改

一、产品及服务品类信息修改原因

电商产品及服务品类信息的修改有多种原因，其中最常见的原因有以下几种。

1. 产品调整或改进

如果产品经过改进或者调整了规格、功能或特性，就可能需要对产品的品类信息进行修改，以确保准确地描述产品的属性和特点。

2. 行业规范变化

随着行业标准和规范的不断发展和变化，某些产品的品类或归属会有所调整。在这种情况下，可能需要根据最新的行业要求修改产品的品类信息，以符合相关标准。

3. 市场需求变化

市场需求随时都在变化，产品品类也应随之调整。如果目标市场或受众有所改变，则可能需要根据市场需求进行品类信息的修改，以使产品更好地适应当前的市场环境。

4. 销售优化

通过分析市场数据和消费者反馈，发现某些产品在特定品类中销售效果较好，而在其他品类中表现较差。在这种情况下，可以考虑将产品调整到更适合的品类中，从而提升销量。

5. 网站或平台优化

有些电商平台或在线商城会针对产品的品类信息进行优化，以提供更好的用户体验或更准确的搜索结果。在这种情况下，需要根据平台的要求或建议对产品的品类信息进行修改。

无论什么原因，修改电商产品及服务品类信息都是为了更好地展示和销售产品，提升用户体验和满足市场需求。在进行修改时，建议根据实际情况和相关规范，权衡利弊进行合理调整。

二、产品及服务品类信息修改操作流程

电商产品及服务品类信息的修改，一般可以通过以下步骤进行。

1. 登录后台管理系统

使用电商平台的管理员账号登录到后台管理系统。

2. 导航到产品管理页面

在后台管理系统中，找到"产品管理"或者类似的导航选项，点击进入该页面。

3. 搜索要修改的产品

在产品管理页面中，使用相关的筛选条件或者搜索框快速找到需要修改品类信息的产品。

4. 编辑产品信息

找到需要修改品类信息的产品后，在该产品的详细信息页面中，通常会有"编辑"按钮或者选项。点击"编辑"按钮或者选择"编辑"选项，可以进入产品编辑界面。

5. 修改品类信息

在产品编辑界面中，找到与品类相关的字段或者选项，可以进行相应修改。不同的电商平台，字段或选项的位置和名称可能会有所差异，但通常可以找到类似"品类""类目""分类"等字段。

6. 保存修改

完成品类信息的修改后，点击"保存"按钮或者选项，以使修改生效。

以上操作步骤是基于一般电商平台的管理员后台管理系统的情况，实际操作步骤可能因电商平台而异。如果使用的是特定的电商平台，可以查阅该平台的相关帮助文档或联系平台客服，以获取更详细和准确的操作指导。

培训课程 2 产品及服务组合信息管理

产品及服务组合信息是一种关联营销,可以更好地帮助商家销售店铺中的一些相关产品。产品及服务组合信息如图1-2-1所示。

图1-2-1 产品及服务组合信息示意图

产品及服务组合信息对商品推广具有重要意义。

1. 满足多样化需求

了解产品及服务组合信息可以帮助商家更好地满足客户需求,提供更加个性化的产品及服务组合,从而提高客户的满意度和忠诚度。

2. 提高交叉销售

了解产品及服务组合信息可以帮助商家设计出更加合适的产品及服务组合,通过交叉销售提高商家的销售额和市场份额,增加商家的盈利能力。

3. 增加市场占有率

通过了解竞争对手的产品及服务组合信息,商家可以发现市场上的空缺和机会,进一步提高商家产品及服务的市场占有率和竞争力。

4. 降低成本

通过合理设计产品及服务组合,可以优化产品及服务组合,避免过多或过少的库存及资源浪费,降低生产和销售成本,提高商家的运营效率和利润。

5. 优化定价策略

通过了解产品及服务组合信息,可以进行定价优化,针对不同的产品及服务组合采用不同的定价策略。

6. 提高品牌认知度

通过设计出独特的产品及服务组合,可以增强商家的品牌形象和认知度,进一步提高商家的市场竞争力。

学习单元1 产品及服务组合信息设置

一、产品及服务组合的内涵

产品及服务组合是指企业在销售时提供的产品及服务的种类和数量,对于企业的销售和利润都有着重要的影响。产品及服务组合包括四个因素:产品及服务的宽度、产品及服务的长度、产品及服务的深度和产品及服务的关联性。

1. 产品及服务的宽度

宽度指的是产品及服务组合的种类。例如,一家食品公司可以提供方便食品、零食及饮料、冷冻食品、调味品及调料等,这些产品的组合构成了该食品公司产品的宽度。对于一家电商服装企业来说,可以提供多种不同类型的服装,如上装、下装、鞋帽等,这些服装的组合就构成了该电商服装企业产品的宽度。

2. 产品及服务的长度

长度指的是产品及服务组合的数量。例如,一家服装店可以提供多种不同的款式,每种款式又有不同的尺码和颜色,这些款式和尺码的组合构成了该服装店产品的长度。对于一家电商企业来说,可以提供多种不同的产品,每种产品又有不同的型号和配置,这些型号和配置的组合就构成了该电商企业产品的长度。

3. 产品及服务的深度

深度指的是产品及服务组合中每种产品或服务的不同变体数量。例如,一家汽车制造商可以生产多种不同型号的汽车,每种型号又有不同的颜色、配置和选项,这些颜色、配置和选项的组合就构成了该汽车制造商产品的深度。对于一家电商平台来说,可以提供多种不同的商品类别,每种类别又有不同的品牌和型号,这些品牌和型号的组合就构成了该电商平台产品的深度。

4. 产品及服务的关联性

关联性是指一组产品或服务在市场上的相互关系和相互影响的程度。一个成功的电商产品组合应该能够满足消费者多样化的需求，并且产品或服务之间可以相互补充和增强，以提高整体销售效果。

常见产品及服务的关联性包括以下几种。

（1）消费者需求关联性

消费者需求关联性是指将具有相似目标市场和相同消费者需求的产品放在一起销售，以方便消费者一站式购物。例如，在女性化妆品店铺中会同时销售护肤品、彩妆和个人护理产品。

（2）产品补充性

产品补充性是指将能够互相补充使用或者相关的产品组合在一起销售。例如，手机厂商通常会在同一个系列的产品中销售各种配件，如保护壳、充电器和耳机。

（3）价格关联性

价格关联性是指将不同价格区间的产品组合在一起，以满足不同消费者的需求。例如，家电电商在销售高端家电的同时也会提供中低价位的家电以供消费者选择。

（4）品牌关联性

品牌关联性是指将同一个品牌的产品组合在一起销售，以增加品牌忠诚度和信任感。例如，某个服装品牌将衬衫、裤子和鞋子等产品放在一起销售。

（5）季节关联性

季节关联性是指将与季节相关的产品组合在一起销售，以满足消费者的季节性需求。例如，在夏季，电商平台会集中推出游泳用品、凉鞋和太阳镜等夏季产品。

确定电商产品组合关联性的关键在于深入了解目标市场、消费者需求和产品特点。通过合理组合不同属性的产品，能够提高销售效果，吸引更多消费者并增加购买率。

二、产品及服务组合的设置步骤

企业需要根据市场需求和消费者的需求来设置产品及服务的品类组合，以满足不同消费者的需求，提高销售额和客户满意度。在设置产品及服务品类组合时，企业需要注意以下几点。

1. 了解市场需求

企业需要通过市场调研等方式了解市场需求和消费者的需求，以确定产品及服务品类组合的设置。只有了解市场需求和消费者的需求，企业才能提供符合消费者需求的产品和服务，提高销售额和客户满意度。

2. 满足不同消费者需求

企业需要提供不同宽度、不同长度、不同深度、不同关联性的产品及服务，以满足不同消费者的需求。通过提供多样化的产品及服务，企业可以吸引更多的消费者，提高销售额和市场份额。

3. 确定核心产品

企业需要确定核心产品，即企业最具竞争力的产品及服务。通过确定核心产品，企业可以将资源和精力集中在核心产品上，提高产品及服务的质量和竞争力。

4. 确定品类组合

企业需要根据产品及服务的宽度、长度、深度和关联性等因素，确定产品及服务品类组合。确定品类组合时，企业需要考虑产品及服务的盈利能力、市场竞争力和客户满意度等因素，以确定最优的品类组合。

5. 不断优化品类组合

企业需要不断优化产品及服务品类组合，以适应市场和消费者的需求变化。企业需要通过市场调研等方式了解市场变化和消费者需求变化，及时调整产品及服务品类组合，以保持市场竞争力。

综上所述，产品及服务品类组合的设置方法需要综合考虑多个因素，包括市场需求、消费者需求、核心产品、品类组合等因素。企业需要根据自身情况和市场环境来制定相应的品类组合策略，以提高销售额和客户满意度。

操作技能

速卖通产品及服务组合信息设置方法

一、操作情景

小红的团队在速卖通平台注册了网店，销售女装类产品。请为此网店的某款产品设置产品组合信息。

二、操作步骤

步骤1　新建关联产品

如图1-2-2所示，点击左侧的"产品信息模块"，再点击"新建关联产品模块"，即可进入关联产品界面。

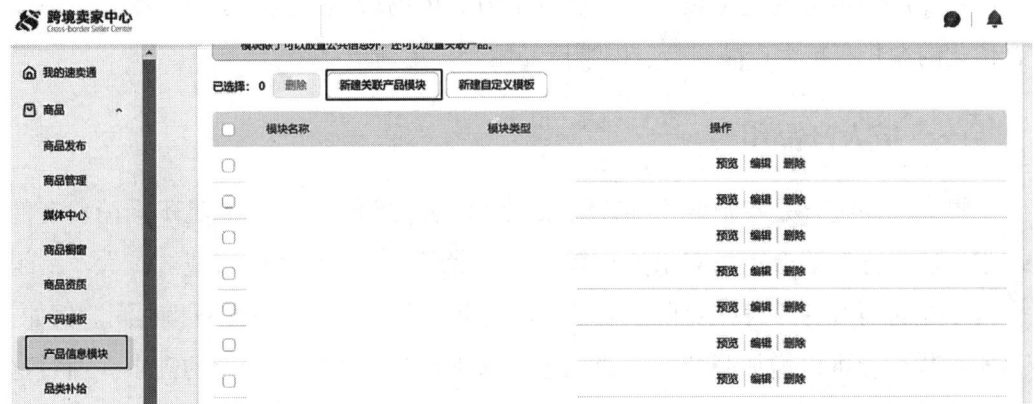

图 1-2-2　新建关联产品示意图

步骤2　设置产品模块

如图1-2-3所示，输入模块名称，选择关联产品，即可完成对产品模块的设置。

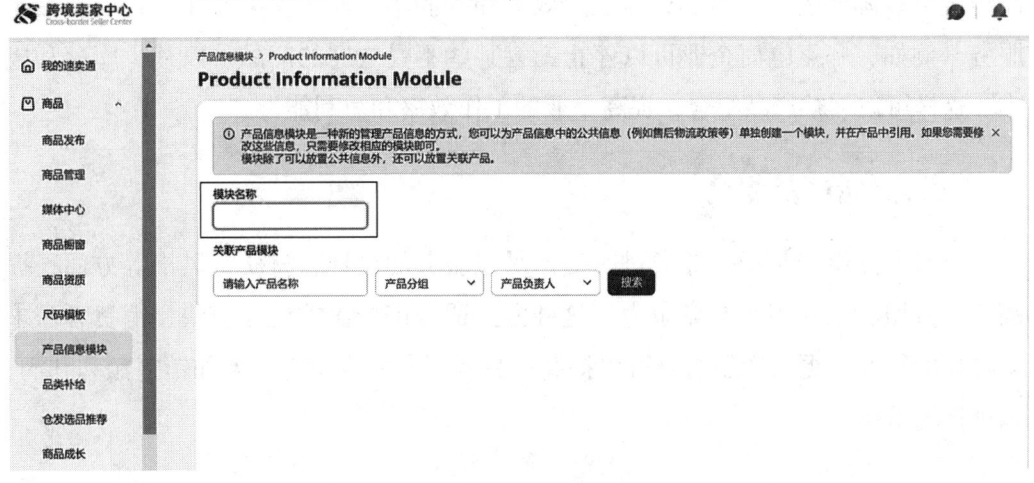

图 1-2-3　设置产品模块示意图

学习单元2　产品及服务组合信息优化

企业产品组合的优化是提高产品竞争力和市场份额的重要手段。企业产品组合优化的途径有扩大产品组合、缩减产品组合、更新产品组合。

一、扩大产品组合

扩大产品组合是指企业增加产品及服务的种类和数量,以满足不同消费者的需求。这种方法适合市场需求变化较快、消费者需求多样化的行业。扩大产品组合可以提高消费者的满意度和忠诚度,拓展市场份额,增加销售额和利润。例如,一家服装企业可以增加服装款式或颜色,来满足更多不同消费者的需求。通过这种方式可以扩大产品组合,提高企业的市场占有率和盈利能力。

二、缩减产品组合

缩减产品组合是指企业减少产品及服务的种类和数量,以提高产品及服务的质量和竞争力。这种方法适合市场竞争激烈、企业产品过于分散的行业。缩减产品组合可以降低生产成本、提高生产效率和利润率,使企业更专注于核心产品及服务。例如,一家电商企业可以停止销售某些不受欢迎的产品,以减少库存和成本。这样可以缩减产品组合,提高企业的工作效率和盈利能力。

三、更新产品组合

更新产品组合是指企业通过改变产品及服务的设计、材质、风格等方面,提高产品及服务的吸引力与竞争力。这种方法适合市场需求变化较快、消费者需求多样化的行业。更新产品组合可以提高产品及服务的竞争力,增加销售额和利润,拓展市场份额。

培训课程 3 产品及服务价格信息管理

作为一名电子商务从业者,掌握产品及服务价格信息对于市场分析、业务拓展、竞争优势的形成以及价格策略的制定非常重要。价格信息对于电商企业具有非常重要的价值。

1. 分析市场

掌握产品及服务价格信息可以让商家更好地了解市场上同类产品及服务的价格情况,从而帮助商家制定适当的价格策略,以适应市场的需求。

2. 拓展业务

掌握竞争对手的价格信息可以帮助商家更好地了解市场上同类产品及服务的价格走势,为商家拓展业务、制定更为合理的营销策略提供参考。

3. 建立竞争优势

通过掌握产品及服务价格信息,商家可以将价格优势明确化,制定出合理的价格策略,从而在竞争中取得优势。

4. 制定价格策略

商家可以根据掌握的价格信息,制定合理的价格策略,以实现商家的盈利目标,同时也能够满足消费者的需求,提高产品的竞争力。

学习单元 1　产品及服务价格信息设置

一、产品及服务价格类型

1. 划线价

划线价是指在销售过程中标注的原价，商家通常会在价格旁边划一条横线，并在价格下方注明折扣或促销价。划线价通常适用于需要突出促销效果的商品或服务，以及需要提高消费者购买决策的商品或服务，如限时折扣、打折优惠、满减等促销活动。划线价的优点是可以让消费者更清晰地了解到商品或服务的原价，从而更好地做出购买决策；缺点是容易被消费者视为虚假宣传，如果打折力度过大或过于频繁，可能会影响商品或服务的品质和形象。

2. 一口价

一口价是指企业为产品或服务设定一个固定的价格，所有客户都需要按照这个价格购买。通常适用于稳定的市场环境，以及对品牌形象和产品质量有较高要求的商品或服务，如高端奢侈品、高质量服务等。一口价的优点是简单易行，方便管理；缺点是可能会忽略不同客户的需求和消费能力。

3. 活动价

活动价是指企业为了促销而暂时降低产品或服务的价格，以吸引更多消费者购买的一种定价策略。活动价通常是在划线价的基础上再次降价，或者是在原价的基础上直接打折，以达到提高销售量和吸引消费者的目的。通常适用于需要提高销售量和市场占有率的商品或服务，以及需要吸引更多消费者的商品或服务，如秒杀、"双十一""618"等大型促销活动。

4. 区间价

区间价是指在购买页面，买家选择了不同规格、尺码、颜色等选项后，商品价格会发生变化。区间价通常适用于具有多种规格、尺寸、颜色等属性的商品，如衣服、鞋、家具、数码产品等。

5. 区域价

区域价是指针对不同地区的客户，设定不同的价格策略。这种定价方式适用于不同地区的市场需求和消费能力存在较大差异的情况。例如，在发达国家和发展中国家，同一种商品的价格可能会有很大的差异。区域价的优点是能够更好地满足不同地区客户的需求和消费能力；缺点是需要对不同地区的市场进行深入调研和分析，成本较高，管理难度较大。

6. 批发价

批发价是指企业针对批量购买的客户，设定不同的价格策略。这种定价方式适用于批量购买的客户，如当零售商大量采购商品时，可以享受到更低的价格，以提高利润和降低成本。批发价可以让零售商以更低的成本购买商品，从而提高竞争力和市场份额。批发价的优点是能够吸引更多批量购买的客户，提高销售额和利润；缺点是需要对批量购买的客户进行管理和维护，成本较高，管理难度较大。

在实际的定价过程中，企业可以根据自身情况和市场需求，选择合适的定价策略。

二、产品及服务价格类型设置注意事项

在设置价格的过程中，需要注意以下几点。

1. 确定定价策略时需要考虑成本因素，以确保产品或服务的盈利能力。
2. 定价策略需要考虑市场需求和客户消费能力，确保产品或服务的市场竞争力。
3. 定价策略需要考虑企业品牌形象和长远发展，确保企业形象和利益不受损。

通过以上注意事项，可以更好地制定产品及服务价格策略，提高企业的市场竞争力和利润。

速卖通价格的设置方法

一、操作情景

小红的团队在速卖通注册了网店，销售女装类产品。请设置该网店产品的价格。

二、操作步骤

步骤1　商品发布

如图1-3-1所示，点击左侧的"商品"，再点击"商品发布"，即可进入发布商品界面。

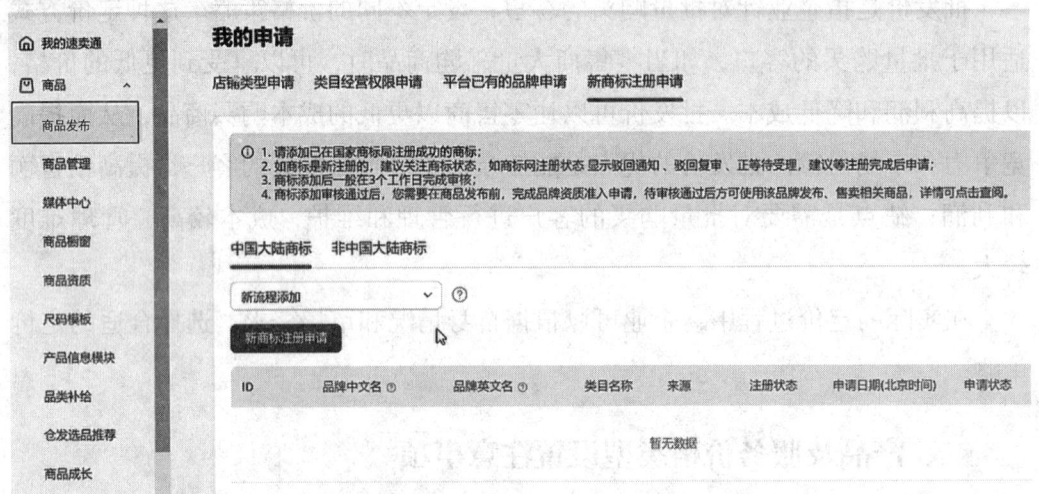

图1-3-1　发布商品示意图

步骤2　选择商品类目

如图1-3-2所示，选择发布语系，设置商品标题，并选择类目。

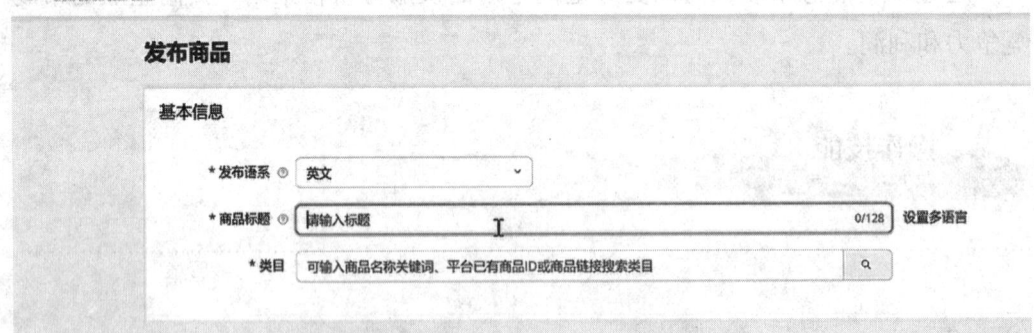

图1-3-2　选择商品类目示意图

步骤3　设置一口价

弹出如图1-3-3所示的设置界面后，点击"价格与库存"即可设置一口价。

图 1-3-3 设置一口价示意图

步骤 4　设置区域价

点击"区域定价"右侧的"设置"按钮即可弹出如图 1-3-4 所示的区域选项，选定特定区域后，按如图 1-3-5 所示选择调价方式。

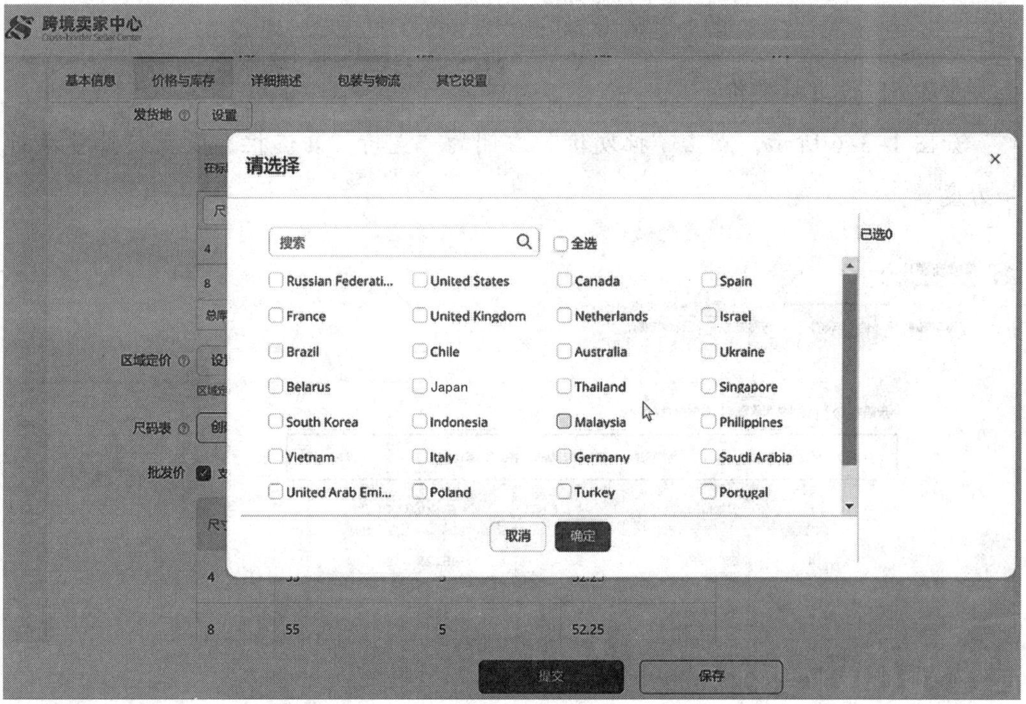

图 1-3-4　区域定价选择区域示意图

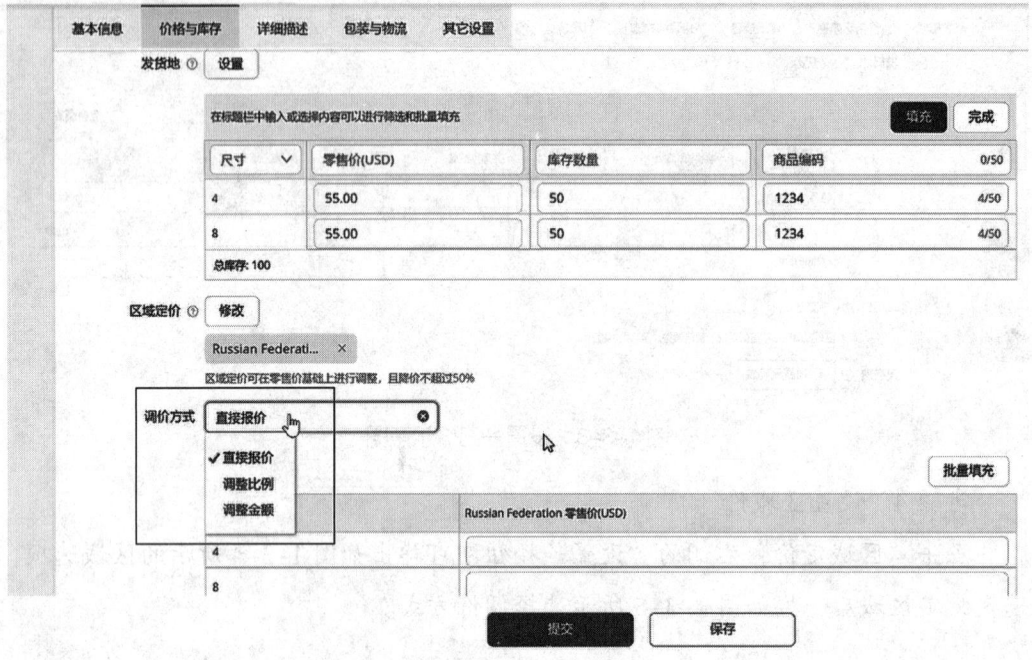

图 1-3-5 区域定价设置调价方式示意图

步骤 5　设置批发价

如图 1-3-6 所示,点击"批发价"右侧的"支持"复选框,设置起批量及折扣力度。

图 1-3-6 设置批发价示意图

学习单元 2 产品及服务价格信息修改

一、产品及服务价格信息修改的原因

1. 市场竞争激烈

当市场竞争日益激烈时,企业可能需要修改产品及服务价格以增强其竞争力,包括降低价格以吸引更多的客户,或提高价格以凸显产品或服务的高质量和独特性。

2. 成本上升

当产品或服务的成本上升时,企业可能需要修改价格以保持盈利能力。例如,原材料价格上涨或劳动力成本增加会导致产品或服务的成本上升。

3. 产品或服务更新

当企业更新产品或服务时,可能需要修改价格以反映其价值和新颖性,包括提高价格以反映产品或服务的高质量和独特性,或降低价格以吸引更多的客户。

4. 市场需求变化

当市场需求发生变化时,企业可能需要修改产品或服务的价格以满足新的需求。例如,如果市场对环保产品的需求增加,企业需要推出更多的环保产品,并相应调整价格。

5. 产品或服务质量变化

当产品或服务的质量发生变化时,企业可能需要修改价格以反映这种变化。例如,如果企业改进了产品的质量,就需要提高价格以反映这种改进。

企业需要根据自身情况和市场需求,灵活地调整产品或服务价格以确保盈利能力和市场竞争力。

二、产品及服务价格信息修改的要点

产品及服务价格信息修改涉及营销策略、销售收入和顾客心理等问题,因此在修改时需要注意以下要点。

1. 客户需求

修改价格的前提是了解客户需求、消费习惯和心理预期，只有这样才能把价格定得恰当。

2. 成本考虑

价格的设定需要考虑生产成本、销售成本、运输成本、人力成本等真实成本。

3. 市场定位

根据市场定位，合适的价格更容易调动市场的需求，同时可以保证产品或服务的利润。

4. 竞争对手

针对市场情况的变化，需要参考竞争对手的价格，并据此对价格进行合理的调整。

5. 定价策略

不同的产品及服务应采用不同的定价策略，如独家定制、成本导向、区域差异化等。

6. 定价义务

确保总体定价符合相关规定，例如，符合反垄断法的规定，保证公平合理地开展竞争。

7. 收益目标

明确营销目标和收益预期，确定不同阶段的收益目标，以及如何调整价格来实现这些目标。

8. 识别风险

对可能出现的风险进行评估，确保调整价格不会对公司的品牌形象、营销计划或销售目标产生不利影响。

9. 文字描述的准确性

在系统中编辑产品和服务的价格字段之前，一定要确保准确描述价格，防止因为误写导致产品或服务的价格失效。

职业模块 2
线上店铺设计与装修

培训课程1　整体风格设计
　　学习单元1　网店风格定位
　　学习单元2　网店视觉设计
　　学习单元3　网店配色方案设计

培训课程2　装修元素设计
　　学习单元1　网店文案字体设计
　　学习单元2　网店文案样式设计
　　学习单元3　网店装修图片设计
　　学习单元4　网店装修推广图设计
　　学习单元5　网店装修视频制作

培训课程3　用户页面设计
　　学习单元1　网店首页设计
　　学习单元2　商品详情页设计
　　学习单元3　网店自定义页设计

培训课程 1 整体风格设计

学习单元1　网店风格定位

网店风格定位可以理解为根据目标消费人群的年龄、性别，店铺的商品风格、企业文化等来进行店铺的视觉设计，通过图片、色彩、布局和文字的搭配形成店铺的特点，从而引起消费者的兴趣和购买欲望。

一、网店风格的概念

网店风格是指网店给浏览者的直观感受。网店风格主要体现在网店主营的类型、网店的装修风格、网店的价位、网店促销的方式、网店的服务等方面。

二、网店风格定位的原则

1. 依据所售商品定位网店风格

不能凭借个人喜好给店铺风格定位，店铺风格要以所售商品为依据。系统分析所售商品的受众群体特征，找到这部分群体易于接受的风格。例如，销售儿童商品的网店给人的感觉应是欢快活泼的；销售电子商品的网店给人的感觉应是专业严谨的；销售家居用品的网店给人的感觉应是温暖舒适的。

2. 色彩搭配要有主次和对比

网店的页面不能通篇都是一种颜色，这样会给人压抑、单调的感觉。背景和文字的对比要尽量强烈，尽量不要用花纹繁复的图案作为背景，这样会使主要内容不能凸显出来。

3. 色彩不要超过三种

网店的页面用色不要过多，应尽量控制在三种色彩以内。颜色超过三种，会给人杂乱无章的感觉。

4. 尽量采用中间色

店铺页面的颜色尽量采用中间色，少用或不用鲜艳色。

三、网店风格定位的方法

1. 根据行业特性确定店铺风格

根据行业特有的性质来确定店铺风格，以户外运动为例，如图2-1-1所示。

关键词：动感、大自然、健康、活力

推荐色系：蓝色、绿色、橙色、红色

孕婴用品的店铺风格，如图2-1-2所示。

关键词：温馨、希望、洁净、成长

推荐色系：浅粉色、浅绿色、浅蓝色

图2-1-1 户外运动店铺风格

图2-1-2 孕婴用品店铺风格

2. 根据商品价格特性确定店铺风格

对于中、高价位商品，例如珠宝首饰类需要花费上千甚至上万元购买的贵重商品，店铺装修要显得精美、有档次，如图2-1-3所示。

关键词：庄重、高贵、档次、品味

推荐色系：深紫色、深蓝色、紫色、蓝色

对于中低价位商品，例如头饰、银饰类等需要花费几元至几百元购买的普通商品，装修要显得甜美、清新，如图2-1-4所示。

关键词：活泼、可爱、甜美、清新

推荐色系：粉色、蓝色、浅粉色、浅蓝色

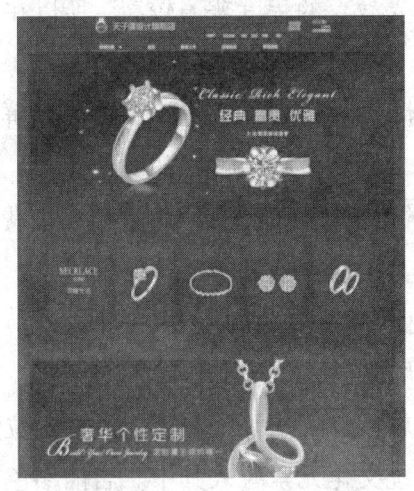

图2-1-3　珠宝首饰店铺风格

图2-1-4　头饰店铺风格

3. 根据不同消费群体特性确定店铺风格

（1）针对消费者性别进行店铺风格定位

不同性别的消费者对于色彩的喜好程度差别很大，尤其是对于性别倾向性很大的产品，必须要按照使用者的性别来进行定位。但是有些产品为了对男性和女性都适用，往往采用不同的色系来形成产品系列化。不同性别消费者的购物需求心理不尽相同，要抓住不同性别消费者的购物需求及心理进行针对性的店铺风格定位。

女性消费者购物心理倾向于感性消费、冲动消费，更注重优惠，喜欢浏览商品。女性偏爱的色彩为柔软的、明亮的、暖色调的、华丽的、典雅的色系。

男性消费者购物心理倾向于目的性强、理性消费，更注重实用性和性价比。男性偏爱的色彩为阳刚的、沉稳的、冷色调的、粗犷型的色系。

总之，不同的店铺风格能够提升不同性别消费群体对于店铺的喜好度，从而提升他们在店铺的停留时长。根据不同人群的消费特点和消费心理进行合理的布局，可以提升店铺的点击转化率。

（2）根据消费者年龄进行店铺风格定位

首先，不同年龄的消费者对色彩的喜好不尽相同，在定位店铺风格时应尽量符合目标年龄层的喜好。同时，不同年龄的消费者对事物的理解程度和理解能力也不同，在定位店铺风格时应尽量符合目标年龄层的理解力。

其次，青年人属于主力消费群体，他们对于新生事物敏感、需求高，且具多样性，针对这个群体的店铺风格应是强烈的、标新立异的，店铺主色调应采用热情奔放的色系。由于在一般情况下，该群体受教育的程度普遍较高，所以在色彩的搭配上，应营造脱俗的感觉。

再次，儿童（少年）也是主要的消费群体，他们的求知欲强，对一切新鲜事物感兴趣，针对这个群体的店铺风格应以简单、明快、趣味性强的颜色为主。视觉冲击力强，并具有快捷明了的色彩表达能力的店铺风格能在第一时间吸引消费者。

最后，对于中老年消费群体而言，考虑其生活习惯和年龄性格等因素，店铺风格应更倾向于庄重、沉稳、高雅，店铺颜色需以平和色调为主。

4. 根据商品所具备的文化内涵确定店铺风格

对于具有文化内涵的商品，例如茶叶、旗袍、香薰等，在店铺风格定位时可以采用庄重、高雅、沉稳的风格，同时将传统文化元素融入其中。店铺颜色要统一，可以采用传统的红色、黄色、绿色、青色、咖色等颜色，在构图上可以采用对称式构图。

5. 根据不同季节、不同节日确定店铺风格

（1）根据春、夏、秋、冬季节的不同，选择不同的店铺装修风格

春季正是大地回春、万物复苏的时节，因此店铺风格多采用活泼、可爱型，颜色以绿色、浅绿色、浅黄色、粉色、浅粉色为主。

夏季天气炎热，因此店铺风格多采用简约、清爽型，颜色以蓝色、绿色、白色等冷色调为主。

秋季是收获的季节，因此店铺风格多采用时尚、唯美型，颜色以大地色为主。

冬季是严寒的季节，因此店铺风格多采用高贵、大气、稳重型，颜色以红色、暖灰色、咖色等暖色调为主。

（2）根据不同的节日，更换不同的风格

不同的节日是指各种传统节假日、"520""双十一"以及周年店庆等日子。在重要的日子来临之际，店铺可以采用热情、奔放的风格，同时在网店的页面可以加入部分喜庆的色彩元素，这样可以感染浏览者的情绪，增强消费者的购买欲望。颜色以红色、黄色等喜庆颜色为主。

店铺风格定位

一、操作情景

米娅生活日用网店主要销售水杯、毛巾、拖鞋等日常生活用品。主要消费群体为18~49岁的时尚女性,她们一般工作在企业/事业单位,收入较高,在购物方面追求美观与实用性,因此店铺的装修要符合女性的审美习惯,重点突出功能、设计、性价比等。

二、操作步骤

步骤1 店铺人群分析

店铺主要消费群体为18~49岁的时尚女性,一般工作在企业事业单位,收入较高,属于感性消费群体。

步骤2 店铺商品特性分析

米娅生活日用网店主营项目为水杯、毛巾、拖鞋等日用百货商品。商品特点是经济、耐用、美观、大方。

步骤3 参考同行业店铺和模板进行店铺风格定位

(1) 参考同行业店铺

在店铺风格定位时可以参考同行业店铺,在淘宝店铺搜索"生活用品",把这个行业里经营得比较好的店铺找出来,作为参考。

(2) 根据模板确定风格

到淘宝卖家服务市场,找到适合自己风格的店铺模板进行参考、比较或部分模仿。

步骤4 确定本店铺独特风格

(1) 根据行业特性确定店铺风格

本店铺主营生活用品,根据该行业特有的性质来确定店铺风格。

关键词:时尚、简约、可爱、清新

推荐色系:蓝色、绿色、黄色、粉色

（2）根据商品价格特性确定店铺风格

本店铺商品属于中低价位商品，因此在店铺装修风格上要以甜美、清新、时尚、简约为主。

关键词：甜美、清新、时尚、简约

推荐色系：粉色、蓝色、黄色、绿色

（3）根据不同消费群体特性确定店铺风格

本店铺的主要消费群体为18~49岁的时尚女性，属于感性消费群体，更注重优惠，比较喜欢浏览。偏爱的色彩为柔软的、明亮的、暖色调的色系。

关键词：时尚、简约、商务、清新

推荐色系：蓝色、黄色、绿色、粉色

步骤5 确定本店铺风格要素

根据以上分析得出，本店铺风格主要采用简约、时尚型。颜色以绿色、浅绿色、蓝色、浅蓝色、黄色等为主。应体现简约、时尚、环保的设计理念。

店铺元素及颜色搭配如图2-1-5所示。

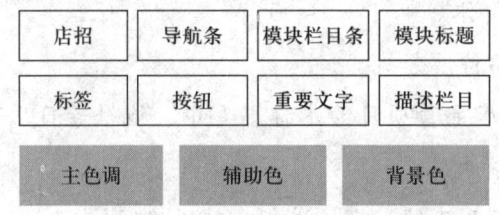

图2-1-5 具体的风格元素

背景色：白色

主色调：蓝色

辅助色：黄色

根据产品展示需要，确定店铺模块，如图2-1-6所示。

首页	活动海报区	单品海报区	分类导航区	类目产品陈列区
描述页	活动海报区	宝贝描述区	关联推荐区	其他个性内容区

图2-1-6 店铺模块

四、网店风格定位的注意事项

1. 店铺风格要考虑到商品和消费群体特性

在设计店铺之前,先要做出一个整体的规划,为店铺确定好风格,如现代简约风格、田园风格、复古风格、新古典风格、日式风格、俏皮可爱风格等。在选择店铺风格时首先要考虑商品和消费群体特性,以此确定店铺风格,再去考虑设计细节、主题和色彩等,这些因素都是商品文化和品牌文化的展现。

2. 注意辅助色的选取

当店铺选好了主色调之后,辅助色的选择可起到填充作用,将氛围烘托得更加饱满。在选取辅助色时,需要注意与主色调的协调和搭配效果,避免出现过于突兀或不协调的色彩组合。

3. 店铺风格不要根据季节随意变化

随着季节的变化,店铺的页面可以在原有风格的基础上加上一些与季节相关的元素。但是要注意,店铺的风格不要变化,一个店铺应只能有一种风格,这种风格要在客户的脑海中不断强化。如果一个店铺一年中按四季设计出四种不同的风格,不利于其品牌强化。

学习单元 2　网店视觉设计

一、网店视觉的概念

网店视觉是指以网页为空间表现基础,通过色彩、图形、声音、文字、动画、视频等数字化内容造成的视觉冲击,增强顾客的消费体验,激发消费者的购买欲望,以达到销售或服务的目的。

网店视觉的冲击程度一般可分为无冲击型、冲击型和强烈冲击型。

二、网店视觉的构成要素

网店视觉主要由文字、图像、版式以及色彩等要素构成。其作用是吸引顾客关注,从而提升网店的浏览量,并刺激消费者的购买欲望,使目标流量转变为有效流量。当然，卖家在考虑吸引消费者关注的同时不要忘记塑造自己的网店形象和品牌形象，这样就可以将有效流量转变为忠实流量。

1. 文字

文字显示要自然流畅，文字的字体使用应统一规范。设计时应选用一种能够提高文字可读性的字体。网店设计一般都会采用网页通用的字体，因为这样最易阅读，也适合消费者的浏览习惯。而特殊字体用于标题效果较好，但不适合正文。如果字体复杂，阅读起来就会很费力，也会让顾客的眼睛很快感到疲劳，而使顾客不得不转移到其他页面。

2. 图像

图像在网店中是非常重要的部分，其视觉冲击力相比于文字要大很多。它能够在瞬间吸引顾客的注意，让他们知道所售商品的基本信息。在网店中，优秀的商品图像是增加浏览量和促进购买的关键。应使图片在视觉信息传达上辅助文字，帮助理解。同时图片在版面构成要素中，充当着形成独特画面风格和吸引视觉关注的重要角色，具有烘托视觉效果和引导阅读两大功能。网店的图像主要有广告图、商品主图、详情图等。

3. 版式

网店页面设计就像传统的报纸杂志一样，可以把网店的页面看作是一张报纸或一本杂志来进行页面排版布局。网店页面设计是否成功，不仅取决于文字、图像、色彩的搭配和选择，同时也取决于其版式的排布是否得当。如果网店页面中的文字和图像排列不当，会显得拥挤杂乱，不仅影响文字和图像本身的美感，不利于顾客进行有效浏览，更难以产生良好的视觉传达效果。为了构成生动的页面视觉效果，网店的版式布局要有一定的平衡性，可以从四个方面来评估版式布局的平衡性，分别是留白、颜色、文字和节奏。

4. 色彩

优秀的页面视觉一定要有自己的主色调，辅助一些搭配的颜色，这样整体效果才会更好。考虑到商品形象、品牌形象以及对顾客在浏览页面时产生的影响，一定要为网店选择合适的颜色。

三、网店视觉设计的流程

网店视觉设计流程如图 2-1-7 所示。

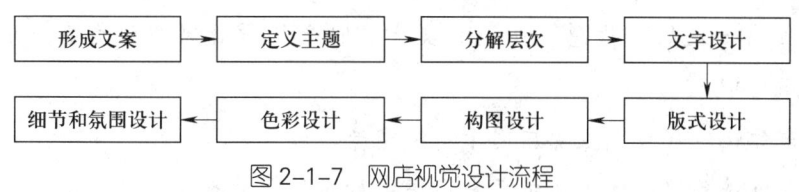

图 2-1-7　网店视觉设计流程

网店视觉设计

一、操作情景

某网店是一家以原创设计为主的自有品牌服装店,主要消费群体为 25～50 岁的时尚女性,一般工作在企业/事业单位,收入较高且工作稳定,追求个性、时尚,因此店铺在视觉设计上要符合女性的审美习惯,重点突出功能、设计、性价比等。

二、操作步骤

步骤 1　分析该网店的店铺风格

该品牌自创立以来,以前卫的理念、简洁的廓形、精致的工艺、立体的剪裁,刚柔并济,形成都市独立女性钟爱的实用主义风格。店铺主要消费群体为 25～50 岁的时尚女性。因此店铺装修风格采用时尚、中国风式设计,颜色以灰白渐变为主。

步骤 2　文字设计

根据步骤 1 所分析的店铺风格,店铺在文字字体上采用"黑体"和"华文宋体",如图 2-1-8 所示。

现代民族·温暖·色彩·自由·向内行走

以国为潮的东方美学,经典与时尚的碰撞,传统与潮流的交融,将会发生怎样非同凡响的化学反应?

RETURN OF NATIONAL TIDE

国潮风尚觉醒正当时

立潮头,自有范儿,一场不一样的感官体验,即将呈现!

图 2-1-8　文字设计

黑体具有一定的现代感，体现了现代、时尚的设计风格，主要应用于标题、副标题和正文中。

华文宋体比较庄重，主要应用于英文字母。

文字颜色选用黑色，文字版式采用居中对齐和左对齐。

 **小贴士**

> 手机端和PC端在字体及风格设计上要尽量保持一致，且手机端尽量采用少而精的文字。

步骤3　图像设计

根据店铺风格，图像在设计时可以采用中式样式，同时将一些中国风元素融入画面中。

 **小贴士**

> 1.手机端和PC端在图形设计上要尽量保持风格统一。目前，手机端在图像设计上应尽量采用大图，这样能使消费者在浏览时更为清晰。
>
> 2.在图形设计时，要注意点、线、面相结合。

步骤4　色彩设计

根据店铺风格，在色彩设计上，色调选用暖灰色调，且采用同一色相配色。

步骤5　版式设计

根据店铺风格，在文字排版上采用图2-1-8所示的排版方式。文字和图像采用中心构图或并置型构图，注意留白。

四、网店视觉设计的注意事项

在进行网店视觉设计时，需要注意以下四个方面。

1. 图片大小搭配、相互呼应

对于商品展示的多个图片要互相错开，使大小图像之间有一定的间隔，这样可以使页面错落有致，避免重心偏离。

2. 不要有过多的颜色

一个页面显示的颜色不宜过多，主题颜色通常只需要 2~3 种，并采用一种标准色。

3. 版式设计注意留白

无论是图像设计还是版式设计，都不要将画面占满，要注意适度留白，这样才更能引起消费者的注意，提升浏览量。

4. 背景和文字的对比要尽量大

背景和文字的对比要尽量大，尽量不要用花纹繁复的图案作为背景，以便突出文字内容。

学习单元 3　网店配色方案设计

一、网店配色的基本原则

网店配色一般需遵循以下两个基本原则。

1. 总体协调，局部对比

色彩搭配一定要给人以统一、协调的感觉。统一的颜色是指主色调只有一种，在此基础上搭配一些其他颜色。

2. 遵循配色黄金比例

配色黄金比例为 70∶25∶5，其中 70% 为大面积使用的主色，25% 为辅助色，5% 为点缀色，如彩图 1、彩图 2 所示。

二、网店配色的方法

1. 单一色彩配色

单一色彩配色并不是指只有一种颜色，而是只有一种色相。在色相环上常见的色彩，默认情况下饱和度和亮度都是 100%。确定色相之后，可以通过调整明暗和饱和度来创造一套和而不同的配色方案。

2. 两种对比色彩配色

对比色可用色相环辅助完成，色相环如彩图 3 所示，180 度对立的两种色彩其对比是最强烈的，这个角度范围内，角度越大的两种颜色，对比越强，反之就越弱。

 **小贴士**

1. 对比色彩配色，一定要控制好画面的色彩比例，因为这两种色彩放在一起时，对抗性强，所以一定要选出一种色彩作为主色调，另外一种色彩作为点缀色或者辅助色。

2. 可以降低其中一种色彩的明度/饱和度，这种方法可以使画面产生明暗对比，缓冲两种色彩的对抗性。

3. 在画面中加入黑色或者白色作为调和色，进而缓冲互补色的强烈对抗性。

3. 使用邻近色彩配色

一般情况下，建议画面色彩不宜超过三种。三种指的是三种色相，如深红和暗红可以视为一种色相。

（1）暖色色调

暖色色调包含红色、橙色、黄色以及这三种颜色的混合色。暖色色调是让人感到温暖、愉悦、热情、激动的颜色。适合促销、女性、儿童、家居、食品等主题，如彩图 4 所示。

（2）冷色色调

冷色色调包含绿色、蓝色、紫色以及这三种颜色的混合色。冷色色调是让人感到清爽、舒缓、冷静的颜色。适合男性、户外、电器、数码、夏天、春天等主题，如彩图 5 所示。

（3）暗色色调

纯色加适量黑色调和后得到暗色色调。暗色色调是象征成熟、高贵、尊贵、气势、高雅的颜色，体现格调。适合男性、汽车、电器、数码、商务、奢侈品等主题，如彩图 6 所示。

（4）明色色调

纯色加适量白色调和后得到明色色调。明色色调是象征时尚、活泼的颜色。适合时尚、运动、年轻等主题，如彩图 7 所示。

（5）淡色色调

明色加适量白色调和后得到淡色色调。淡色色调是象征清新、温柔的颜色。适合少女、幼儿主题，如彩图 8 所示。

操作技能

店铺配色设计

一、操作情景

根据店铺定位和商品确定店铺主色调。使用颜色时，需要注意和自己的商品相结合。米娅生活日用网店是销售日用百货的店铺，要根据已确定的店铺风格来确定店铺主色调。

二、操作步骤

步骤 1　确定店铺配色方案

米娅生活日用网店主要经营日常生活用品，消费群体为 18～49 岁的时尚女性，店铺的装修风格为简约时尚型，可以获得目标消费群体的信任和关注。因此根据店铺风格，在配色时采用蓝黄对比色。

步骤 2　根据色相环确定主辅色

根据色相环确定的店铺配色方案为：主色（#669999）、辅助色（#da84a7）、点缀色（#df8419），如彩图 9 所示。

步骤 3　从成功的网店借鉴配色方案

打开淘宝网，根据店铺销售的产品筛选相应的店铺，观察选取的店铺，分析其配色方案，并利用 Photoshop 中的滤镜→扭曲→染色玻璃，根据色块分布情况，颜色占比大的为主色（蓝色），其次为辅助色（粉色），占比最少的为点缀色（黄色），如彩图 10 所示。

步骤 4　用黄金分割法选取对比色

取亮度值的黄金分割点。亮度值的范围是 0～240，黄金分割点的比例值是 0.618，亮度值的黄金分割点就是 240×0.618≈148。

计算公式如下：

$0 \leqslant X \leqslant 92$ 时，$Y=X+148$（X 为亮度值，Y 为选取的结果）

$148 \leqslant X \leqslant 240$ 时，$Y=X-148$

在调色时保持颜色的色调与饱和度不变，如彩图 11 所示。

 **小贴士**

1. $Y=(148\sim240)-148$ 或 $Y=(0\sim92)+148$。
2. 建议不要用亮度值在 93～147 的颜色作为大面积的背景色。

三、网店配色过程中的注意事项

1. 与主题相呼应

不同的色彩有不同的象征意义，给人的心理感受也不同。在装修网店时，要使网店色彩符合网店的主题，与网店整体形象统一、风格一致。如教育类的网店一般选择冷色系，以蓝色、灰色居多，表达一种含蓄、睿智的风格，体现书香气息；儿童类的网店以鲜艳色彩为主，体现儿童天真活泼的特点；销售游戏商品的网店往往画面制作精美、颜色丰富、对比强烈，使得网店有很强的吸引力与视觉冲击力；高科技电子商品类的网店可以选用蓝色作为主色调，因为蓝色给人的心理印象是崇高、深远；保健类的网店不宜大面积地采用刺激性强的大红色、黄色和橙色等色彩，因为这些色彩易造成人们心理上的紧张感和恐慌感，而绿色象征生命与希望，给人健康、安全的感觉，适宜作为保健类网店的主调色。

2. 保持整体性

色彩的整体性，就是页面上各部分的色彩从色调和比例上都有各自的角色，主色调、辅助色、点缀色、背景色一起组合成有节奏韵律、和谐统一的色彩关系。好的网店色彩不仅要保持页面用色的整体性，还要注意同一个网店的不同页面要能够大面积或小面积地使用同一色彩和 logo，通过色彩给浏览者一个说明，告知浏览者这几个页面之间的联系，从而产生整个网店的韵律和谐之美。

3. 体现功能性

合理的网店色彩设计能够使网店结构清晰、层次分明，能够提高用户接收信息的主动性和参与信息反馈的积极性。装修网店时，一定要考虑到网店的浏览用户，不同的用户有不同的需求，不同年龄层次的用户对色彩的喜好也不同，而合理的色彩设计会引导用户方便地浏览店内页面，指引用户快速到达目的页面。

4. 突出独特性

在网店云集的互联网上，网店的色彩只有与众不同、有自己独特的风格，才能显得个性鲜明，给浏览者留下深刻的印象。尤其在同类网店中，网店的色彩不但要符合此类网店的用色特点，还要有其独特之处。网店设计是一种艺术活动，只有按照内容决定形式的原则，大胆进行艺术创新，才能设计出既符合网店主题，又有一定艺术特色、风格独特、个性鲜明的网店。

培训课程 2

装修元素设计

学习单元1　网店文案字体设计

色彩能使画面变得生动活泼，文案则能增强画面的表达效果，提高画面的表现力，从而影响信息的展现与表达。

一、文案字体的设计原则

文案可以展现商品的基本信息，传递网店需要表达的内容，是网店页面设计中的重要部分。不同的网店页面设计风格对文案字体的要求也不同。

1. 根据店铺风格设计文案字体

在店铺页面设计过程中，根据该店铺的风格和类目选择字体，例如，走可爱路线的女装店铺，可选择圆体、幼圆体等为主要字体，同时可以选择少女体、童童体和卡通体为辅助字体；走时尚个性路线的店铺则可选择微软雅黑、准黑和细黑等为主要字体，并选择大黑、广告体和艺术体等为辅助字体。

2. 根据文字的可读性设计文案字体

在店铺页面设计中，文案的主要目的是在视觉上向消费者传达商家的意图与信息。要达到这一目的，需考虑文案在页面中的整体诉求，并给消费者留下清晰、顺畅等视觉印象。因此，页面中的文案字体应避免纷杂凌乱，要以消费者易认和易懂为目的，从而充分表达设计主题。

3. 根据排版的美观度设计文案字体

在店铺页面设计过程中，页面中的文案是画面整体形象的要素之一。因此，文案的排版需要考虑全局的因素，不能有强烈的视觉冲击。良好的文案排版不仅有美感，还可以提升网店的品质，并给消费者留下美好的印象。

二、文案字体的类型和选择

不同的字体在页面中营造的氛围不同。正确使用字体能有效地将店铺信息传递给消费者，从而激发消费者的购买欲望。

1. 字体的类型

不同的字体类型可以表达不同的情感，如图 2-2-1 所示为六种不同类型的字体。

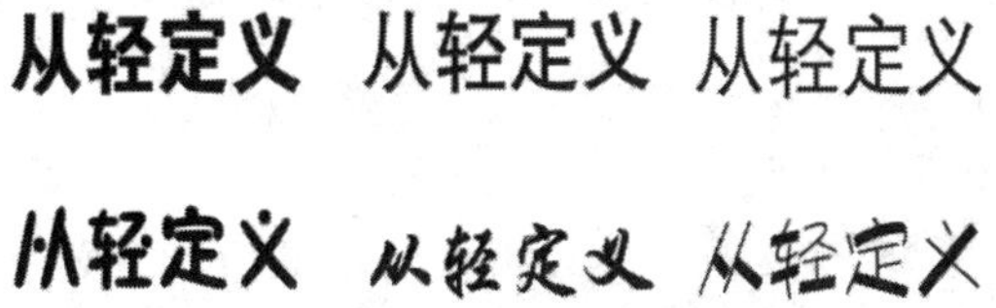

从轻定义　从轻定义　从轻定义

从轻定义　从轻定义　从轻定义

图 2-2-1　六种不同类型的字体

在设计店铺页面时，要先根据店铺的风格和特点来选择所需字体类型，以更好地体现主题，向消费者传达店铺的设计理念和营销信息。传统的字体主要包括正体、草体、隶体、篆体、行体五种，也可以根据字体带给消费者的视觉感受，分为宋体、黑体、书法体和艺术体四种。

（1）宋体

宋体是比较传统的字体，其字形较方正、纤细，结构严谨，笔画横平竖直，末尾有装饰。在电商领域常用作女性商品的装饰性字体。

（2）黑体

黑体又称方体或等线体，没有衬线装饰，字形端庄，笔画横平竖直，笔迹粗细几乎完全一致。常用于表现阳刚、大气等感觉，适用于电子、数码、运动等海报或详情页等大面积运用文字的页面。

（3）书法体

书法体是指具有书法风格的字体，字形自由多变、顿挫有力，力量中掺杂着文化气息，常用于表现古典、唯美、书卷气的感觉。

（4）艺术体

艺术体是指一些非常规的特殊印刷用字体，其笔画和结构大都被形象化，一般用于美化版面。常用于海报的制作或模板设计的标题部分，可提升页面艺术感。

2. 字体的选择

为帮助消费者快速了解店铺，字体的选择需满足以下三个标准。

（1）易读性

一个无法让人认清文字的页面设计会给网店的营销推广带来消极的影响，而清晰易读的文字对提升页面转化率起到非常重要的作用。

（2）统一性

页面中的字体样式过多，会让消费者感觉杂乱无章，使主题内容表达模糊。

（3）著作权

字库字体和作品一样，受版权保护，不管是标题文字、正文文字还是营销文字，都要谨慎选用字体。

三、文字的对比技巧

1. 文字粗细对比

文字粗细调整是文字排版中最基本的操作。一般来说，由于画面空间有限，需要通过不同粗细的文字来展现不同的信息，同时要区别主要信息和次要信息。通常情况下，画面中会有标题、副标题和内文，也有主要信息与次要信息，在设置文字粗细时，要放大显示重要的信息，缩小显示次要的信息，以减少不必要的信息对重要信息的干扰，让消费者能够快速将视线锁定在重要信息上，进而接收到重要信息。而且，粗细合适的文字更能够体现画面层次，增加视觉设计美感。如图 2-2-2 所示，将数字"3"放大显示，让消费者一眼就能看到折扣力度，非常适用于促销推广。

图 2-2-2　文字粗细对比

2. 文字疏密对比

文字疏密是指文字的间距，包括文字与文字之间、文字与段落之间的距离等。网店美工在设计过程中，一般以区块的形式将文字呈现在画面中，因此要注意区分文字信息，将不同字体、字号和颜色的文字分类隔开，让信息更加清晰、层次更加分明，帮助消费者阅读与接收信息，否则，将很容易模糊主题，误导消费者，甚至造成其信息接收障碍。如图 2-2-3 所示，左图中"低至"两字太稀疏，容易分散消费者的注意力；右图中"低至 3 折"与下方的文字距离过近，将影响消费者的阅读感受。

图 2-2-3　文字疏密对比

3. 文字排版方向对比

文字在画面中的排版方向直接影响消费者的视觉感受，采用不同的文字方向呈现设计好的信息，可以有效增加画面的动感和空间感。在设计海报时，因为文字信息较少，可以采用比较灵活的文字排版方式，而不对文字方向做过多的限制。在设计详情页时，若需要大段的文字说明，则应根据画面的整体规划情况确定文字的排版方式。

四、字体设计的注意事项

1. 字体的大小

店铺页面中字体大小的选择是用户体验中的一个重要部分，过大过小都会影响用户体验。在设计店铺页面时，可以根据文字在页面中的不同位置和不同等级分别使用不同大小的字体。

2. 字体的选择

店铺页面字体一般选择宋体等比较常用的字体。不要出现生僻字体，防止用户因没安装对应字体造成显示错误。

3. 特殊字体的设置

如果需要用一种特殊的字体来体现店铺的风格，那么特殊字体或艺术字体最好以图片的方式置入店铺页面，以保证所有人看到页面时，字体呈现的是同样的效果。

4. 字体的颜色

店铺页面中的文字，通常使用黑色或者浅灰色，这样更加符合大众的阅读习惯。如果不是一些很有创意的设计，不要随便使用其他颜色。同时为了方便阅读，背景和文字的对比应尽量大一些，以便突出主要文字信息。

5. 注意降低字体侵权风险

如需使用特殊字库字体，例如微软雅黑、方正等，要购买其版权后才能使用，以降低字体侵权风险。

店铺文案字体设计

一、操作情景

米娅生活日用网店主要销售日常生活用品。主营项目有水杯、毛巾、拖鞋等生活日用品，店铺风格为时尚、简约型。店主小娜听说网店的文案字体设计非常重要，因此聘请设计师对网店字体进行设计。

二、操作步骤

步骤1　分析商品和消费者的特性

（1）消费者特性分析

本网店的主要消费群体为18~49岁的时尚女性，一般工作在企业/事业单位，收入较高，工作稳定，在购物方面追求美观与实用性。

（2）商品特性分析

本店铺主营商品有水杯、毛巾、拖鞋等生活日用品，特点是简单、时尚、大气，商品材质环保、耐用，尤其是水杯，采用了双层密封圈，绝对不会出现侧漏、倒漏现象，因此价格比同类产品略高。

步骤2　选择相应的字体

（1）根据店铺风格选择文案字体

米娅生活日用网店风格为时尚、简约型，因此字体选择微软雅黑和方正兰亭。

（2）根据文字的可读性选择文案字体

为了给消费者留下清晰、顺畅的视觉印象，且确保文字易认、易懂，选择微软雅黑和方正兰亭作为页面的主要字体。

（3）文字版式设计

文字排版上采用左对齐和右对齐，不需要有很强烈的情感特征和视觉冲击。

步骤3　字体的下载

购买正版字体库，进行字体下载。

步骤 4　字体安装

字体下载后进行安装，如图 2-2-4 所示。

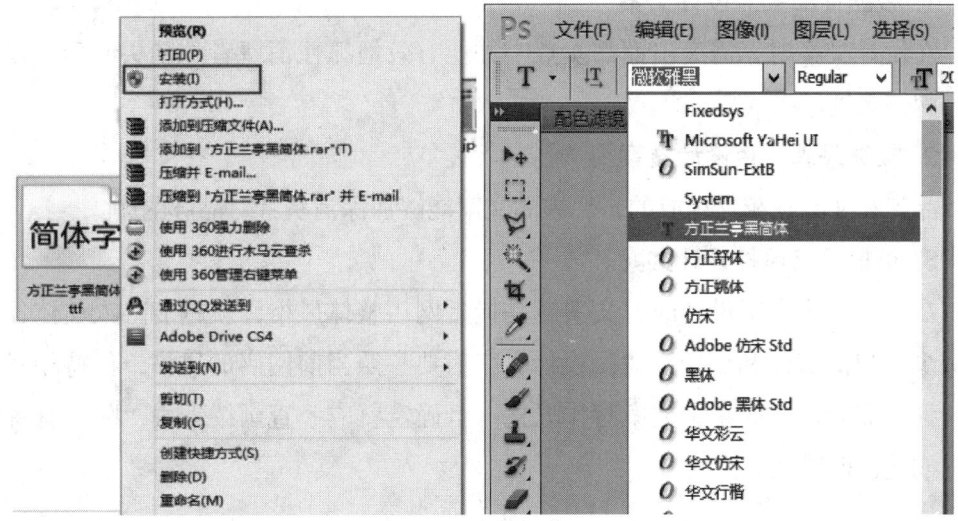

图 2-2-4　字体安装

步骤 5　字体应用

（1）主文案

字体为微软雅黑，颜色为黄色，大小为 16 磅。

（2）辅助文案

字体为方正兰亭，颜色为绿色，大小为 12 磅。

学习单元 2　网店文案样式设计

文案在电商行业中是不可或缺的一部分，在一些规模较大的店铺中，文案策划是一个单独的职位，但在很多中小商家的网店中，网店美工需要兼职文案工作。优质的文案可以在短时间内吸引消费者的注意，从而让其产生购买意向，提高转化率。

一、文案的设计原则

1. 根据商品卖点设计文案

在设计文案时,需突出商品卖点,并能有效地抓住消费者的购买心理,以提高品牌知名度。

2. 根据品牌特色设计文案

品牌和文案是相辅相成的,优秀的文案能够加深消费者对品牌的印象。

3. 根据网店风格设计文案

在进行网店文案设计时,文案越是接近网店整体风格,就越能融入整体,越能减少用户的阅读和使用障碍。设计文案时要参照当前网店的风格,保持相对的统一性。需要注意的是,文案写作风格一旦确定就应一直延续下去,除非有特殊情况或进行颠覆性的改版。

二、文案的策划流程

店铺的文案主要包括主图文案、详情页文案、海报文案等,而不同的文案有不同的特点。一般来说,可以从文案的受众群体、目的和视觉表现等方面进行策划。

1. 调研受众群体消费特点

在编写文案前,需了解目标群体,使文案与目标群体相契合,然后分析买卖旺季、相关行业行情、卖出行情等数据,从中掌握特定受众群体的消费动向和喜好。

2. 明确文案写作目的

文案的写作目的主要是吸引消费者、促进销售、扩大品牌知名度、加深消费者对品牌的印象。因此,明确文案的写作目的是文案编写的前提。

3. 制定文案视觉表现

当确定好文案的写作方向和主题后,还需考虑文案如何与图片相融合,此时需要通过设计文字字体、颜色和粗细等来进行视觉表现。

三、文案的写作要点

1. 加强对比凸显专业

体现专业性有两种方法:一是和同行对比,从细节处告诉消费者"我更优质"；二是用专业知识打动消费者，如销售纯棉外套的商家，可通过讲解如何识别纯棉与非纯棉来体现专业性，该方法较多用在详情页中。

2. 低价商品突出品质

如果商家所售大多是低价商品，而消费者又害怕假货和质量问题，除了使用图片进行表现外，还要在文案中重点突出该商品的品质。这种方法适用于主图、详情页设计。

3. 高价商品突出价值

如果在同类型商品中，自己的价格更高，就应强调价值，直接解答消费者的疑问，并从细节上表明价格高的原因。

4. 减少消费者的困惑

在对商品进行描述时，要尽量做到图文结合，从细节中体现商品的质量。因为在购买过程中，不是所有的消费者都喜欢咨询客服，他们更喜欢从详情页中直接找到自己需要的信息，从而决定是否购买。因此，图片的真实性和文案的详细性也是影响销售的重要因素。

四、文案的视觉构图方法

1. 特写式构图法

特写式构图法是指将主体以特写的形式加以放大，使其以局部布满画面，使用具有紧凑、细腻、微观等细节特写的构图方法。

2. 九宫格构图法

九宫格构图法是指把画面当作一个有边框的四边形，把左、右、上、下四个边都分成三等份，然后用直线把这些对应的点连起来，画面中就构成一个"井"字。把画面面积分成相等的九个方格，"井"字的四个交叉点就是视觉中心。

3. 画面中心构图法

画面中心构图法是较简单的构图法之一，把要表达的主元素放在画面中心。使用该方法时要注意一些细节上的点缀设计，使画面有所变化。

4. 三角形构图法

三角形构图法是以三个视觉中心为图像的主要位置，以三点成面的几何构成来安排图像，形成一个三角形。这种三角形可以是正三角，也可以是斜三角或倒三角。

5. 对角线构图法

对角线构图法是指把主体安排在对角线上，利用画面对角线来统一整体画面元素。这种构图的特点是富于动感，产生线条的汇聚趋势，吸引人的视线，从而突出主体。

店铺茶花杯文案设计

一、操作情景

米娅生活日用网店设计师小王在设计店铺时发现文案撰写能够提升店铺知名度，精确抓住消费者的购买心理并突出卖点，于是他着手对店铺中的茶花杯进行主图文案设计与编写、详情页文案设计与编写以及海报文案的设计与编写。

二、操作步骤

步骤1 从商品（茶花杯）基本信息中找到卖点

商品卖点：简单、时尚、大气；双层密封圈，绝不会侧漏、倒漏；环保材质，通过质检和认证。

步骤2 消费者特性分析

25～49岁的时尚男性和女性消费群体，收入较高，工作稳定，追求美观、环保与实用性。

步骤3 了解同行信息

根据市场调研，对同行进行信息分析和对比，得出本产品的优势在于价格较低、环保实用，且外观独特，尤其受到女性消费者的青睐。

步骤4 根据商品价格设计文案

本店铺商品价格在同类产品中属于中低价位，因此在文案设计中要突出商品的品质。

步骤5 资料准备

对信息、卖点进行剖析，拍摄需要的照片并进行适当的处理，保证后期能够快速进行图片制作。

步骤6 主图文案的设计

（1）根据步骤1的分析结果，撰写主图文案。主图标题"玻璃运动水杯"，主图文案"防漏耐热"（突出卖点），价格为39元包邮。

（2）主图文案采用左对齐版式。主图文字"防漏耐热"，字体颜色为白色，背景色为黄色，主图形状为矩形。

（3）标题和价格利用字体偏大来突出，字体为微软雅黑，颜色为蓝色。最终效果如图2-2-5所示。

图2-2-5 主图文案设计效果图

步骤7 详情页文案的设计

由于商品消费群体中有男性消费者，因此详情页文案设计风格主要以简约、时尚、动感为主，不宜太过可爱活泼。

（1）字体选用简洁有力、不刚不柔的方正兰亭系列。大标题选用方正兰亭粗黑，小标题选用方正兰亭黑，正文选用方正兰亭细黑。

（2）确定字体颜色。正文字体颜色选用黑色，标题字体颜色选用蓝色。

（3）版式采用左对齐。

步骤8 海报文案的设计

（1）根据步骤1挖掘消费者的痛点：外出时水杯放在背包中容易漏水，塑料材质会出现食品安全卫生问题。

（2）设计文案内容：随手杯的密封圈设计，安全无侧漏，玻璃材质安全无毒。

（3）确定海报文案的主标题"倒立不漏"，副标题"无铅玻璃 硅胶防烫"。

（4）确定字体为微软雅黑。

（5）确定文案颜色。主标题"倒立不漏"颜色为橘黄色；副标题"无铅玻

璃 硅胶防烫"颜色为绿色；正文"随手杯的密封圈设计，安全无侧漏，玻璃材质安全无毒"颜色为蓝色。

（6）版式采用左对齐。最终效果（不包括正文）如图2-2-6所示。

图2-2-6 海报文案设计效果图

 **小贴士**

大部分电商平台要求在文案设计与撰写时，不能出现如正品、包邮、原价、市场价等文字。

五、网店文案设计的注意事项

网店文案在设计过程中要注意以下几个方面。

1. 彰显定位，增强消费者的信心。

2. 巧妙对比，凸显专业。

3. 低价，强调品质；高价，强调价值。

4. 有的放矢，减少消费者的困惑。

学习单元3　网店装修图片设计

　　店标与店招位于网店首页的最顶端，是买家进入网店首页后看到的第一个模块，所以是店铺装修图片的重中之重。它们的主要作用是向买家展示网店的店名、所售商品等，并提供访问网店各个功能模块的快速通道。本学习单元将重点介绍店标logo和店招的设计方法与技巧。

一、店标logo设计

店标logo作为网店视觉标志，有着非常重要的传播作用，这意味着店标logo

作为一个固定标志会长期、反复地出现在各种场合，代表着网店的形象及经营内容和更多与营销有关的信息。因此，店标 logo 的设计要尽可能地吸引买家的注意。在设计之前，可以在网上搜索不同类目的网店，看看它们的店标是如何设计的，以此作为借鉴和参考。

1. 店标 logo 的设计形态

从设计的表达形态来看，店标 logo 可以分为以下几种。

（1）文字型店标 logo

文字型店标包括中文型店标 logo 和非中文型店标 logo。

1）中文型店标 logo：中文型店标 logo 主要由文字单独构成，适用于多种传播方式，其最大的优点是一目了然，买家对中文的接受度较高，好辨识也好记忆。

2）非中文型店标 logo：英文和字母会给人一种很酷的感觉，能够给人留下深刻的印象。如果选择非中文型店标 logo，要特别注意网店所售商品的范围和风格是否和店标的风格贴近。英文标志应该以简单和强烈的视觉冲击力为主，颜色搭配也应该以冲击力强的对比色搭配为主。

（2）图文结合型店标 logo

图文结合型店标 logo 就是图形与文字相结合的店标形式。若用图形作为店标 logo，如果不带上店名或品牌名，给人留下的记忆是比较有限的，而带上文字后会更直观。这种店标 logo 既具有图形化的视觉冲击力，又能清楚地表达网店品牌信息，所以应用非常广泛。

总之，每种设计都有其优势和劣势，所以卖家在选择设计形态时，可以根据自己网店的优势与特征，采用合适的设计形态进行表现。

2. 不同行业的店标 logo 设计

在设计店标 logo 时，不同的行业和类目，针对不同的消费者和不同的营销目的，会有一些设计上的共性和个性，下面将通过举例进行介绍。

（1）柔美型店标 logo

针对女性的行业和类目的店标 logo 为了突出柔美、妩媚的女人味，在字体上可以选择能体现圆润感觉的圆角字体，或者能够体现女性身段纤细、高挑感的瘦形字体。此外，把字体做一些变形处理，可以让线条的弧度显得比较女性化。颜色的选择也应以女性偏爱的颜色为主，如粉色、红色、紫色。

（2）阳刚型店标 logo

针对男性的行业和类目的店标 logo 在字体风格上要更加刚硬一些，字体的棱角也要明显一些，体现出力量感。阳刚型店标 logo 在颜色上多以黑色、白色、灰色和深蓝色为主。

（3）可爱型店标 logo

针对婴幼儿类目的店标 logo，在图形的设计上会偏向于简单的线条和明快的色彩，小动物元素用得较多。

"鲜果味"店铺 logo 设计

一、操作情景

在设计店标 logo 前，首先要与客户或管理层进行沟通。对店标 logo 设计来说，沟通是极为重要的，因为这样可以大大提高工作效率。在本案例中，水果网店名称是"鲜果味"，主营项目是水果，希望从店标 logo 上体现出网店的风格。

二、操作步骤

步骤1　分析主题，确定方向

（1）分析店铺名称，确定关键词

为店铺"鲜果味"网店设计店标 logo，可以取店名中"鲜果味"三个字作为关键词，设计店标 logo 时可将其作为设计的元素。

（2）分析店铺所属行业，抽象出可用元素

本店主营各种新鲜水果，主要的经营理念是"经营绿色健康的各种新鲜水果"，所以计划以"树叶＋水果"体现绿色环保这一经营理念。

步骤2　构图设计

采用九宫格构图法，且图文结合。

步骤3　完成设计

将关键词和行业元素进行结合，设计出店标 logo，最终效果如图 2-2-7 所示。

图 2-2-7　最终效果图

二、店招设计

店招就是店铺的招牌。从品牌推广角度来看，要想在整个网店中让店招变得便于记忆，店招的设计需要具备新颖、易于传播、便于记忆等特点。

1. 认识店招

店招位于网店的顶端，成功的店招通常采用标准的颜色和字体、简洁的设计版面。此外，店招一般包含精练、吸引力强的广告语，画面还要具备强烈的视觉冲击力，清晰地告诉买家网店在卖什么，而且通过店招也可以对网店装修的风格进行定位。

为了让店招有特点且便于记忆，在设计过程中会采用简短、醒目的广告语等辅助内容，并通过适当的配图来增强网店的辨识度。店招的主要内容包括店标logo、网店名称、简短的广告语以及促销活动等。

2. 店招的设计思路

店招是网店的门面，对网店的宣传起着非常重要的作用。在设计店招时，要更多地从留住买家的角度来考虑。

首先，要突出主题，店招的设计要与商家产品或服务直接相关，设计师要设计出与主题相符合的店招，让顾客一眼就能看出商家的特色和优势。

其次，要注意创意布局，创意布局是店招设计的一大要点。在空间大小相似的情况下，设计师需要通过创意的布局，让店招具有不同的风格特色，这样的设计方式不仅能让消费者产生新鲜感，对店铺有一定程度的认知，还能够有效地加强营销效果。

最后，要注意色彩的搭配，巧妙地运用色彩，使其与经营项目相结合，使用与网店风格一致的色彩和图片，同时添加具有吸引力的广告信息和收藏信息来吸引买家的注意力。

例如，以销售茶具为主的网店，为了突出茶艺上千年的文化内涵，在设计中可使用传统、怀旧的红色,并搭配具有突出表现力的浅黄色,让画面看上去主次分明。同时,书法字体和传统风格 logo 的使用也可作为设计的亮点,以使店招的整体效果具有古典韵味。

操作技能 2

设计店招

一、操作情景

婴幼儿网店的店招通常使用高明度的色彩来进行表现。根据这一特点,本操作技能中母婴网店店招的设计使用多种高明度的色彩来营造纯洁、稚嫩的画面效果,画面中搭配了外形可爱的 logo,同时使用漂亮的丝带和云朵图案装饰背景,使整个画面灵动十足、情趣盎然。

二、操作步骤

步骤 1　店招布局构思

本店招计划设计为以活动促销为目的,主要促销内容为优惠券的推广,可以放入店铺名、店铺 logo、店铺广告语、店铺促销活动等内容。

步骤 2　店招布局规划

根据步骤 1 的构思,店招布局的大致规划如图 2-2-8 所示。

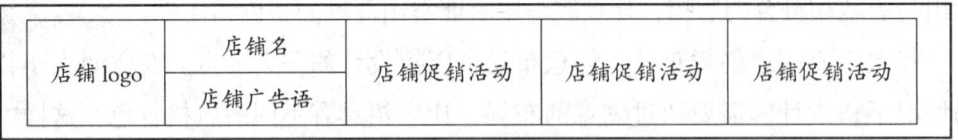

图 2-2-8　店招布局规划

步骤 3　店招设计

按照店招布局的规划,完成店招设计,以蓝色为主色调。

步骤 4　设计完成并应用

将设计完成的店招应用到店铺中,效果如图 2-2-9 所示。

图 2-2-9　店招效果图

 小贴士

淘宝首页手机端店招设置已从容器里取消。全局设置可以用多热区切图，目前手机端淘宝详情页店招可以装修，但仅限天猫的预约商家。

3. 店招设计注意事项

（1）店招在设计过程中视觉重点不宜过多

店招在设计过程中视觉重点不宜过多，1~2个就可以，过多会导致店招没有核心。

（2）注意突出重点

根据店铺现阶段的情况进行分析，如果现阶段是做大促，可以着重突出促销信息，但是品牌性也不能忽略。

（3）注意突出品牌特性

店招一定要突出品牌的特性，让客户很容易就清楚店铺是卖什么的，以及店铺的风格、品牌文化等。品牌特性需要在店铺对自己的品牌有一定的理解之后，方可应用至店招中，避免对自己的品牌定位造成偏差。

（4）注意颜色的整洁性

颜色不要复杂，一定要保持整洁性，不要使用过多的颜色，店铺本来需要表达的信息量就不大，不需要把店招做得太花哨，给买家造成视觉疲劳，以致失去客户的关注度。尽量只使用1~3种颜色，减少使用过于刺激视觉的颜色。

三、海报设计

1. 海报设计

海报设计是一种视觉传达的表现形式，一张好的海报不仅可以生动地传达网店的产品信息以及各类促销活动等情况,而且可以吸引客户关注,提高转化率。海报的组成元素一般包含背景、产品、文案三个部分。

2. 海报的分类

网店宣传海报可以分为全屏海报、普通海报和轮播海报。

(1) 全屏海报

全屏海报包括店铺本身的店招、标题栏和海报的主体内容,因为整体表现统一,效果协调,越来越受到大家的喜爱。店铺的全屏海报效果能为店铺装修锦上添花,增加店铺的美感。

(2) 普通海报

普通海报固定在轮播区或者详情页中,并且不包含店招、标题等内容,只需要设计与商品和活动相关的内容即可。

(3) 轮播海报

轮播海报是指在一个模块或者窗口,通过鼠标点击或手指滑动,可以看到多张海报图片。这些图片统称为轮播图,这个模块叫作轮播模块。轮播图常见于电商类、资讯类应用的功能首页和功能模块主页面。

3. 海报设计思路

(1) 海报色调要与网店色调统一

在设计海报时,需考虑店铺整体环境,一般情况下,店铺在设计之初会确定3~4种色调作为店铺主色调,除此之外,还须考虑平台活动主题色调,如"双十一"为大红色,妇女节为紫色等。海报设计尽量避免与主色调产生强烈的对比,要考虑降低纯度和明度。

(2) 根据产品特点设计背景色

海报背景的选择最好与产品相呼应。海报设计大体分为两种风格:一种是将拍摄的图片直接用作背景,版式排列活动文案将产品提取出来;另一种是背景根据产品灵活变动,再配合版式。

(3) 根据客户群凸显文案

要明确海报面向的客户群体,据此策划文案排版。如图 2-2-10 所示,该店铺的客户群体为企事业单位办公人员,所以背景图选用含有科技元素的蓝色图片,广告语为"办公文具大聚惠——一站式购物",表明店铺不仅有价格优惠,产品更是多种多样。

图 2-2-10 海报中的文案

（4）突出海报主题

海报图片设计与摄影作品不同。摄影作品突出原生态，添加文字是为了更好地突出画面，海报中文字的设计是为了更好地烘托主题，如图 2-2-11 所示，海报在设计时使用产品图片作为背景，图片中间使用文字突出店铺主题——原创·文艺·生活。

图 2-2-11 突出海报主题

办公用品手机端商品海报设计

一、操作情景

某办公用品网店主要经营各种品牌文具，商品主要包括钢笔、象棋、订书机、彩色铅笔等。店铺风格为现代、时尚、科技风。为了进一步提升店铺的浏览量，同时借助"双十一"做商品促销，设计师王某向店主李某介绍，手机店铺海报必须具有相当的号召力与艺术感染力，要调动形象、色彩、构图、形式感等因素形成强烈的视觉效果；海报的画面应有较强的视觉中心，应力求新颖、简洁，还必须具有独特的艺术风格和设计特点，这样才能达到商品促销和吸引消费者的目的。

二、操作步骤

1. 手机端商品海报设计

步骤1　确定海报主题

根据情景描述，本次设计海报的主题是对所有商品进行促销活动，位置定于手机店铺首页。

步骤2　消费者人群分析

本店铺消费人群主要为学生、文艺青年、书法爱好者和办公室职员。

步骤3　撰写办公用品店铺商品海报文案

海报标题：文体用品

海报副标题：大放"价"

正文：优惠多多，掌上秒杀到手麻

步骤4　确定海报风格

步骤5　确定配色方案和字体

（1）配色方案

办公用品宣传海报根据商品的色彩采用暖色调为主色调，再搭配辅助色的方式进行设计。主色调选用红色，辅助色选用黄色。

（2）字体

字体选用微软雅黑（正体和斜体）。

步骤6　版面排版设计

版面排版设计采用对称式，效果如图2-2-12所示。

图2-2-12　版面排版设计效果

2. 轮播海报设计

步骤1　选取轮播海报设计商品

根据店铺促销活动方案，选取钢笔、订书机、彩色铅笔、象棋等商品并进行轮播海报设计。

步骤2　确定不同商品的海报风格

根据店铺风格，以及手机端商品海报设计中步骤1、步骤2的分析，确定不同商品的海报设计风格。

（1）钢笔：重金属风格。

（2）订书机：现代商务风格。

（3）彩色铅笔：清新可爱风格。

（4）象棋：水墨画风格。

步骤3　撰写各类商品海报文案

撰写钢笔、订书机、彩色铅笔、象棋等商品的文案。

步骤4　确定字体、配色方案

字体：微软雅黑。

配色方案：采用"暖色调＋互补色"的方式进行设计。

步骤5　版面排版设计

版面设计采用"九宫格"以及特写式构图。

步骤6　设计轮播海报

（1）将设计好的商品海报依次上传到淘宝图片空间。

（2）打开手机店铺装修页面。

（3）选中"轮播图海报"模块，依次上传做好的海报，点击"保存"，完成设计。

4. 海报设计注意事项

（1）构图合理

宣传海报的产品数量不宜太多，选择具有代表性的主打产品即可，并且进行合理排版。

（2）留白合理

合理的留白符合人的阅读习惯。留白能加强虚实对比，营造空间感，突出主题主体，还能增加画面意境，突出气氛意蕴，传递精神情感。因此在进行海报整体设计的时候要注意,30% 的留白可以让海报显得高端、大气。

（3）信息均衡

在进行海报设计时,要掌握背景、文案、产品信息、主标题、副标题、附加内容等信息。信息数量不宜过多,争取让顾客在 0.3 秒内读完。

四、导航栏设计

1. 导航栏

网络店铺上的导航栏也称作导航条、导航菜单等。通常网店的导航栏主要包括网店的首页和商品栏目及各个单页面的导入链接。通过商品栏目链接可以让客户更容易地找到目标,能对客户起到很好的引导作用。

导航栏在网店设计中的地位举足轻重,它引导着客户进行浏览和查找,一个合理的导航栏能让客户在离开网店时感觉就像享受了一次愉快的旅程。

2. 导航栏分类

（1）主导航栏

主导航栏一般位于网页页眉顶部,或者店标的下部。第一时间引导客户指向其所需要的信息栏目。

（2）次导航栏

次导航栏一般位于网站的两侧。当客户浏览网店期间,想去别的栏目看看时,可以通过次导航进入其他栏目。

（3）分类导航菜单

当鼠标滑过导航菜单项时即可展开相应的分类导航横向或纵向子菜单,店铺利用分类导航将商品分类放置,方便客户快速找到店铺内的相应产品。

操作技能 4

母婴网店导航栏设计

一、操作情景

母婴网店通常会使用高明度的色彩来进行表现。根据这一特点,本操作技能中母婴网店导航栏的设计与店招的背景色保持一致，采用蓝色背景，文字用白色显示。

二、操作步骤

步骤1　导航栏规格设计

网店导航栏的尺寸是有一定限制的，例如，淘宝网规定导航栏的尺寸宽度为950像素，高度为50像素。

步骤2　导航栏类别设计

根据母婴网店的需求分析，可以将导航内容（菜单）设置为以下几个类别：首页、所有宝贝、产品分类、店长推荐和会员中心。

步骤3　导航栏上的文字信息设计

导航文字除了使用单一的中文信息，还可以使用数字和英文，将这些文字信息合理摆放，可以提升导航栏的设计感，给人眼前一亮的感觉。本导航栏采用单一中文信息设计，字体选用宋体，颜色为白色。

步骤4　导航栏背景色彩设计

导航栏通常在店招的下方，因此色彩搭配也应与店面色调一致，否则会显得突兀，造成喧宾夺主的效果。

本店店招的设计，采用了蓝色和粉色两种色彩，因此为了搭配整个网店的基本色调，将导航栏的背景颜色设置为蓝色。效果如图2-2-13所示。

图2-2-13　导航栏最终效果图

3. 导航栏设计注意事项

（1）导航栏对整个网站的内容布局起着引导划分的作用，在设计时要注意与店铺的整体设计风格相统一。

（2）导航栏在设计时要注意简单、易懂、易操作，要确保导航栏的真实作用，这样才能吸引更多的用户到网页参观浏览。

（3）店铺导航栏的颜色、图案和文字最好与店招有一定的呼应，这样在整体上会有一种连续性和协调感。

（4）在设计导航时可以采用文本链接方式，不要采用"很酷"的表现方式，注意超链接颜色与单纯叙述文字的颜色呈现,且导航栏内容必须清晰,必须要有准确的导航文字描述。

五、网店图片装修元素设计流程

首先,设计店铺页头,包括店标、店招、导航栏的设计;其次,进行活动促销设计,包括全屏海报、全屏轮播海报、优惠券等的设计;再次,设计店铺商品,包括商品分类、主推商品等;最后,设计店铺页尾。

学习单元 4 网店装修推广图设计

在推广网店前要对主图和直通车推广图进行重点制作,使制作完成的推广图更加吸引消费者,从而提升转化率。

一、主图设计

在搜索结果页、详情页顶部和网店首页时都会出现主图,主图是展示信息的第一窗口,也是消费者进入网店的主要入口,其吸引力在一定程度上决定了网店的访客量。清晰度高、细节直观、描述完整的主图可以让消费者快速了解网店,并形成直观的印象,产生进入详情页深入了解的兴趣,为网店带来流量和转化率。

1. 常见的主图类型

在设计主图时,可首先确定主图的类型,然后据此进行设计。常见的主图类型有以下三种。

(1)突出卖点型

突出卖点型是指将商品的卖点体现在主图上,通过精练的文案、突出的视觉设计使整个主图更有吸引力。

(2)情景渲染型

情景渲染型是指为商品添加渲染背景,以进一步突出其性能特点,在视觉上比较大气、美观,可以给人留下直观的印象。这类主图一般适用于户外、家具家装类目,有利于展现较大的场景效果。

（3）细节展示型

细节展示型是指通过特写、细节的展示来放大商品的特点，比较适合展示材质、工艺等有纹理、有细节的商品，可以达到提高点击率的目的。

2. 主图设计的原则

优质的主图能够提高点击率，达到引流的目的。消费者在浏览主图时速度一般都较快，因此，让主图脱颖而出以成功吸引消费者，是设计优质主图的关键。一般来说，设计主图可以从以下三个方面着手。

（1）卖点清晰有创意

所谓"卖点"，就是指商品具备的别出心裁或与众不同的特色、特点，既可以是款式、形状、材质，也可以是价格等。卖点清晰有创意是指主图让消费者一眼就能明白商品的优势与特色。一个主图展示的卖点不需要太多，但要能够直击要害，采用直接的方式打动消费者。

（2）商品大小适中

主图过大会显得臃肿，过小则不利于细节的表现，难以突出其主体地位。因此，大小适中的主图能增强消费者浏览时的视觉舒适感，提升点击率。

（3）宜简不宜繁

由于消费者搜索主图时浏览速度较快，因此主图传达的信息越简单明确越容易被接受。摆放凌乱、数量多、文案信息多、背景杂、水印夸张等都会阻碍信息的传达。

3. 主图设计的要点

在网店主图中，图片场景可以展现商品的真实效果，提升消费者的认知度；背景颜色可以吸引消费者的注意力；促销信息可以提升网店的点击率；附加服务可以提升消费者的购买欲；品牌标识可以树立网店的品牌形象。下面分别对这些设计要点进行介绍。

（1）图片场景设计

在设计图片场景时，选择不同背景的素材，会影响最终的展现效果，从而影响点击率。因此在使用不同场景的图片时，要注意与排名相当的竞争对手的主图有所区别。从大量数据调研中可知，主图多数使用生活场景作为背景。

（2）背景颜色设计

背景颜色常指可以烘托商品的纯色背景。以纯色作为背景时，在颜色搭配上比较容易，也会令人印象深刻。

（3）促销信息设计

制作主图时可加入促销信息以提高点击率。需要注意的是，促销信息要尽量简短清晰、字体统一，并控制在 10 个字以内，避免出现促销信息混乱、喧宾夺主等情况。

（4）附加服务设计

目前，电商行业同质化现象越来越严重，竞争也越来越激烈，所以在主图中体现优势就变得更加关键。此时可在主图中展现商品的附加服务，例如，无条件退换货、不满意包退等，与竞争对手形成差异，留住消费者，从而促进销售。

（5）品牌标识设计

通过在主图中添加品牌标识，可树立品牌形象，加深品牌在消费者心中的印象，从而降低主图被盗用的风险。

操作技能 1

为某美妆直播间设计直播主图

一、操作情景

为某美妆直播间设计直播主图，使用复古的背景作为修饰，并添加简单的广告词以及"抢免单""活动价"等促销信息来突出优势。

二、操作步骤

步骤 1　商品卖点分析

本直播间的商品主要是彩妆，主要卖点是价廉物美以及产品促销活动。通过"美妆直播"来进行促销活动。

步骤 2　商品在主图中的位置

商品位于主图左侧，大小适中。

步骤 3　主图中的促销信息及位置

主图中的促销信息：看直播享半价、直播间抢免单。为了避免促销信息混乱、喧宾夺主，应将其分别放置在主图的上、下两端。

步骤 4　主图场景与背景

主图的场景主要为商品和促销信息以及促销价格，商品和促销信息的背景色为红色，主图背景颜色为蓝色。

步骤 5　确定主图字体

主图中的字体为微软雅黑。

步骤 6　主图版面设计

主图版面布局与设计如图 2-2-14 所示。

步骤 7　添加商标和文字水印，完成主图设计

某美妆直播间直播主图设计最终效果如图 2-2-15 所示。

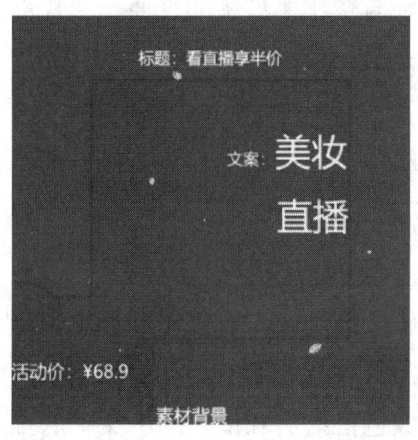
图 2-2-14　版面设计

图 2-2-15　最终效果图

4. 主图设计的注意事项

（1）商品主体一定要明显、清晰。主图中可以加入促销信息，但要简单明了，促销信息不要喧宾夺主，字数控制在 10 个字以内。

（2）主图上应尽量有店铺 logo 或名称，加强品牌感，如果使用 logo，一般放在主图的左上角。

（3）主图上的文案信息应避免分成多个文字区域，或进行大面积铺盖，否则会干扰到用户正常查看商品。

（4）主图中的产品最好选用单一产品，过多的产品容易分散用户的注意力。

（5）主图应尽量避免拼接，拼接图的视觉效果凌乱，即使是高档产品也无法营造出高品质的视觉效果。

二、直通车推广图设计

直通车推广图与主图的设计方法类似，但作用却不尽相同。主图主要用于展示信息，因此要突出卖点。而直通车是淘宝为商家量身定制的一种推广方式，是进行宣传与推广的重要手段。直通车是按用户点击次数付费的，因此要凸显创意。下面对直通车推广图的相关知识进行介绍，以帮助商家制作出更具营销性的直通车推广图。

1. 直通车推广图设计的原则

为了提高直通车的点击率，通常可以根据不同的卖点、不同的设计形式制作多张直通车图片并依次测试，最终选择点击率与转化率最优的直通车图片进行推广。一般情况下，设计直通车推广图应遵循以下三个原则。

（1）主题卖点简洁精确

主题卖点要紧扣消费者诉求，表述简洁明了、直接精确。为了便于消费者接受，标题应尽量控制在6个字以内。

（2）构图合理

直通车推广图的构图方式有很多，包括中心构图、左右构图、三角构图、斜角构图、黄金比例构图等。但总体上应符合消费者从左至右、从上至下、先中间后两边的浏览习惯，图文搭配比例要适当，颜色搭配需和谐。图中文字的排列方式、行距、字体颜色、样式等要整齐统一，并通过改变字体大小或者颜色来清晰地体现信息的主次关系。

（3）具有吸引力

使用独特的拍摄手法、夸张的文案等方式增强图片吸引力，从而快速吸引消费者。

2. 直通车推广图设计的注意事项

（1）做好设计定位

根据直通车的投放计划来确定该商品推广所要投放的位置，这样更便于对该商品的周边商品进行分析，在设计上更加突出亮点，吸引买家注意。确定该商品推广针对的消费人群，通过分析消费人群的喜好以及消费能力和生活习惯等因素来确定设计的风格、颜色以及促销的方式等。

（2）要将商品的卖点作为重点进行展现

在设计制作的时候，一定要将商品的卖点重点突出展现，同时还要确保商品的清晰度。

（3）注意突出商品与背景的色彩差异

如果一个商品的颜色与背景色相同或者相近，容易使商品的辨识度降低，同时也让消费者很难将注意力集中在商品上。因此，在设计直通车图片的时候要懂得选择背景色，或者尽量在拍摄中使用与商品本身色彩差异较大的颜色作为背景，同时也要注意不要让背景的颜色太过复杂，否则很容易使商品在图片中的主导地位受到影响。

（4）要注意文字排版整齐、统一

直通车推广图的文字设计需要整齐和统一，整齐是指图中所有文字都进行居左或者居右排列，统一是指字体、颜色、样式、行距等统一（特殊情况也可适当调整），重点内容可以通过改变字体大小或者颜色来体现。

操作技能2

婴幼儿奶瓶直通车推广图设计

一、操作情景

设计一个以促销活动为主题的婴幼儿奶瓶直通车推广图，注重对促销信息的描述，要在图片中尽量表现促销活动的重点（即各种促销手段），体现促销主题，表明促销活动的时间等信息。

二、操作步骤

步骤1　确定主题卖点及价格

主题卖点：妈妈首选奶瓶

价格：59元

步骤2　确定构图方式

采用左右构图的方式，价格在左边，商品在右边。

步骤3　确定字体及排列方式

确定字体为方正粗圆简体，排列方式为左对齐，采用"旗帜"艺术效果。

步骤4　确定配色方案

主体色为蓝色，辅助色为红色，点缀色为黄色。

步骤5　设计版面

版面布局如图2-2-16所示。

步骤6　设计效果图

最终效果图如图2-2-17所示。

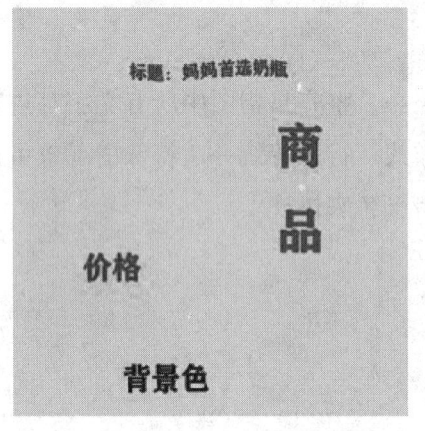

图2-2-16　版面布局

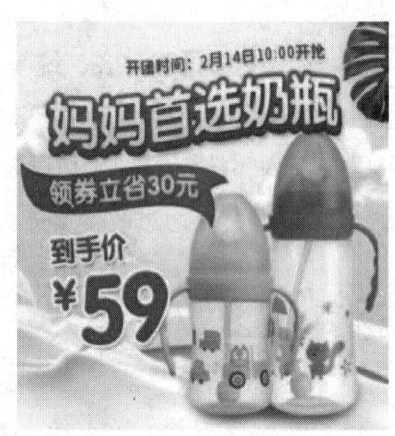

图2-2-17　最终效果图

学习单元5　网店装修视频制作

视频中的信息量比图片、文字中的信息量要大很多，能更加生动、直观地展示商品信息。目前，大部分网店都会采用视频来吸引消费者，从而增强推广效果。视频能够让买家快速了解商品的特点、功能与品牌理念等，迅速吸引买家的兴趣，让其产生购买的意愿。

一、网店视频的作用

视频可以帮助商家全方位地宣传商品，替代了传统的图文表达形式，虽然只有十几秒或几十秒的时长，却能让买家非常直观地了解商品的基本信息和设计亮点，多感官体验，从而减少买家进行咨询的时间，有助于让买家快速下单。视频的主要作用如下。

1. 增强视听刺激，激发购买欲望

视频以影音结合的方式，用最短的时间将商品的重要信息呈现出来，通过增强视听刺激来激发买家的购买欲望。

2. 全方位、多角度地展示商品的细节特征

网店通过视频展示，可以真实地再现商品的外观、使用方法和使用效果等，比单纯的图片和文字更具说服力，能够全方位、多角度地展示商品的细节特征。

3. 提供贴心、专业的服务

视频除了可以展示信息外，还可以展示商品的使用方法与注意事项等，作为售后服务的一部分提供给买家，这样既可帮助买家解决使用时遇到的问题，又能让买家感受到卖家用心、专业的服务，从而提升买家对网店的满意度和忠诚度。

4. 提高网店转化率

对于网店来说，转化率通常是指浏览网店并产生购买行为的人数和浏览网店总人数之间的比值。作为一种重要的展示形式，视频可以增强视听刺激，全方位、多角度地展示商品的细节特征，提供贴心、专业的服务，行之有效地推广商品，达到提高转化率的目的。

二、网店短视频的类型

目前网店视频主要以主图视频和详情页视频为主。

1. 主图视频

主图视频主要作用是补充展示商品，通常显示在商品页面的第一张主图之前。

（1）主图视频的大小建议不超过 300 MB，分辨率建议大于 1280 像素 × 720 像素（又称 720 P，这种分辨率的视频称为高清视频），比例可为 1∶1、16∶9 或 3∶4。

（2）主图视频支持 WMV、AVI、MPG、MPEG、3GP、MOV、MP4、FLV、F4V、M2T、MTS、RMVB、VOB、MKV 等格式（阿里创作平台目前仅支持 MP4 格式）。

主图视频的时长应小于 60 秒，建议在 30 秒以内。

（3）主图视频的内容应无水印、无二维码、无外部网站信息，店铺或品牌 logo 不得在正片中以角标或水印的形式出现；视频内容必须与商品相关，不能是纯娱乐、纯搞笑内容，不建议将电子相册式翻页图片作为视频内容。

2. 详情页视频

详情页视频主要对商品进行补充介绍，通常显示在详情页图片中间。

（1）详情页视频的大小建议不超过 300 MB，分辨率建议尽量为 1280 像素 × 720 像素，比例尽量为 16∶9。

（2）详情页视频支持 WMV、AVI、MPG、MPEG、3GP、MOV、MP4、FLV、F4V、M2T、MTS、RMVB、VOB、MKV 等格式（阿里创作平台目前仅支持 MP4 格式）。

详情页视频的时长建议为 1~3 分钟。

（3）详情页视频的内容应无水印、无二维码、无外部网站信息，店铺或品牌 logo 不得在正片中以角标或水印的形式出现；视频内容必须与商品相关，不能是纯娱乐、纯搞笑的内容，不建议将电子相册式翻页图片作为视频内容。

三、短视频设计的注意事项

1. 视频必须与商品相关，突出卖点

杜绝纯娱乐、搞笑段子类视频，不建议使用电子相册式的翻页图片视频等内容。

2. 视频标题符合有关法律、法规的要求

视频标题没有不良引导类内容、无意义字符、营销话语等，归纳视频主题与亮点，文案生动具有感染力。

3. 拒绝无效信息

拒绝无效信息，首帧不允许出现黑帧，不允许有显著的黑边，字幕位置合理，不与标题或文字描述重合。

培训课程 3 用户页面设计

学习单元 1 网店首页设计

首页是网店的门面,能够让客户了解到店铺的环境以及商品的定位,是吸引客户的注意力,使他们对店铺产生兴趣的关键。

一、首页的作用

客户通常是从详情页跳转到首页中,一个设计精美的店铺首页相对更能够留住客户,让客户产生继续浏览下去的欲望。

1. 塑造店铺形象

店铺首页应该展现店铺的特性、理念与定位,让客户全方位地感受店铺文化,加深对商品的印象,并形成潜在利润。

2. 展示主推商品

每一家店铺都有自己主推的商品,在首页中着重体现主推商品能够更加容易地促成点击跳转。但并不是所有商品都需要作为主推商品,过多的主推会导致失去重点,让客户感到迷茫。

3. 展示店铺促销活动

通常情况下,电商平台的活动有很多,活动本身的目的就是促销,因此,在店铺首页展示店铺促销活动,能够提高展示机会,起到促进销售的作用。

4. 分类导航设计

客户从详情页跳转到首页就是为了查看更多的商品信息,条理清晰的分类导航能够引导客户继续浏览其他商品。

二、首页的构成

店铺首页中有很多内容,主要分为店铺页头、活动促销、商品展示、店铺页尾四个部分。

1. 店铺页头

店铺页头包括店招和导航。在设计店招时,需要体现店铺的名称、店铺广告标语、店铺 logo 等主要信息,还需考虑是否着重表现热卖、收藏店铺、优惠券等信息。在设计导航时需要考虑到与店招之间的连贯性,尤其是在颜色上,既要与整个页面颜色协调,又能够突出显示。不仅如此,还要考虑导航的分类。其中,"所有宝贝""首页""店铺动态"是不可或缺的几个选项,卖家还需要根据自己店铺的实际情况添加合适的导航链接。例如,店铺上新一批新款服饰,可以添加一个"店铺新品"链接;为了彰显实力,可以设置"品牌故事"链接。

2. 活动促销

在首页中的第一屏会展示店铺的活动广告、折扣信息、轮播广告等内容。这些内容主要用于推广商品、介绍活动、吸引卖家注意等。

3. 商品展示

商品展示区域大致可以分为两个部分:主推商品和商品分类。主推商品是整个店铺的主要卖点,选择多个主推商品,然后进行定位,通过广告的形式可体现商品的核心卖点、价格和折扣信息等内容。商品分类则是将商品进行分类展示。例如,一家女装店,可以将裙装集中在一起展示,将裤装集中在一起展示。这样将商品分为几大类别,方便客户选择。

4. 店铺页尾

店铺页尾模块在设计上一定要符合店铺的设计风格与主题,色彩要统一,还需要做到人性化(如放置一个回到顶部的按钮)。店铺页尾可以添加客服中心、购物保障、发货须知等内容。

三、首页设计的原则

买家进入店铺后第一眼看到的就是首页,如果首页不能够吸引他们,则很难推进后续浏览。卖家想设计出令买家满意的店铺首页,至少应遵守以下五个原则。

1. 注重色彩搭配

色彩搭配合理能起到意想不到的作用,每种颜色都能表达特定的情感。因此,在设计店铺首页时要做好配色方案,增加色彩层次感,使画面更有表现力。

2. 注重空间质感和色彩质感

空间质感是指有远有近、有实有虚,这样才能符合人们的视觉习惯,将画面中的平面变得立体,营造画面空间的质感,使得用户第一眼就能将视觉中心放到画面的正中央。色彩的质感是指作品给人的感觉(硬朗还是柔和),把作品去色后,观察作品中从黑到灰到白的色彩比例,可判别色彩质感。

3. 注重结构设计

店铺首页要有结构,利用形状构图来设计店铺首页,引导用户视线,供用户选择,或者在设计页面时使用形状,营造出活动气氛。

4. 注重氛围渲染

在营造页面氛围的时候要注意周边视觉的处理,让用户通过页面感受到店铺的活动主题、品牌风格。另外,主题风格、色彩、形状等各种因素都统一才能产生更大的作用。

5. 注重背景元素

图片做得好坏,在很大程度上是由背景决定的,背景元素切忌喧宾夺主,抢了商品的风头,尽量与商品合理搭配,让人看着舒服。

6. 手机店铺首页设计的原则

手机店铺首页装修的原则是能快速打开页面,避免因手机端流量限制导致部分图片无法快速呈现;文字信息简洁明了,多以图片为主;设计主题与店铺风格相结合,首尾呼应;模块和结构划分清晰。

手机店铺首页设计

一、操作情景

"YIMI 伊米生活"品牌计划在淘宝平台开设一家手机网店。请根据所学的首页设计知识,为该品牌设计一个首页。要求至少包含店招、优惠券、海报、品类导航、热销商品、新品上市等模块。

二、操作步骤

步骤1　绘制PC店铺首页规划图

PC店铺首页规划图如图2-3-1所示。

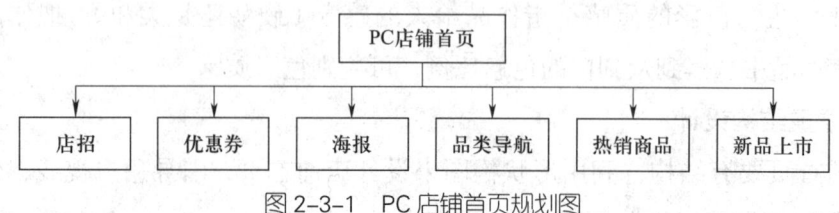

图2-3-1　PC店铺首页规划图

步骤2　筛选出手机店铺首页的架构

手机店铺首页架构如图2-3-2所示。

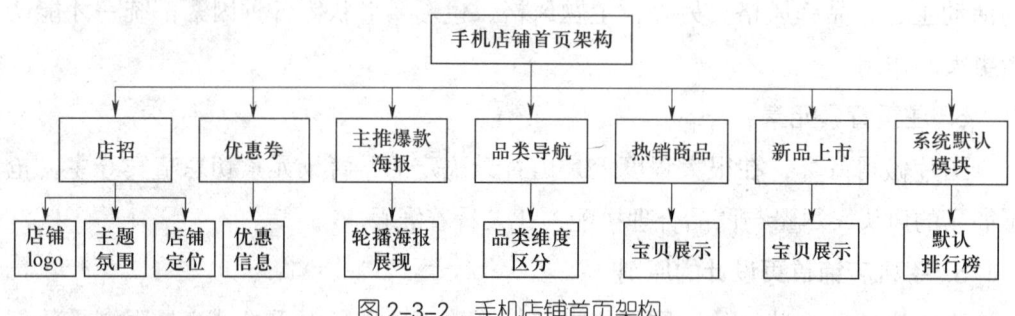

图2-3-2　手机店铺首页架构

步骤3　设计手机店铺首页规划图

手机店铺首页规划图如图2-3-3所示。

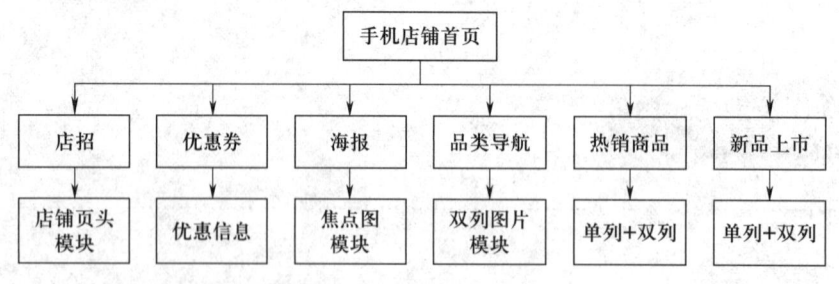

图2-3-3　手机店铺首页规划图

步骤4　各模块设计

（1）设计手机店铺页头模块。

（2）设计手机店铺优惠信息模块。

（3）添加海报、品类导航、热销商品、新品上市等模块。

步骤 5　手机店铺首页呈现

四、首页设计的注意事项

1. 设计风格与销售商品相匹配

网店首页的设计风格应与所销售的商品及主要消费群体的风格相匹配。

2. 合理运用色彩

色彩搭配对一家网店的首页设计也很重要。将色彩运用得更加高级，能吸引消费者的关注，同时也可以提高商品在消费者心中的水准。根据不同的消费人群调整不同的色彩搭配，根据季节的改变调整不同的色彩搭配，都是合理运用色彩的方法。

3. 合理运用背景音乐

好的背景音乐能够更好地激发顾客进店选购的欲望，背景音乐要呼应所销售的商品，不能只追求音乐的流行程度，而是要和本店风格相匹配。另外，音量的大小也是要考虑的因素。

4. 合理搭配内容

合理搭配内容意味着需要将视觉设计、用户体验和实际内容紧密结合，以提供既美观又实用的界面。确保首页展示的内容具有价值且与目标用户相关；采用清晰的布局，避免过于复杂的元素，通过使用不同大小的字体、颜色和图标，创建清晰的视觉层次；设计简洁直观的导航菜单，可以帮助用户快速找到需要的信息；优化图片和资源文件大小，确保加载速度，快速加载的页面可以提升用户体验感，降低跳出率。

学习单元 2　商品详情页设计

美观整齐的详情页可以吸引顾客的目光，提升店铺的自然流量。详情页是一款商品能否热卖的重要因素。同样的商品，类似的价格，买家购买与否与详情页介绍有很大关系。详情页介绍得越详细，越可以让买家更清楚地了解商品的情况以及其是否适合自己。

一、详情页的作用

详情页主要是介绍商品，为买家提供更多的商品选择，增加购买数量，提高客单价。为促进消费，可以在详情页中设置一些关联商品的销售，推出爆款或者套餐，这是在大型活动中提高客单价和烘托节日气氛的好方法。因此，在这一模块卖家可以灵活布局，根据不同的需求更换不同的内容。

手机店铺详情页的作用主要体现为：展示，让消费者从图片中直观了解商品信息；介绍，让消费者了解商品属性；增加入口，吸引消费者进入店铺或查看其他商品，提高成交率和复购率；树立品牌形象，提高消费者的信任度和购买欲望；减少沟通成本，引导消费者自主完成购物。

二、详情页的构成

1. 首屏海报

首屏海报可以设置店铺营销图片，展示店铺主推款。因为进入店铺第一眼看到的就是首屏海报，关系着买家对店铺的第一印象，所以首屏海报一定要有鲜明的亮点。

2. 场景图

场景图就是模特配上背景，场景图可以融入环境，代入感强。当客户产生了代入感，会产生强烈的购物欲望。

3. 卖点图

卖点图重点展示商品优势，选择做一款商品，首先要了解商品的优势，然后在卖点图中把优势体现出来。如果未能直观地把商品优势通过这种方式表达出来，买家就无法了解商品优势，也很难促成消费。

4. 对比图

对比图就是将本店铺的商品与同行的商品进行对比、展示，更加直观地突出商品的优势和亮点。但注意不要故意抹黑同行，真实才是最重要的。

5. 商品规格尺码表

商品规格尺码表也非常重要。买家购物大多是自主下单，很少与商家沟通。放上商品规格尺码表，可以方便买家自行查看尺码。这样就可以省去沟通环节，避免买家因嫌麻烦而放弃购买。

6. 买家秀

买家购物存在从众心理，大家都觉得好，买家也会觉得好。以服装类商品为例，买家秀可以更直观地让大家看到商品穿到买家身上会有什么效果。毕竟很多人会觉得模特展示的效果不真实，觉得模特身材好穿起来肯定好看。买家秀能很好地打消这种顾虑。

7. 售后保障

为客户提供售后保障信息，如 7 天无理由退货、赠送运费险、只换不修等售后承诺，可以真正做到让顾客无后顾之忧，从而放心购买。

三、详情页设计的原则

详情页对提高转化率有很好的促进作用。在设计详情页时，要注意以下四个原则，以保证其发挥更大的作用。

1. 根据自身商品特性设计详情页

商家在制作对应的详情页时，要先对上架的商品进行深入了解。尤其在平台上同类商品较多的情况下，商家更需要对自己的商品进行充分了解，挖掘其特点与卖点，给用户足够的吸引力。

2. 以消费者需求为出发点来设计详情页

商家在为一款商品制作详情页时，要站在用户需求的角度去了解他们对商品的期待，以及他们的需求，然后将顾客的需求点放在详情页中，以激发他们的购买欲望。

3. 参考销量较高的商铺来设计详情页

商家在设计详情页时，可以参考销量较高商家的详情页。通过对比，对自家的详情页进行改进与优化，以实现更好的效果。

4. 详情页的调整与优化

商家将详情页整体设计完成之后，还需要通过不断地调整与优化，让文字、颜色和图片的搭配更加协调，使详情的展示效果更好。

操作技能

"YIMI 伊米生活"店铺手机详情页设计

一、操作情景

"YIMI 伊米生活"手机淘宝店新引进了一款水杯。为了提高水杯的销量，请根据所学知识为这款水杯设计一个宝贝详情页。水杯图片素材如图 2-3-4 所示。

二、操作步骤

步骤1 筛选手机店铺宝贝详情页模块

列出 PC 店铺宝贝详情页模块，根据需要筛选出手机店铺宝贝详情页的设计内容，主要有首屏海报、场景图、卖点图、商品规格以及售后保障等模块，然后为对应模块图片收集素材和撰写文案。

步骤2 确定手机店铺宝贝详情页排版

手机店铺宝贝详情页排版顺序为：首屏海报、场景图、卖点图、商品规格、售后保障。

步骤3 手机店铺宝贝详情页设计实施

（1）打开手机宝贝详情页编辑页面，如图 2-3-5 所示。

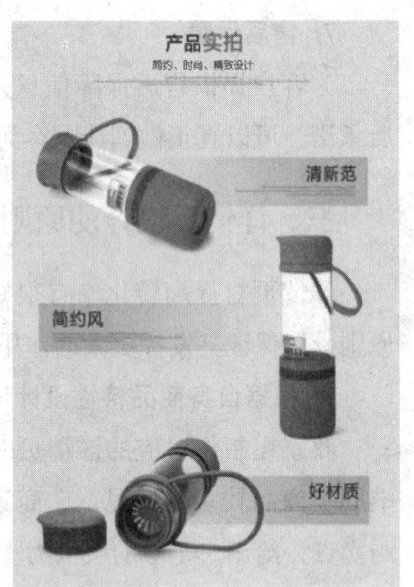

图 2-3-4 水杯图片素材

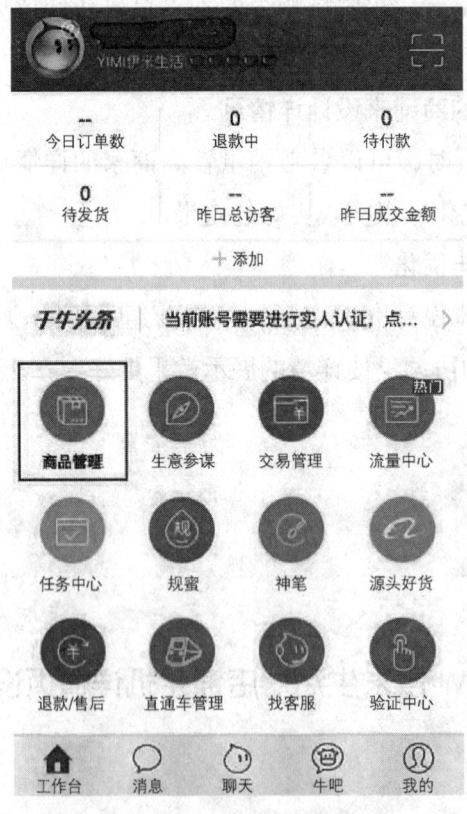

图 2-3-5 宝贝详情页编辑页面

（2）导入 PC 端宝贝详情。

（3）根据手机详情规格设计详情。

（4）设计图文详情，如图 2-3-6 所示。

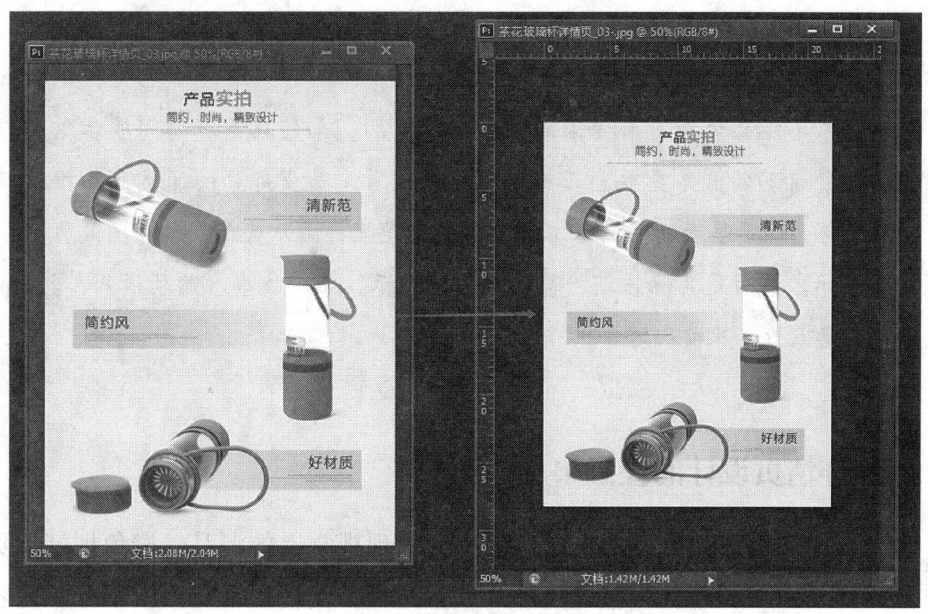

图 2-3-6　设计图文详情

 **小贴士**

手机店铺宝贝详情页的设计技巧

1. 适当的页面长度

展示图片之前的广告描述不宜过多，否则不仅影响主体关注度，也会影响页面的打开速度。

2. 选择品质高的图片

图片建议使用统一纯净、清晰明亮的背景。每个商品都有大小和角度不同的配图，这样能够使消费者从各个角度连贯地浏览，从而产生全面的印象。

3. 控制图片大小和质量

根据色彩的变化，图片的文件大小会产生变化，由此会影响整体页面的打开速度。

4. 从消费者角度出发，多方式展现内容

根据消费者的不同行业类别，将商品属性详细展现出来。如果内容较多，可考虑用表格或图文并茂的方式展现。

5. 根据消费者需求，合理布局版块

商家不能忘记消费者登录购物网站的目的，如何在第一时间展示信息，吸引消费者购物非常重要。正确的布局应该首先是少部分的同类商品推荐、活动推荐，然后展示商品的基本属性，接着是模特图片展示、单品图片展示、细节展示，最后是其他热销推荐、实体店展示、品牌故事、购物须知、其他活动信息入口等次要内容。

四、详情页设计的注意事项

首先，手机店铺宝贝详情页设计应避免出现视觉上的混乱，避免把好评页面截图放入详情页中；其次，应避免图片质量过低，结构混乱，主次不分，内容不全面等问题，否则会影响消费者的判断和信心，广告描述过长，也会影响用户体验；最后，避免设计过于视觉化，这样容易使消费者忽略文字介绍。

学习单元 3　网店自定义页设计

一、自定义页的作用

自定义页在店铺中起到非常重要的作用，它信息全面，展示灵活方便，能给用户带来良好的使用体验。

1. 提升消费者黏度

凡是在店铺中下单的消费者，都可以成为店铺的 VIP 客户，通过消费金额累计积分，以此提升会员等级。VIP 等级越高，享受的福利越多。积分累计还可以促使消费者加大购买力度。

2. 提高店铺转化率

随着时代潮流的变化、季节的变化和人们喜好的变化，店铺中的商品也在不断地变化，为了满足人们的需求，店铺会增加很多新商品，并用套餐活动的营销手段来吸引消费者，提高店铺转化率。

3. 降低店铺跳失率

正常经营的店铺，每天都有新的消费者光顾。为了能给这些消费者带来惊喜，店铺要经常做一些打折活动，让消费者感觉机会难得，从而引导其迅速下单，这样不仅能提升转化率，还降低了店铺跳失率。

二、自定义页设计的内容

1. 活动及引流入口页

活动及引流入口页的主题应新颖独特，从而吸引消费者的注意力与兴趣，进而使消费者的消费指数上升。活动页面的设计要做到参与性强、折扣力度大、视觉冲击力强、体现热销盛况以及制造紧迫气氛。引流入口页的设计，包含以下内容。

（1）免费引流，如活动页、搜索流量入口、类目流量入口、专题流量入口、聚划算、淘宝天天特价、淘金币等。

（2）付费引流入口，如直通车、钻石展位、淘宝客等。

（3）自主访问入口，如直接访问、店铺收藏、宝贝收藏、购物车、我的淘宝等。

引流入口页的设计要做好定位，根据投放计划确定该推广所要投放的位置，分析该商品的周边商品，设计时要突出亮点，达到吸引消费者的目的。同时还要优化版式排版，结合买家的浏览习惯（一般都是先左后右，先上后下，先图片后文字），主推的商品占图片面积要大，所有文字都居左或者居右，字体、颜色、样式、行距等均需统一。

2. 品牌文化页

品牌文化页通常包含品牌背书、品牌价值、品牌发展和品牌愿景。品牌背书以一种明示或暗示的方式对该品牌的消费承诺再次做出确认和肯定，从而提升消费者对店铺的信任度和店铺转化率。品牌价值是品牌管理要素中最核心的部分，也是该品牌区别于同类竞争品牌的重要标志，是提升溢价空间的核心要素，可以让消费者认为商品值得购买。品牌发展页面中展现品牌的起源、发展史、大事件和公司荣誉等，都是为了证明某品牌、某公司的严谨、正规，促使消费者放心购买。品牌愿景主要由品牌蓝图、品牌范围、品牌价值观三个部分组成。能促使消费者相信店铺的承诺，相信公司的商品，从而放心购买该品牌的商品。

3. 售后服务页

售后服务页要用强有力的文案，让消费者知道如果是买错了或是对已买的商品不满意，店铺都会全力、热情地解决售后问题，无论是退货退款，还是换货，都会让消费者满意。在该页面中一定要展示退换货流程图，以便让消费者明确退货与换货的操作方法。有些店铺有一定的实力，在全国各地设有服务网点，在售后服务页面中也可以说明，并推荐消费者就近考察服务网点，从而证明店铺的服务能力与范围。

手机店铺自定义页面设计

一、操作情景

设计一个店铺自定义页面，展示店铺的品牌形象和商品特色，吸引更多的潜在客户。具体要求如下。

1. 页面布局清晰，风格简洁大方，符合手机店铺的定位和品牌形象。

2. 页面具有互动性，如添加客服在线咨询、留言板等功能，方便客户与店铺进行交流。

3. 页面要符合淘宝平台的规范和要求，不得包含违禁内容，以保证店铺的正常经营。

二、操作步骤

步骤1　筛选手机店铺自定义页模块。

步骤2　确定手机店铺自定义页模块排版。

步骤3　手机店铺宝贝详情页设计实施。

（1）设计双列图片模块。

（2）设计导航模块。

步骤4　切图，上传图片。

三、自定义页设计的注意事项

1. 手机自定义模块添加方式

手机自定义模块可以添加不同尺寸的图片进行排版、添加链接，宽度、高度的尺寸范围都是 80~640 像素，一般以 80 像素为一个单位。"分类入口"的尺寸是 640 像素 ×80 像素。

2. 双列图片模块要求

双列图片模块要求两张图片尺寸必须一致，每张图片均可以添加相应链接。

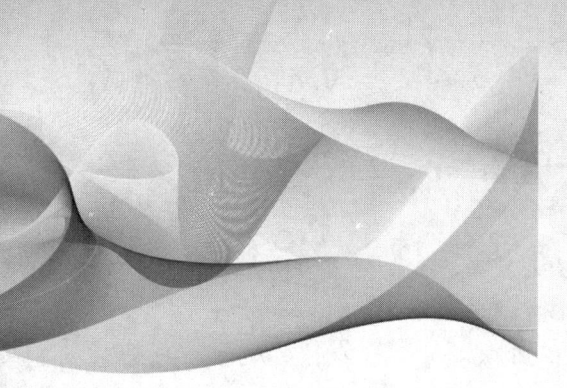

职业模块 3 营销推广

培训课程1　搜索引擎推广

　　学习单元1　搜索引擎优化认知
　　学习单元2　搜索引擎优化关键词挖掘及关键词词库建立
　　学习单元3　商品标题优化
　　学习单元4　关键词竞价推广
　　学习单元5　关键词竞价推广效果优化

培训课程2　信息流推广

　　学习单元1　信息流推广认知
　　学习单元2　信息流推广策略选择
　　学习单元3　信息流推广投放
　　学习单元4　信息流推广效果优化

培训课程 1

搜索引擎推广

学习单元 1　搜索引擎优化认知

一、搜索引擎优化的原理和价值

1. 搜索引擎优化原理

搜索引擎优化是指商家依照搜索引擎工作原理,使商家信息在搜索结果中自然排名靠前,从而引起用户关注、点击、查看、询盘,以促进用户购买或使用商品或服务的网络推广活动。

搜索结果呈现是搜索引擎对商家(网络)信息进行收录、索引、排序以及展示的过程。收录,即搜索引擎通过数据爬虫抓取商家(网络)信息的过程。索引,即搜索引擎根据关键词不同,将商家(网络)信息分门别类地建立数据库的过程。排序,即搜索引擎根据其排名要素,对索引数据库信息按照关键词分别进行内部排序的过程。展示,即对客户特征及搜索关键词进行分析并将结果信息展示在搜索结果中的过程。

基于搜索引擎工作的以上四个流程,在每个流程中,搜索引擎行为都有一定的判断依据,即搜索引擎的工作原理。由于搜索引擎工作的目的在于为客户提供更有价值的信息,因此,搜索引擎行为判断依据是以客户需求为出发点的。搜索引擎优化原理本质上是商家基于客户需求,对信息进行优化以不断提升客户体验,促进搜索结果自然排名靠前的过程。

2. 搜索引擎优化价值

从营销推广角度来看,搜索引擎优化相较于其他推广方式对于商家的价值主要体现在两个方面。

(1)成本低,排名突出,曝光量大

相较于关键词竞价推广,虽然搜索引擎优化的排名不及关键词竞价推广突出,但搜索引擎优化是商家的免费推广行为,不需要广告费用的投入,而且排名也比较靠前,曝光量比较可观。

(2)客户更精准,收效更突出

相较于其他推广方式,如信息流推广,搜索引擎优化是以客户搜索关键词行为为基础的,因此客户需求更精准,比其他非搜索性质的推广转化率更高,收效更突出。

二、搜索引擎优化的分类及排名规则

从原理上讲,搜索引擎优化都是基于客户的优化,但是根据不同的搜索引擎,其优化排名规则各有差异,大体可以划分为两类:综合类搜索引擎优化和平台类购物搜索引擎优化。

1. 综合类搜索引擎优化及排名规则

综合类搜索引擎,主要是以泛信息搜索为主的搜索引擎,如百度、搜狗、360搜索等。这种类型的搜索引擎优化结果主要表现为独立网站、小程序及其他网络信息在搜索结果中的排名。由于综合类搜索引擎在客户搜索行为中未形成购物闭环,因此,这类搜索引擎优化排名规则主要与以下因素相关。

(1)关键词选择,关键词在网站内容的布局及密度。

(2)网站内容信息的质量度,表现为原创度、点击率、停留时间、咨询率等。

(3)网站内容信息的导入链接数量及质量。

除上述因素,网站是否提交搜索记录、是否存在搜索作弊行为也影响排名。

2. 平台类购物搜索引擎优化及排名规则

平台类购物搜索引擎,主要是以购物搜索为主的搜索引擎,如淘宝、京东、唯品会、拼多多、抖音等平台。这种类型的搜索引擎优化结果主要表现为商家商品信息在搜索结果中的排名。由于购物类搜索有客户完整的电商消费行为记录,因此其排名因素与综合类搜索引擎有明显的差异。正因为这是完整的购物搜索,所以也是本教材搜索引擎优化的重点。通常而言,这类搜索引擎优化排名规则主要与以下因素相关。

（1）文本关键词因素

文本关键词因素是指在商品发布的过程中，在遵循商品特质的基础上，商家要围绕客户搜索关键词来布局商品标题、属性以及店铺等其他相关内容，毕竟搜索引擎优化是以关键词搜索为基础的。从搜索引擎优化原理分析，如果标题和属性中没有对应的关键词，那么商品几乎不可能出现在对应的搜索结果中。

（2）人气因素

人气因素主要是指商家商品在客户搜索结果中的流量、销量、点击率、收藏率、加购率、转化率、回购率等因素，且这些因素也与客户消费等级有关。准确地说，在其他诸多因素相同的情况下，人气是决定商品搜索排名的核心因素。

（3）类目因素

类目因素主要是指商品在发布过程中一定要精准选择类目，类目精准与否直接影响商品信息的排名。商品类目选择如图 3-1-1 所示。在网络商业行为中，类目划分是常规分类管理的初始，也是搜索引擎优化商品关键词分类的基础，是用户查找信息的一项重要依据。例如，儿童配饰发箍从商品的角度讲，可以选择很多类目，放到"饰品/流行首饰/时尚饰品新＞发饰"类目是首选，但从应用场景的角度讲，它应该归属于"童装/婴儿装/亲子装＞儿童配饰＞发饰"类目，一旦放错类目，就会在本应该展示的类目中失去排名优势。

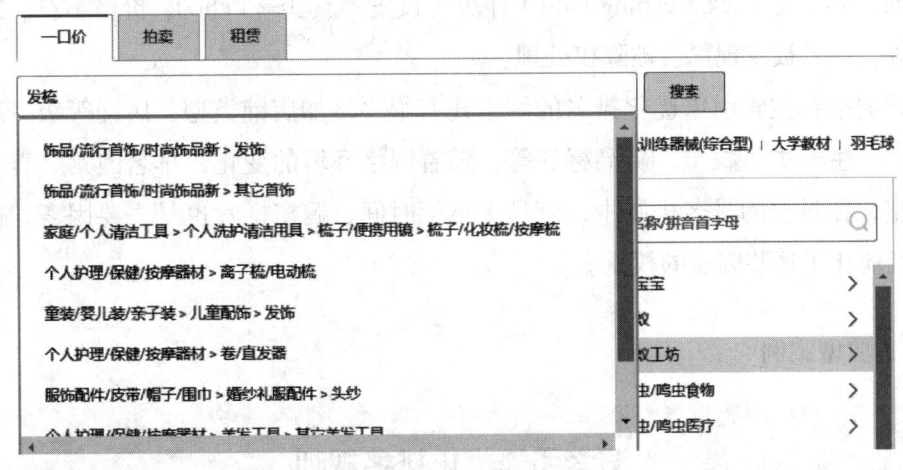

图 3-1-1　商品类目选择

（4）服务因素

服务因素是指商家在服务客户过程中涉及的各种因素，表现指标有投诉率、纠纷率、退款率、客服响应时效等一系列因素，综合表现为后台操作中对应的卖家服务评级系统（Detail Seller Rating，DSR）指标、综合体验星级、基础服务考核分等。当这些指标达到类目平均水平时，会给予对应店铺商品优先排序；反之，则对商品排序起到反作用。

（5）个性化因素

个性化因素表现为平台在统计分析客户购买偏好（个性化标签）的基础上，把商品优先展示在其对应标签的客户浏览结果中。其影响因素包括但不限于：客户成交价格区间、店铺偏好、属性偏好、品牌偏好、类目偏好等。如果客户经常在某个店铺购买商品，当客户搜索同类商品的时候，该店铺商品在排序结果中就会有更突出的表现。如某客户经常购买高客单价的商品，低客单价的商品在其搜索结果中的排名就不会表现得很突出。目前，由于购物平台大数据分析更加完备精准，"千人千面"式的个性化展示已被广泛地应用在搜索结果中。

（6）违规因素

违规因素是商家商品参与搜索排名的必要因素，商家一旦违反平台规则，商品就没有资格参与搜索排名。在影响搜索排名的规则中比较有代表性的就是虚假交易规则。以淘宝网为例，其规则明确指出违反反虚假交易规则将面临搜索降权的处罚：涉嫌虚假交易（不论次数和笔数），单个商品降权30天。另外，淘宝网还明确规定搜索作弊行为包括虚假交易、重复铺货、错放类目和属性、标题滥用关键词、SKU（Stock Keeping Unit）作弊（设置不真实一口价）、价格不符、邮费不符等，一旦被发现都会被降权处理。

影响平台搜索引擎优化排名的因素还有很多，如店铺类型、店铺等级、店铺动销率、主营类目权重、新品标签等。随着网络环境的变化，排名因素一直在动态调整，在过去的排名机制中，商品上下架时间、橱窗推荐也是主要因素，但目前已经淡化了这些因素的权重。

典型案例

搜索引擎优化排名规则

一、情景导入

商家小A是淘宝网从事羽绒服销售的新卖家，店铺销售商品以中老年羽绒服为主，但是商品自上架以来，以"中老年羽绒服"为核心关键词的流量一直很少，甚至还没有竞争更激烈的"羽绒服"关键词的流量突出，问题出在哪里呢？

二、案例解析

专业人员进行了如下排查。

首先，明确店铺相关商品在标题、属性等部分都布局了"中老年羽绒服"的关键词，如图 3-1-2 所示。

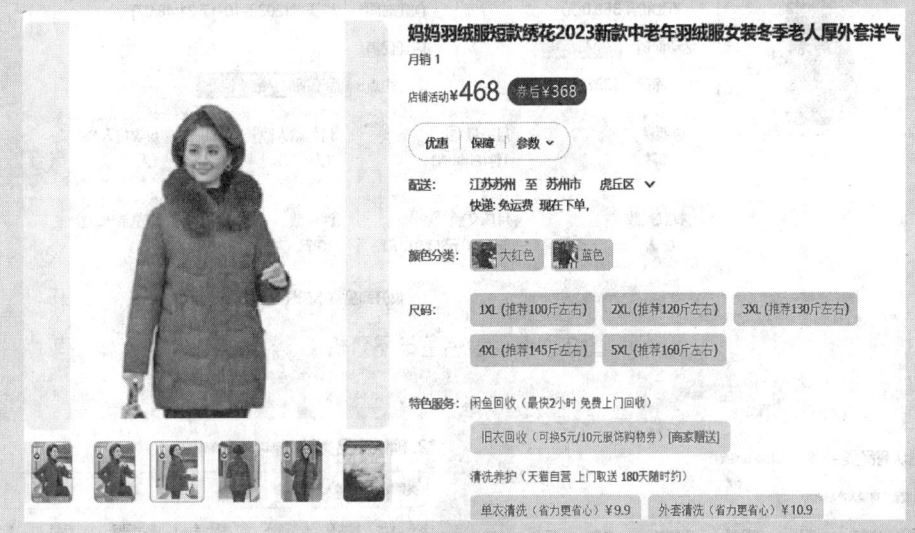

图 3-1-2　中老年羽绒服商品信息

其次，通过系统排查后台违规管理部分，发现不存在虚假交易、重复铺货等违规行为，如图 3-1-3 所示。

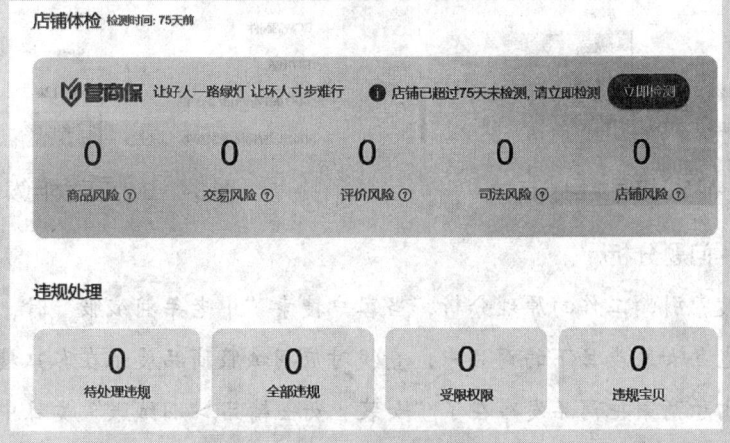

图 3-1-3　商家店铺体检中心

最后，通过第三方看店宝系统排查发现了问题所在。原来，在发布该商品时，发布的类目原本应该是"女装/女士精品＞中老年女装"，但实际上却发布在了"女装/女士精品＞羽绒服"类目，如图3-1-4～图3-1-6所示。

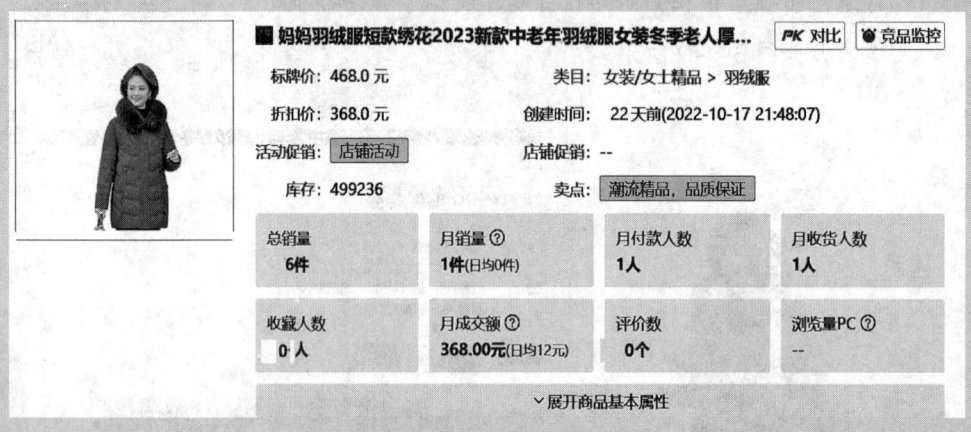

图3-1-4　看店宝单品分析

图3-1-5　错误类目发布　　　　　　图3-1-6　正确类目发布

三、问题分析

从搜索引擎工作的原理分析，当客户搜索"中老年羽绒服"时，搜索系统从中老年女装类目下的商品中，查找对应羽绒服商品展示在客户搜索结果中。但由于商家把商品发布在了"女装/女士精品＞羽绒服"类目中，客户在用"中老年羽绒服"搜索时，商家商品几乎没有曝光的机会，反而当客户用"羽绒服"搜索时，商家的商品才会曝光，这也就是商家的流量关键词为"羽绒服"，而不是精准关键词"中老年羽绒服"的原因。由于客户无法用精准的关键词搜索到商家商品，造成了转化率大大下降的结果。

四、案例结论

本案例阐释了类目选择是影响搜索引擎优化排名的重要因素，其实在搜索引擎优化排名的诸多因素中，每一个因素都可能会影响到其他排名因素，从而给搜索引擎优化带来不同的结果。

学习单元2 搜索引擎优化关键词挖掘及关键词词库建立

一、关键词的组成及分类

1. 关键词及关键词组成

关键词是指用户在使用搜索引擎时输入的表达个人需求的关键词汇。

关键词组成通常包括商品词、品类词和修饰词。修饰词是表达商品属性特征的词汇，通常比较显性地表现为品牌词、属性词、促销词、人群词、风格词（场景词）及其他词，随着用户需求的多样化，修饰词越来越细分，甚至会出现交叉、重合现象。

商品词表示商品自身名称，如羽绒服、冰箱等。

品类词表示商品所属类目，如女装、大家电等。

品牌词表示商品品牌，如波司登、海尔等。

属性词表示商品自身属性，这类词通常表达了商品的材质、功能等，如长款、短裤、呢绒等。

促销词是表示商品具有促销意味的词汇，如新品、热销、清仓、折扣、年中大促等，这类词使用的时候要符合商品的真实情况，遵守平台促销规则，避免违规。

人群词表示商品的适用人群，如男人、女人、老年人、儿童等。

风格词（场景词）表示商品所属风格及应用场景，如森系、小清新、中式、复古风、韩版、北欧风等。

2. 关键词分类

不同的关键词代表着不同的用户需求，因此准确地理解关键词分类，是商家做好搜索优化的前提条件。

从日常关键词筛选的角度而言，按照不同的维度可以将关键词划分为多种类型。

（1）按照关键词的长短划分，通常可以划分为核心关键词和长尾关键词。核心关键词简称核心词，是指与商品有紧密联系的、能准确表达商品特质的关键词。一般核心词字数较少，通常表现为商品词、品类词。如羽绒服、冰箱、女装、家用电器等。对商品自身而言，能够突出表达商品特征的词汇也可以归纳到核心词的范畴。长尾关键词简称长尾词，是指与商品词、品类词相关，可以带来搜索流量的组合型关键词。一般长尾词字数相对较长，由2个或2个以上的词组成，通常由商品词与品类词、修饰词搭配组成。如白色长款羽绒服女装、节能型冰箱、双开门冰箱等。

应用特征：一般而言，核心词搜索量大，多为行业内的短词、热词，如果核心词排名突出，将会带来巨大流量，但竞争也相对激烈；长尾词搜索量相对较小，客户需求意向更为精准、强烈，如果长尾词排名突出，可以带来大量精准流量。

（2）按照搜索量的大小，关键词通常可以划分为热门关键词、冷门关键词和一般关键词。热门关键词是指用户使用频繁、搜索量很大的词，一般多为核心词和常用的长尾词。如女士羽绒服。冷门关键词是指用户使用频率不高、搜索量较低的词，一般多为较为生僻的长尾词。如冬季爱美不胖羽绒服。一般关键词是指介于热门关键词和冷门关键词之间，具有一定的搜索量或有一定竞争度的词。如2023年新款女士羽绒服。

应用特征：一般来说，由于热门关键词应用频繁、搜索量大，因此竞争尤为激烈，更适合实力商家选用；而冷门关键词和一般关键词尽管搜索量没有那么大，但由于数量庞大，引流效果也很可观，更适合初级商家选用。

（3）按照用户对需求的意向强弱，关键词通常可以划分为强需求关键词和泛需求关键词。强需求关键词是指用户需求意向表达强烈且需求明确的关键词，一般为长尾词；泛需求关键词是指用户需求意向广泛且相对模糊的关键词。

应用特征：通常而言，强需求关键词转化效果较好，是所有商家尤其是初级商家都应该关注的关键词；泛需求关键词虽然短期转化效果一般，但是长期而言，可以影响用户的购买欲,更值得一些有规模或有实力的商家关注。

（4）除了上述常用的关键词分类方法外,业内通常还会根据关键词的其他属性特征进行分类,如表示短期需求迅速上升的飙升词,适合规模商家,或者运营能力比较强、能快速把握市场机会的商家；如表示未来有潜质但并未被多数商家发现的黑马词,比较适合有长远运营规划的商家；如面向商家且转化效果突出的价格词、厂家词,比较适合在综合搜索平台的企业类商家等。

二、关键词的挖掘及筛选

1. 关键词挖掘的定义

关键词挖掘是指利用关键词挖掘工具和方法,对关键词进行挖掘、采集,以得出目标关键词的活动。

2. 关键词挖掘的方法

在搜索体系中,关键词的挖掘方法主要分为以下几种。

（1）竞品借鉴法

竞品借鉴法是指根据竞争对手的商品标题筛选相关关键词的方法。因为关键词在商品标题应用中表现最为突出,所以可以找到对应竞品标题,对关键词进行借鉴提取。这种方法的优点是直观快捷,一般商家都可以采用；缺点是缺乏系统的数据作为支撑。

（2）搜索下拉框提示法

搜索下拉框提示法是指根据平台搜索下拉框提示的关键词进行筛选的方法。当用户在搜索框输入核心词或长尾词时,系统后台通过数据分析,会将相关的长尾词进行下拉展现,商家进行有针对性的筛选即可。这种方法的优点同样是直观快捷,一般商家都可以采用；缺点是没有精准的数据指标作为支撑。

（3）搜索平台系统工具甄选法

搜索平台系统工具甄选法是指根据搜索平台提供的系统工具进行甄选的方法,例如淘系直通车、流量解析、生意参谋,京东的商智,百度推广的关键词规划师等。这种方法的优点是数据及时性强、精准度高,参考维度更丰富,而且有精准的数据指标作为支撑,是进行关键词挖掘最为有力的方法；缺点是这类工具一般都是付费开通的。

（4）第三方工具挖掘法

第三方工具挖掘法是指利用搜索平台第三方开发的数据分析工具进行筛选的

方法，通常也是第三方工具借助上述几种方法开发的更为便捷的关键词挖掘工具，如看店宝、店侦探、企查查、站长工具等。这种方法的优点是这类工具集合了多种数据分析功能，关键词挖掘是其中的功能之一，便于查看竞品关键词及其对应指标；缺点是第三方工具也需要付费使用，而且其数据的精准度、全面性不及搜索平台系统工具。

在关键词挖掘活动中，商家一般要根据适用性的不同，采用不同的挖掘方法。

3. 关键词筛选的原则

（1）相关性

在关键词筛选过程中要关注相关性问题，即筛选与自己商品相关的关键词，避免一味地追求高流量、高转化而选用一些和自己商品不相关的关键词。

（2）全面性

在关键词筛选过程中要关注关键词的全面性，即尽可能多地筛选适合自己的关键词，商家面向的用户是多种多样的，为了覆盖不同潜在用户的需求，关键词筛选要保证全面性。

（3）适用性

在关键词筛选过程中要关注关键词的适用性，即筛选的关键词应与经营目标相吻合，避免因为追求全面性而盲目选择关键词。

4. 关键词筛选的注意事项

（1）核心关键词选用要考虑同种商品、品类可能有不同的名称。品类词羽绒服，有可能称外套、棉袄。

（2）一般而言，非标品商品关键词多，其关键词词库包含的关键词数量会比较庞大。而标品和一些小类目商品关键词的数量会比较有限。

（3）不同的搜索平台数据分析工具对不同的关键词有不同的称谓。

（4）在关键词筛选过程中要关注关键词的合规性，即筛选关键词应符合法律法规和平台规则要求，避免违规。

（5）在关键词筛选过程中要关注关键词的更新，即筛选关键词要进行实时更新，因为商家面向的部分用户需求是动态变化的。

三、关键词词库的建立

关键词词库是指一个包含相关关键词的数据库，它在搜索引擎优化、搜索引擎竞价、社交媒体营销、网站流量分析等领域都有重要的应用。建立企业搜索引擎推广的关键词词库是企业在进行搜索引擎优化和搜索引擎营销时非常重要的一步。

一般来说，关键词词库的建立需要进行以下四个步骤。

1. 确定核心关键词，形成初级核心关键词词库

根据商品属性特征，提炼商品词、品类词、关键性修饰词等，明确商品的核心关键词，通过不同词性组合，形成初级核心关键词词库，奠定关键词词库的核心基础。

2. 挖掘长尾关键词，形成拓展关键词词库

根据核心关键词，通过多种工具和方法，挖掘长尾关键词形成拓展关键词词库，并可以根据属性的不同划分为不同的拓展关键词词库，为后续关键词选用建立广泛词库。

3. 关键词选用，形成终极调用关键词词库

对不同拓展关键词词库进行合并、去重，同时结合推广商品的特征及关键词的搜索量、点击率、转化率、竞争情况等，形成终极调用关键词词库。

4. 优化关键词，更新关键词词库

随着市场需求的变化，关键词热度、应用的精准度也在不断发生变化，要不断进行关键词优化，同时对关键词词库进行持续更新以满足持续发展需要。

总之，关键词词库的建立需要通过对行业、市场、竞争对手等信息的深入了解和分析，收集和整理相关关键词，并实现日常更新，以提高企业营销效果，吸引潜在客户实现转化。

羽绒服关键词挖掘及词库建立

一、操作情景

以某地方品牌羽绒服为例，讲解关键词挖掘及词库建立方法。

产品参数如图3-1-7所示。

```
• 品牌：XXXX    • 适用年龄：25~29 周岁
• 尺码：180/100A  185/104A  190/108A  165/88A  170/92A  175/96A
• 图案：纯色      • 风格：通勤
• 领子：连帽      • 衣门襟：拉链      • 袖型：常规
• 颜色分类：黑色|8056  香芋紫|6022  豆绿色|4186  紫红色|1252
• 填充物：白鸭绒  • 上市年份季节：2022 年冬季
• 袖长：长袖      • 厚薄：常规      • 材质成分：聚酯纤维 100%
• 衣长：短款      • 服装版型：直筒型
• 流行元素/工艺：带毛领、拉链   • 充绒量：100g(含)~150g(不含)
• 含绒量：90%    • 销售渠道类型：纯电商(只在线上销售)
```

图 3-1-7　产品参数

二、工具准备

1. 付费平台系统工具：淘系生意参谋、京东商智、百度关键词规划师。

2. 免费平台系统工具：淘系流量解析，需要开通直通车付费推广，无须费用，只需要商家没有违规、DSR 达标即可。

3. 第三方工具：看店宝、店侦探。

三、操作步骤

步骤 1　确定核心关键词，形成初级核心关键词词库

首先，确定商品词、品类词。从客观认知角度讲，羽绒服这类商品的核心关键词，一类是商品词"羽绒服"，另一类是品类词"女装"，但通过对类目竞品分析（见图 3-1-8）会发现，普遍使用的类目词还有外套，因此最终将核心关键词确定为羽绒服、女装、外套。

图 3-1-8　羽绒服竞品

其次，确定核心修饰词。基于商品本身特征，其个别属性词、风格词如果能突出表达商品特征且用户使用频率较高，也可以列为核心词，如纯色、连帽、短款、2023款等。

最后，综合商品自身特征和竞品标题关键词，也可以最终确定其核心关键词词库（见表3-1-1）。

表3-1-1　核心关键词词库

核心关键词						
商品词	品类词	修饰词				
		属性词	品牌词	人群词	风格词（场景词）	其他词
羽绒服	女装	纯色	×××	女性	韩版	2023款
	外套	连帽		年轻	冬季	
		短款		大学生		

步骤2　挖掘长尾关键词，形成拓展关键词词库

第一，核心词组合拓展长尾关键词，最常用的方法是在核心词词库的基础上，将商品词与其他词进行组合，形成不同的长尾关键词。为了快速拓展长尾关键词，商家也可以使用第三方组合工具，如看店宝关键词组合工具。打开看店宝—标题分析—组合词工具，在对应的产品词（即上面提到的商品词）、属性词、修饰词（这个工具里修饰词不包括上述提到的属性词和促销词），促销词框格里选中对应词汇，如图3-1-9所示，分别输入羽绒服、长款、韩版、新品、新品上市，点击"开始组词"，即可快速生成32个关键词。

第二，竞品借鉴、搜索框下拉、第三方工具拓展长尾关键词，这三种方法比较直观便捷，可以综合在一起应用。

竞品借鉴技巧在于充分考虑相关性和适用性，从商品特征、品牌影响力、厂家规模、运营能力等维度选择和自己店铺相当的商家竞店、竞品参考。

搜索框下拉技巧在于充分考虑全面性，除核心词外，还要选用不同的长尾关键词进行下拉才能挖掘出大量有价值的长尾关键词。如图3-1-10所示，以核心词"羽绒服"搜索框下拉，可以挖掘出10个长尾关键词。用对应的"羽绒服短款""羽绒服女"继续挖掘还会发现更多长尾关键词，重复操作，可以挖掘收集大量长尾关键词。

图 3-1-9 看店宝关键词拓展

图 3-1-10 核心词"羽绒服"搜索框下拉

当然也可以用第三方工具看店宝拓展关键词，其原理也是利用上述多种方法进行关键词挖掘，因此应用起来更为便捷。如图 3-1-11 所示，可以看到看店宝具有下拉框选词功能。

第三，搜索平台系统工具甄选法。搜索平台系统工具是最精准、最具权威性的数据系统，因此应用更高效、功能更强大，用这种方法进行关键词挖掘能确保关键词挖掘的全面性。以淘系生意参谋为例，在淘系生意参谋后台—市场—需求洞察—搜索排行中可以从类目视角挖掘拓展各种关键词，如图 3-1-12 所示。

图 3-1-11　看店宝下拉框选词

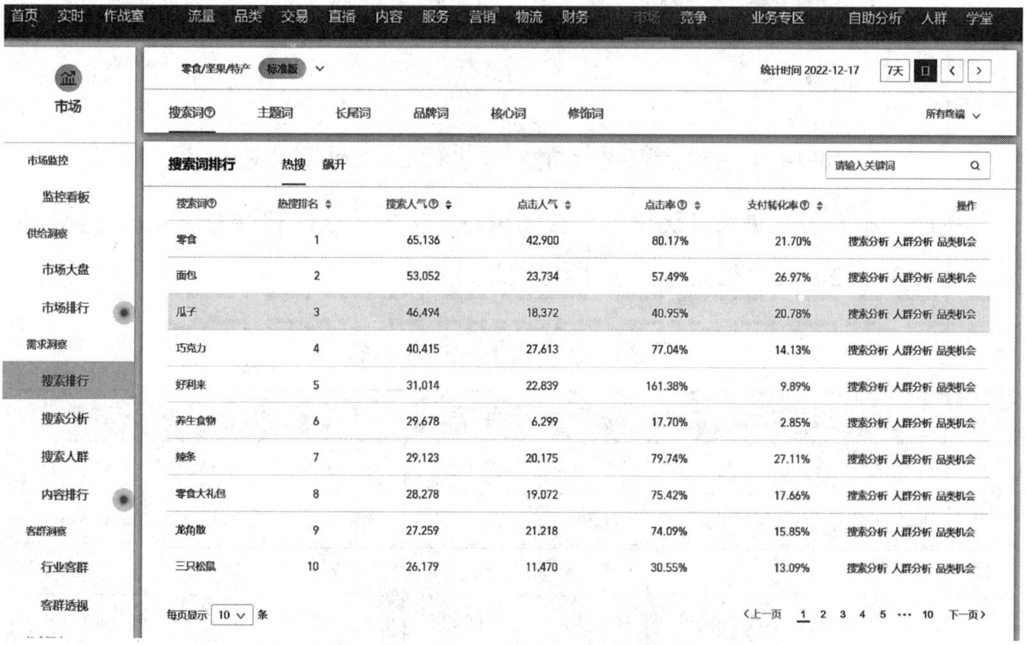

图 3-1-12　生意参谋搜索排行

在淘系生意参谋后台—市场—需求洞察—搜索分析中可以从关键词视角拓展各种关键词，如图 3-1-13 所示，还可以通过深度搜索分析，挖掘更多的长尾关键词，该后台包含搜索人气、点击率、交易指数、支付转化率、在线商品数等各类精准的关键词数据指标,为商家关键词选用提供了精准参考。

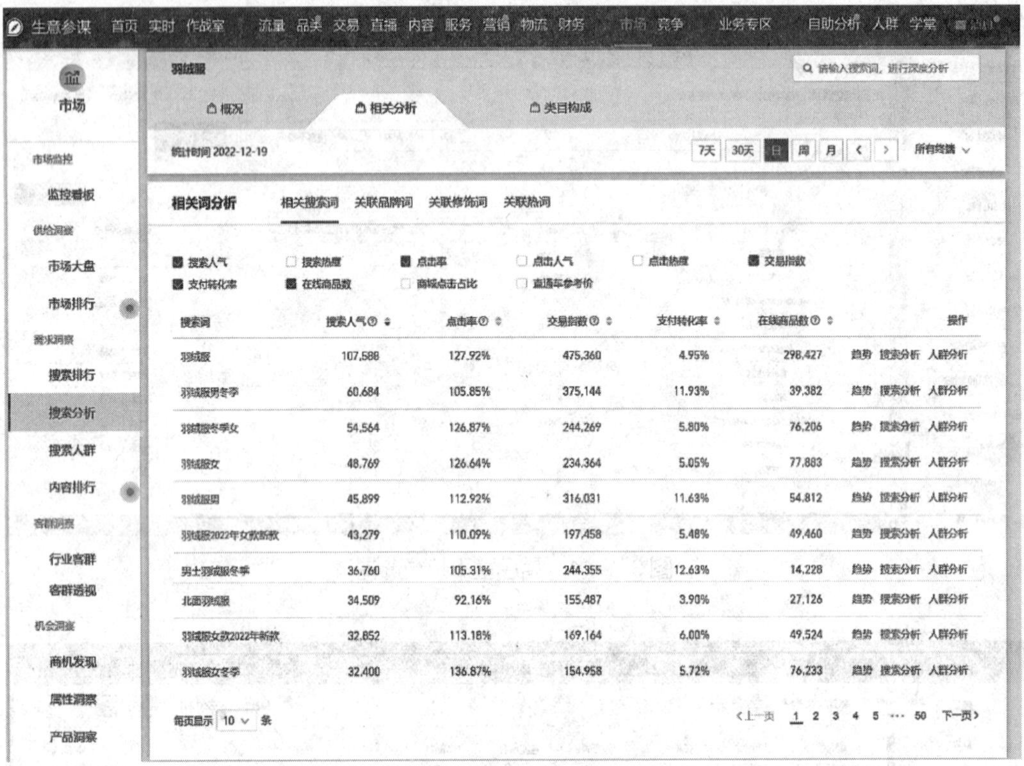

图 3-1-13 生意参谋搜索分析核心词"羽绒服"拓展的相关搜索词

通过上述方法挖掘长尾关键词,使用 Excel 收集,最终可以形成拓展关键词词库,见表 3-1-2(表中数据与图 3-1-13 无关)。

表 3-1-2 拓展关键词词库

序号	搜索词	搜索人气	点击率	点击人气	支付转化率	在线商品数
1	羽绒服	107 588	127.92%	85 756	4.95%	199 941
2	羽绒服冬季女	54 564	126.87%	44 229	5.80%	164 628
3	羽绒服女	48 769	126.64%	39 760	5.05%	77 706
4	羽绒服 2022 年女款新款	43 279	110.09%	35 782	5.48%	49 218
5	北面羽绒服	34 509	92.16%	23 118	3.90%	27 176
6	羽绒服女款 2022 年新款	32 852	113.18%	27 279	6.00%	49 225
7	羽绒服女冬季	32 400	136.87%	27 598	5.72%	164 565
8	儿童羽绒服	31 256	116.84%	24 286	7.28%	228 137

续表

序号	搜索词	搜索人气	点击率	点击人气	支付转化率	在线商品数
9	短款羽绒服女	30 304	125.99%	25 064	6.49%	43 369
10	女童羽绒服	24 337	122.14%	20 341	7.49%	12 245
11	长款羽绒服	21 261	132.66%	17 466	4.75%	51 409
12	新款爆款羽绒服女	21 190	95.87%	14 603	4.50%	33 389
13	聚划算羽绒服女	591	91.30%	404	8.11%	75 949
14	羽绒服原单	313	262.75%	261	5.26%	5 422
15	外贸原单羽绒服女	214	193.33%	159	22.22%	47 082
16	品牌羽绒服女正品清仓折扣	4 509	110.22%	3 637	4.37%	75 588
17	清仓折扣品牌正品羽绒服女	1 774	131.63%	1 445	6.07%	75 588
18	反季羽绒服女大牌清仓特价	1 104	149.67%	928	8.76%	18 985
19	长款羽绒服女	18 878	130.85%	15 834	4.67%	54 618
20	女士羽绒服	18 651	101.15%	14 326	5.89%	5 131
21	羽绒服女冬	18 614	114.71%	14 184	5.69%	77 520
22	新款羽绒服	18 493	112.24%	13 183	5.53%	76 257
23	短款羽绒服	17 724	132.94%	14 873	5.32%	424 339
24	大牌羽绒服女高端	17 630	98.55%	13 129	3.72%	10 080
25	鸭鸭羽绒服	17 367	63.58%	9 175	3.54%	73 482
26	波司登羽绒服	17 284	68.10%	9 858	2.01%	31 056
27	李宁羽绒服	16 397	83.47%	11 469	1.98%	18 269
28	男款羽绒服	16 294	116.95%	12 696	8.30%	51 123
29	羽绒服冬季男	16 141	111.70%	12 656	11.71%	144 540
30	羽绒服棉服中长款女	16 089	109.46%	12 191	5.76%	12 443
31	男童羽绒服	15 792	121.75%	13 170	8.31%	398 921

步骤3 关键词选用，形成终极调用关键词词库

首先，进行词库合并去重。在完成拓展关键词词库建立后，还需要对不同的词库进行合并处理，由于这些关键词多数源于借鉴或者系统调用，所以一般不存在残缺、错误的数据，不需要进行数据缺失补充、纠正，只需进行去重处理即可。

然后，进行关键词选用。在关键词词库合并后，词库量依然很庞大，而且存在大量与商品特征不相关、与商家经营目标不适配的关键词。在这个过程中，商家需要结合关键词筛选原则进行深度选用。表 3-1-2 中包含女童、儿童、男、男童、中长款等词汇，以及原单、反季、聚划算等词汇，鸭鸭、波司登、李宁等品牌词汇，这些词汇与商品不相关，因此要将对应的搜索词删除，后形成选用关键词词库（见表 3-1-3）。

最后，按照用户需求及商品核心特征将关键词词库进行细分。为了日后能够高效应用关键词词库，业内还会根据用户需求特征和商品核心特征将关键词分为不同子库。如 2023、韩版、白鸭绒、短款等，既是用户的核心需求，又是示例商品的突出卖点，这时候就可以按照这些突出需求，形成不同的关键词词库。

表 3-1-3 选用关键词词库

序号	搜索词	搜索人气	点击率	点击人气	支付转化率	在线商品数
1	羽绒服女学生韩版	6 352	136.52%	4 901	5.82%	985
2	韩版羽绒服女冬	5 739	120.13%	4 680	5.06%	76 704
3	韩版羽绒服减龄	5 385	92.22%	4 048	3.72%	40 547
4	羽绒服冬季女韩版学生	5 154	113.58%	3 988	5.21%	58 186
5	韩版羽绒服女 2022 年新款爆款	5 127	105.59%	4 275	3.75%	25 471
6	韩版羽绒服	4 982	115.84%	3 919	4.54%	12 360
7	韩版羽绒服女	4 876	118.82%	3 972	4.44%	19 249
8	羽绒服女款 2022 年新款爆款韩版女	2 727	121.21%	2 191	5.61%	30 570
9	羽绒服韩版	2 437	120.05%	2 018	3.73%	12 418
10	冬季羽绒服女韩版学生	2 162	101.75%	1 631	2.35%	58 233
11	羽绒服女冬潮韩版	2 152	100.39%	1 596	4.26%	13 344
12	羽绒服女冬季学生韩版	1 818	126.54%	1 361	5.12%	58 234
13	羽绒服女冬季外套 2022 新款韩版	1 692	142.33%	1 314	5.42%	19 723
14	韩版宽松羽绒服女	1 593	121.88%	1 267	4.87%	8 549
15	韩版小香风羽绒服	1 407	95.06%	949	2.11%	137 348
16	冬季情侣羽绒服韩版	1 365	80.66%	932	1.45%	29 394
17	羽绒服韩版女	1 358	119.17%	1 145	4.69%	19 286

续表

序号	搜索词	搜索人气	点击率	点击人气	支付转化率	在线商品数
18	羽绒服女韩版	1 284	121.29%	1 062	2.35%	19 286
19	短款羽绒服女韩版	1 182	114.33%	928	6.57%	6 436
20	冬季羽绒服女加厚加绒外套韩版潮流棉袄	1 134	86.36%	836	6.03%	14
21	韩版短款羽绒服女2022年新款冬季小个子	1 115	123.57%	907	7.58%	9 839
22	羽绒服冬季女韩版	1 111	114.24%	902	5.34%	11 577
23	韩版短款羽绒服女	1 073	114.77%	813	7.21%	6 436
24	韩版羽绒服女冬季	1 022	123.93%	872	4.84%	11 577
25	女士羽绒服2022新款韩版	982	115.62%	742	2.08%	2 961
26	韩版情侣羽绒服	924	78.16%	613	5.63%	7 265
27	羽绒服短款女韩版	894	115.84%	646	6.49%	6 436
28	韩版短款羽绒服女冬	872	130.08%	702	3.41%	121 953
29	羽绒服女款冬季2022年新款时尚韩版	827	97.96%	624	2.74%	8 992
30	羽绒服女冬季韩版	804	110.86%	585	6.06%	11 577
31	紫色韩版羽绒服	752	96.44%	471	2.13%	240 378

学习单元3　商品标题优化

一、商品标题的制作

1. 商品标题的概念

商品标题是描述商品的语句，买家可以通过标题找到商品，快速了解商品的类别、属性、特点等。商品标题是与买家自然搜索联系最紧密也是对搜索量影响最大的因素，一个优秀的商品标题可以为商品带来更多的自然搜索流量。

商品标题由多个关键词组成。以淘宝网为例，淘宝网店商品标题最多只能由60个字符组成（一个数字、英文字母或空格为1个字符，一个汉字为2个字符），网店在制作商品标题时要充分利用这60个字符空间，争取获得标题流量最大化。

2. 商品标题的作用

商品标题具有三个非常重要的作用：一是明确告诉潜在买家网店卖的是什么，二是告诉搜索引擎网店卖的商品是什么，三是影响商品自然搜索结果的排名。标题和关键词与商品的相关性是影响搜索引擎进行商品排序的重要因素。对于网店而言，一个商品标题的好坏，在很大程度上决定商品能否在自然搜索结果中展现，能否提升网店的自然流量，能否提高商品的转化率。

一个好的商品标题，应该满足两个条件：一是有利于点击，标题设置需要符合买家的购买习惯；二是有利于展现，标题中需含有买家搜索的关键词，且关键词相关性较高。

3. 商品标题的制作流程

商品标题一般由核心词、品牌词、属性词、风格词等组成。在制作标题时，网店需要从关键词词库中把这些优质关键词筛选出来。一般网店制作商品标题主要分为如下步骤。

（1）根据关键词组成要素，从关键词词库中找出合适的关键词

首先，网店通过对商品特性进行剖析，提炼出具有商品特征的关键词；然后，对商品类别、网店类型等进行分析，确定关键词组合类型；最后，从商品相关性角度出发，挑选出相关度较高的关键词，最终从词库中精炼出与商品具有高度相关性的各类优质关键词。

（2）根据关键词数据指标，筛选出优质关键词

首先，根据网店类型，商品数据的时效性、周期性与竞争性等不同角度对关键词进行筛选；然后，根据关键词的展现量、点击率、转化率等指标进行关键词的排序与筛选；最后，分析重复出现或含义类似的关键词，删除不必要的重复关键词，最终选出最优关键词，并进行组合。

（3）调整标题关键词排序

网店需要根据买家的搜索习惯调整关键词的顺序。例如，商品标题中到底用

"丝绸连衣裙"还是用"连衣裙丝绸"关键词组合呢？这时网店可以把这两个关键词组合分别放到淘宝搜索引擎中去验证，判断哪个关键词更符合买家的搜索习惯，最终确定关键词。网店还需要根据关键词与商品的相关性、电子商务平台搜索引擎排序机制调整关键词排序。

（4）确定商品标题

对商品标题进行测试，查询关键词的商品排名，更换搜索排名高的关键词。根据商品的动态经营数据，网店可以适当地对商品标题进行优化调整。

二、商品标题优化的要点

商品标题优化是通过关键词的组合优化，得出高质量的商品标题，提升商品的表现能力，提高商品的点击率，获得更优质的自然流量。商品标题优化的方法多种多样，效果不一而足。商品类型不同，商品所处的竞争阶段和竞争条件不同，因此商品标题的优化策略也不同。

按照商品所处的竞争阶段，可以将产品分为爆款、日常销售款、新品/滞销品三种类型进行标题优化，具体优化要点如下。

1. 爆款：销量高，人气高，排名高。优化宗旨：注重体验。挑选法则：找搜索量大的词，注重客户体验。

2. 日常销售款：有销量，人气低，排名低。优化宗旨：注重点击率。挑选法则：找出点击率、转化率高的词，商品数量不重要。

3. 新品/滞销品：销量少，人气低，收藏少。优化宗旨：注重转化率。挑选法则：找出转化率高但商品数量少的关键词。注意：有些商品转化率很高但是商品数量也很大，这种词不适合新品。

总之，标题优化的综合策略就是差异化商品搜索优化方向，爆款、日常销售款、新品/滞销品的搜索优化方向是不一样的。确定差异化的搜索优化方向后，就能够根据商品的特点选择不同的关键词并着手优化。

三、商品标题优化的原则

1. 高相关

所选的每一个关键词都应与商品高度相关。不要为了获得更多的展现，而添加与产品相关度非常低的关键词，否则会让流量降低。例如，产品如果是"雪纺连衣裙"，为了增加搜索量，会在标题中加入"蕾丝"关键词，如果商品本身有一定的销量基础,可以通过生意参谋来分析哪些是促成成交的高转化关键词以进行标题优化,而不是认为有相关性就添加上,事实上"蕾丝"不一定能增加搜索量。

2. 紧密性

关键词的选取要根据搜索热度,在核心词的基础上去拓展。关键词的排列顺序与买家的搜索顺序越一致,获得的搜索权重就会越高。例如,核心关键词选"雪纺连衣裙",那么标题组合时就尽量要让"雪纺"和"连衣裙"两个词紧挨着,也要注意顺序,不要优化成"连衣裙雪纺"。

3. 完整性

标题长度为30个字(60个字符),30个字需要尽量用完,少一个字,可能就少了很多的搜索覆盖量。

4. 剔除无效关键词

优化时要剔除无效关键词,例如,"包邮""特价"等,这些关键词相对于搜索引擎来说是无效关键词,只要产品设置了包邮,不管标题中是否有"包邮"字样,系统都会进行匹配。如果产品本身有邮费,即使标题加了"包邮",系统也不会进行匹配。不确定的情况也可以通过搜索对应关键词去搜索结果页验证。

5. 反馈校正

标题优化并非一蹴而就,优化完成之后,需要通过数据反馈来指导进行二次校正。因为前期的猜想与实际情况可能会有偏差,必须通过数据反馈来调整这些偏差才能做到最好。当然也不能频繁优化标题,频繁优化可能会导致搜索降权,建议至少7天以上才考虑优化一次标题,等新标题权重形成之后,再酌情进行商品标题优化。

6. 不可直接复制标题或盗用品牌词

由于一个词的曝光量是有限的,如果自己网店商品的竞争力不及同行,即使直接复制同行的爆款标题,商品的搜索权重也会降低,商品搜索结果排名无法达到预期的效果,所以不可以直接复制别人的标题。在商品标题中,使用与商品自身无关的其他品牌的关键词,虽然可能会获得一些流量,但这种行为涉及作弊,会被降权。

7. 不可堆砌关键词

在制作商品标题时,切忌重复堆砌关键词,否则一方面会浪费标题有限的字符空间,另一方面会降低标题质量,还会受到搜索降权的处罚。

爆款商品标题优化

一、操作情景

下面以淘宝商品为例,简单介绍一下爆款商品标题优化的整体思路。产品的主要信息如下。

标题:海边度假雪纺连衣裙女装新款潮流裙子夏季高腰法式淑女裙子

展现量/次:191 988

点击量/次:22 781

点击率:11.87%

成交量/次:1 802

转化率:7.91%

类目:女装/女士精品//蕾丝裙/雪纺衫

属性

品牌:×××

适用年龄:25~29周岁

尺码:S M L

图案:纯色

风格:通勤 淑女

领型:V领

腰型:高腰

衣门襟:套头

颜色分类:黄色 蓝色 粉红色

袖型:喇叭袖

组合形式:单件

裙型:A字裙

上市年份季节:2023年夏季

袖长：短袖

裙长：中长裙

流行元素/工艺：蝴蝶结　系带

销售渠道类型：商场同款（线上线下均有销售）

廓形：A 型

材质成分：100% 聚酯纤维

适用人群：青年女性

描述：明星同款裙子，时尚潮流与你同行。在夏天，谁不想成为美丽的小仙女？轻盈的雪纺、飘逸、柔美、轻薄、透气，波西米亚风格，彰显浪漫与自由，民族风的韵味与度假气息相互映衬，淑女风蝴蝶结系带甜美可人，小花边与荷叶边的装饰荡漾着女人的温柔感，中长款的长度不挑身高，小个子也能完全驾驭。

二、工具准备

平台系统工具：淘系生意参谋，需要付费开通。

三、操作步骤

步骤1　关键词拓展

根据商品信息，对商品标题、商品属性和商品描述中的关键词进行提炼、总结并分类，形成关键词拓展表（见表3-1-4）。

步骤2　关键词挖掘

通过关键词挖掘，建立该商品的关键词词库。从标题与商品的相关性角度，删除与商品相关性不强的关键词。

原标题变为"度假雪纺连衣裙女装潮流裙子夏季高腰淑女裙子"。

表3-1-4　关键词拓展表

核心词	连衣裙　中长裙　A字裙　裙子　女装
品牌词	×××
属性词	雪纺　淑女　纯色　通勤　V领　高腰　套头　黄色蓝色粉红色　喇叭袖　A字短袖　蝴蝶结　系带　A型　聚酯纤维
风格词	2023　夏季　青年　女装　青年女装　明星同款　时尚　潮流　小仙女　轻盈飘逸　柔美　轻薄　透气　波西米亚风格　浪漫　自由　民族风　度假　淑女风甜美可人　小花边　荷叶边　女人　温柔感　不挑身高　小个子

步骤3　关键词分词

搜索引擎一般是把商品标题进行拆分，同时把买家搜索的关键词拆分，进行分词匹配，把匹配的产品提取出来。权重高的优先展现，权重相近的展现分词最接近的商品，相对接近的排在后面，这也是所有标题优化的基础。

据此，将标题关键词拆分为：度假／雪纺／连衣裙／女装／潮流／裙子／夏季／高腰／淑女／裙子。

 **相关链接**

> 分词是指关键词的最小单位，所有关键词都是分词或分词的组合。查询标题分词的方法：复制商品的整个标题，粘贴到淘宝首页搜索框搜索，在搜索结果页的全红标题上点击右键，选"审查元素"。
>
> 系统在进行拆分标题时，如正品牌被拆分成"正"和"品牌"，无法得到"正品"这个分词及相关词的流量，一般来说，名词特别是类目词都被优先拆分成分词。
>
> 将容易出错的分词相连，这类错误很常见，如连衣裙女小清新款，修身显瘦小清新，修身毛呢子外套，百搭短裙子，套头羊毛衣等，这些错误会导致标题混乱，让搜索引擎误解，甚至以乱用关键词处理。如羊毛绒大衣一般会被系统拆分成羊毛大衣和羊绒大衣，查询分词后会发现，羊绒大衣的搜索量是羊毛大衣的3倍，但商品数量却只有羊毛大衣的2/3。如调整为羊毛羊绒大衣，羊绒大衣的搜索流量可能就会大幅增加。如果每天能带来上千搜索流量的商品存在这样的问题，调整一个分词也许就能增加更多流量。

步骤4　标题关键词优化

变更后的标题字数是21个汉字，标题的最大长度为30个汉字，可尝试添加合适的关键词，以求覆盖更多的买家搜索需求，添加的关键词可以从关键词拓展表中筛选。筛选时可以从以下两个角度进行。

（1）根据关键词与商品的相关性，添加相关度高的关键词。例如，添加关键词"蝴蝶结"。这个关键词不仅出现在商品的属性信息中，还出现在商品的描述信息中，与商品具有较强的相关性。

（2）根据关键词的搜索热度，添加搜索热度高的关键词。例如，生意参谋显示关键词"中长裙"的搜索人气为16 024，关键词"套头"的搜索人气为14 190，均属于搜索人气较高的关键词，添加这两个关键词后，分别查看排名，排名均靠前，故标题中可添加关键词"中长裙"和"套头"。注意，如果关键词查询搜索热度不高，就不添加该关键词。

经过关键词优化后可以组合成商品标题"度假雪纺连衣裙女装潮流裙子夏季高腰淑女裙子蝴蝶结套头中长裙"。

步骤5 标题的再优化

进行初步标题优化后，通过搜索排名查询功能，继续查询每个关键词的商品排名，然后再进行标题的下一轮优化。

（1）根据关键词搜索的商品排名，更换排名靠前的关键词。例如，"度假雪纺连衣裙女装潮流裙子夏季高腰淑女裙子蝴蝶结套头中长裙"中的关键词"潮流"，经过搜索排名查询发现，使用搜索关键词"潮流"时，商品的排名为第461名。将"潮流"更换为"通勤"时，标题变为"度假雪纺连衣裙女装通勤裙子夏季高腰淑女裙子蝴蝶结套头中长裙"后，当搜索关键词"通勤"时，商品的排名为第149名。搜索其他关键词，商品的排名无变化。因此，在这种情况下，可以用"通勤"代替"潮流"。标题更换关键词可参考的方法如下。

1）删除支付转化率低的关键词。标题是为了让产品更好地卖出去，所有支付转化率低的关键词可删除。

2）删除点击率低于50%的关键词。如果买家搜索关键词后，都不愿意去点击查看，这只能说明这个关键词下展示的商品不是他需要的或者是其他原因导致买家不愿意点击，这类关键词需删除。

3）删除搜索人数低的关键词。关键词每天至少需要有一定数量的人来搜索才可以保留。

4）删除支付买家数低的关键词。关键词应保证每天最少有一笔成交才可保留。

（2）对于竞争力强的爆款商品，在能够保证商品排名的情况下，大词的效果往往要优于小词。例如，将"女装"关键词换成"系带"，搜索"系带"，商品的排名为第94名，虽然排名靠前，但是效果不如"女装"好，因为"女装"可以覆盖更多的买家搜索词，而"系带"则很难做到这一点。

（3）接下来进行标题中关键词的微调。例如，商品属性中的商品名称为"雪纺淑女连衣裙"，将标题中的"雪纺淑女连衣裙"紧密相连。

最终，调整后的标题为"度假雪纺淑女连衣裙女装通勤裙子夏季高腰裙子蝴蝶结套头中长裙"。

学习单元4　关键词竞价推广

一、关键词竞价推广的概念

关键词竞价推广是一种基于搜索引擎平台的付费推广，商家以关键词的形式购买搜索平台资源位，将产品、服务等通过广告形式推广给目标客户。在电子商务领域，常见的关键词竞价推广平台有淘系直通车、京东快车、多多搜索、百度竞价推广、Google AdWords等，包括最新的抖音体系也有相应的关键词竞价推广。

二、关键词竞价推广的优势

关键词竞价推广作为互联网广告的重要组成部分，相较于传统广告和其他形式的互联网广告，具有明显的优势。

1. 搜索流量可观，客户更精准

当下电子商务市场流量渠道多样化，尽管信息流流量规模不断攀升，但搜索作为互联网应用的重要形式，其流量规模仍旧可观，而且以客户搜索词为基础的搜索流量，客户精准度更高。

2. 付费推广，排名更突出

以付费为基础的关键词竞价，相比普通搜索引擎优化而言，排名效果更突出，曝光量更大，更易引起客户关注。

3. 灵活控制，转化更高效

强大的平台付费推广系统，不仅可以灵活高效地选择关键词，设置推广创意，而且可以精准地选择投放人群、区域和时间，让转化更高效。

三、关键词竞价推广的展现位置

关键词竞价推广是基于客户搜索的付费推广,因此其展现结果主要呈现在搜索结果页的突出位置。如淘系直通车广告手机端展现位置主要在搜索结果的第1位、第7位、第13位,每间隔5位轮替出现,且一般左上角有"hot"标识、左下角有"广告"标识。PC端主要展示在搜索结果左侧前3位,右侧及下方5位。同样,京东快车广告、多多搜索结果会在类似的搜索结果处有所展现,并在右下角带有明显的"广告"标识。

四、关键词竞价推广的投放资质

由于关键词竞价推广活动是一种广告推广行为,因此受《中华人民共和国广告法》约束,通常各大平台对各类关键词竞价推广行为和商家投放资质都有明确的要求,主要表现在以下几个方面。

1. 账户资质

一般要求账户必须通过实名认证,且账户没有出现违规,能够正常使用。如淘系平台规定,开通直通车推广要求店铺状态正常,用户状态正常,淘宝店铺的开通时间不低于24小时,且店铺没有因违反相关规定而被扣分。

2. 商品资质

商品要求为非违禁信息系列,在平台非限制推广类目,如处方药、保健用品就不在淘宝、天猫直通车投放推广所允许的类目中。同时,个别类目商品推广需取得相应的资质,如推广特殊功效商品(染发、烫发、祛斑、美白、防晒、防脱发等),需提供国家药品监督管理局核发的特殊用途化妆品行政许可批件。

五、关键词竞价推广的排名原理及扣费规则

1. 关键词竞价推广排名原理

关键词竞价推广排名,即按照商家购买关键词价格的竞争情况进行的排名,价高者排名优先。但考虑到商家广告的投放质量及受众对投放广告的反馈体验,在实际应用中,关键词竞价推广排名主要由商家投放关键词的价格和质量分决定,简而言之,排名总分=关键词出价×关键词质量分。

关键词质量分即付费推广系统基于商家投放关键词与投放广告匹配度、受众对投放广告反馈综合计算得出的一种评判指标。关键词质量分的影响因素主要包

括投放创意质量、关键词与投放创意的相关度、基于关键词的受众对投放创意的体验度。

对于付费推广系统，关键词质量分以 10 分制计算，质量分越高意味着受众对投放广告的满意度越高，系统对关键词竞价推广的认可度越高，商家也就可以用相对更少的推广费用把更优质的创意展现在更突出的位置。

2. 关键词竞价推广扣费规则

目前，关键词竞价推广大都按点击进行扣费，只有当受众点击了商家的推广创意后才进行扣费，但单次点击产生的费用通常不会大于商家设置的出价。

六、关键词竞价推广的策略

1. 关键词竞价推广策略的类型

根据商家推广目的的不同，关键词竞价推广策略主要分为以下几种。

（1）日销

日销即商家通过关键词竞价推广进行店铺引流，促进客户点击、关注、加购、成交的推广行为。日销通常是商家在关键词竞价推广中最直接也是最常用的策略，一般而言包括拉新、收割两个阶段。商家新品上架初期，由于商品没有流量，因此商家需要开通关键词竞价推广进行拉新，主要面向人群为潜在客户。收割即通过关键词竞价推广行为，多次触达客户、强化客户认知，促进客户转化购买，其投放面向的主要群体为拉新带来的新客户或者是近期未成交的老客户。

（2）测款、测图

测款、测图即通过关键词竞价推广测试新品是否有潜质，测试图片创意是否有竞争力，做好选品、选图准备。测款、测图通常适用于相对成熟的商家，尤其是商品款式多、上新量大的商家。为了保证商品或商品图片更有竞争力，会在商品正式运营前或商品运营中进行反复测试，利用直通车快速曝光的特性，在短时间内测试出哪一款商品的收藏量、加购量更大或者哪些图片的点击率更高，从而锁定最终选品或选图。

（3）打造人群标签

打造人群标签即通过关键词竞价推广触达精准人群，从而为商品快速锁定人群标签。随着当下大数据识别技术的不断精准化，各大电商平台内容是依据人群标签展示的，而关键词竞价推广具备天然的高精准度特征，因此常应用于打造人群标签或者纠正人群标签，主要适用对象为成熟型商家。

（4）拉升免费流量

拉升免费流量即以付费关键词竞价推广带动免费搜索引擎优化流量和信息流推荐流量。一方面，由于关键词竞价推广可以带动商品点击、收藏、加购及购买行为，这也直接带动了商品搜索引擎优化的人气因素，因此针对性的付费关键词竞价推广活动也会带来拉动免费搜索流量的效果。另一方面，随着商品人群标签的锁定，关键词也会以免费信息流形式出现在各种免费推荐渠道。

除此之外，根据商品品类的不同还会分为标品、非标品、成交周期长的商品、面向企业的商品的关键词竞价推广策略。根据商品客单价的不同还会分为低客单价、高客单价商品的关键词竞价推广策略。

2. 关键词竞价推广策略的选择

关键词竞价推广是一个系统工程，依据应用场景的不同，其应用策略各有差异，应用操作也各不相同，因此商家在投放的过程中，要根据应用场景进行有针对性的甄别选用。

（1）依据商家成熟度进行不同的策略选择

对于新手商家，由于其对网络客户理解深度不够，关键词竞价推广应用操作能力相对薄弱，采用常规的日销策略即可。由于拉新策略以获取客户为目的，因此在操作中，选词以长尾关键词为主，人群投放以智能拉新、新品、相似宝贝人群为主，追求低加购成本、多点击量，通过不断优化创意提升效果。而收割策略以转化客户为目的，因此在操作中，选词相对宽泛，人群投放以收藏过、加购过的人群为主，追求高投入回报比，通过不断优化关键词提升效果。对于成熟商家，为了达到精准推广的目标，可以采用深度的测款、测图，拉升免费搜索流量，打造人群标签的策略。尤其对于上新快、上新量大的商家，要重视关键词竞价推广在测款方面的应用。

（2）依据商品属性进行不同的策略选择

对于标品，如3C产品（计算机类、通信类和消费类电子产品）、大家电，由于其竞争激烈，关键词相对较少，且关键词排名直接影响其转化效果，因此适合以主关键词抢占优先排名的竞价推广策略为主。而非标品，如服饰、箱包，由于其受款式、风格影响，关键词多样化，且其转化效果相对受排名影响较小，因此适合以广泛的关键词抢占广泛排名的策略为主。对于成交周期长的商品，如大型家具，由于其一般客单价相对较高、客户成交周期较长，因此其关键词竞价推广前期以拉新策略为主，主要关注推广的加购量、咨询量，成交主要靠客服跟单，尤其是在活动期间，当商品降价时，要以收割策略为主。对于面向企业的商品，如服装定制、户外装潢，由于这类商品通常采购量大、决策链条较长，采购人员是为企业采购，且在白天工作时间多用PC端操作，因此其推广投放通常在白天，投放渠道主要为PC端。

关键词竞价推广

一、操作情景

商家进行淘系直通车标准计划推广。

二、工具准备

淘系直通车功能开启，并完成充值工作。

三、操作步骤

步骤1　打开淘系直通车后台

点击淘系千牛后台—推广—直通车，如图3-1-14所示。

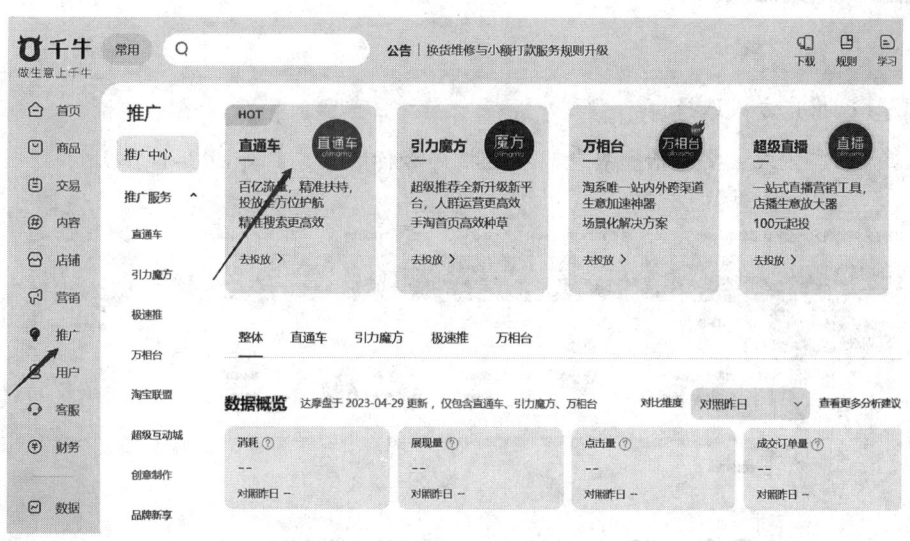

图3-1-14　淘系直通车后台

步骤2　新建计划

点击"标准计划"栏目，选择"新建推广计划"，如图3-1-15所示。

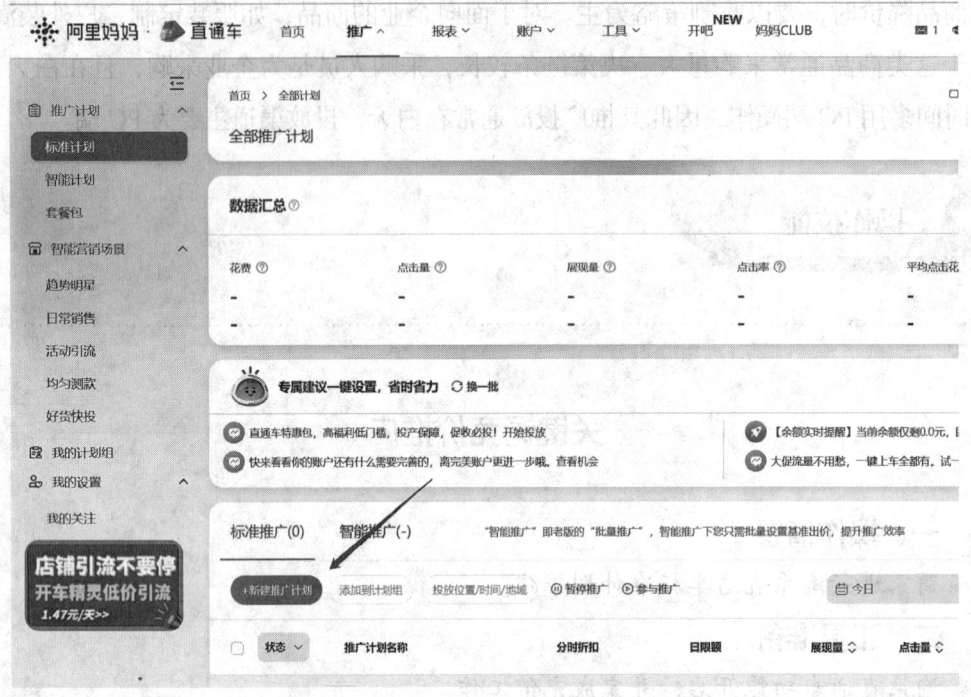

图 3-1-15　淘系直通车计划创建

步骤3　推广计划设置

 **相关链接**

1. 推广方式选择

推广方式主要包括套餐包、智能推广和标准推广，如图 3-1-16 所示。

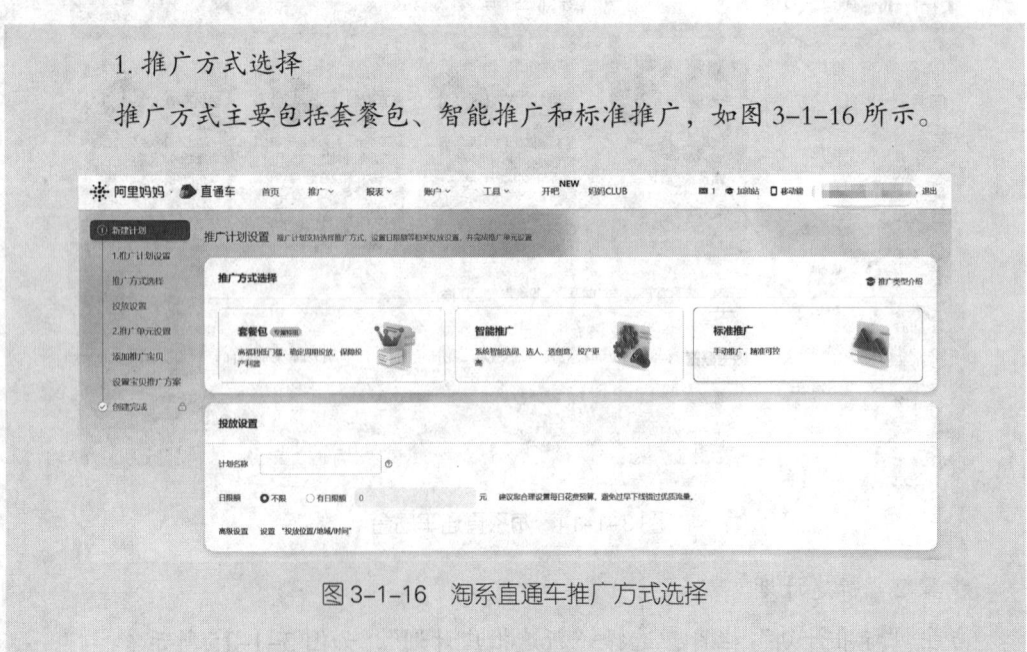

图 3-1-16　淘系直通车推广方式选择

（1）智能推广

在日渐成熟的人工智能技术支持下，智能推广已经能够较好地达到推广目的，商家可根据营销目标的不同，灵活地选择"好货快投""日常销售""趋势明星""活动引流""均匀测款"等选项，不需要设置即可以完成投放，系统会通过深度学习等人工智能技术，自动匹配搜索流量，对于新手商家尤其友好。

（2）标准推广

需要商家对"推广商品选择""关键词选择与出价""人群设置与出价""创意投放"进行精细化设置。由于各个环节可控性均比较强，因此更适合预算高、相对成熟的商家。

通常，一般商家可以创建 20 个智能推广、8 个标准推广，随着商家广告消费金额达到一定比例，其计划数量还可以增加。由于标准推广展示更为细腻，以下以标准推广为例进行实施。

2. 投放设置

在这个步骤的操作中，商家可以根据商品类别、经营目标填写，此处以"碧螺春拉新"为例，并根据投放预算填写对应的日投放限额"300"元，如图 3-1-17 所示。

图 3-1-17　淘系直通车投放限额设置

在高级设置方面，可以对广告投放的位置、地域、时间进行精准投放。

在投放位置上，由于当下消费者主要以手机端搜索流量为主，PC端流量和站外流量相对较少，因此可以着重投放在手机端上，如图3-1-18所示。

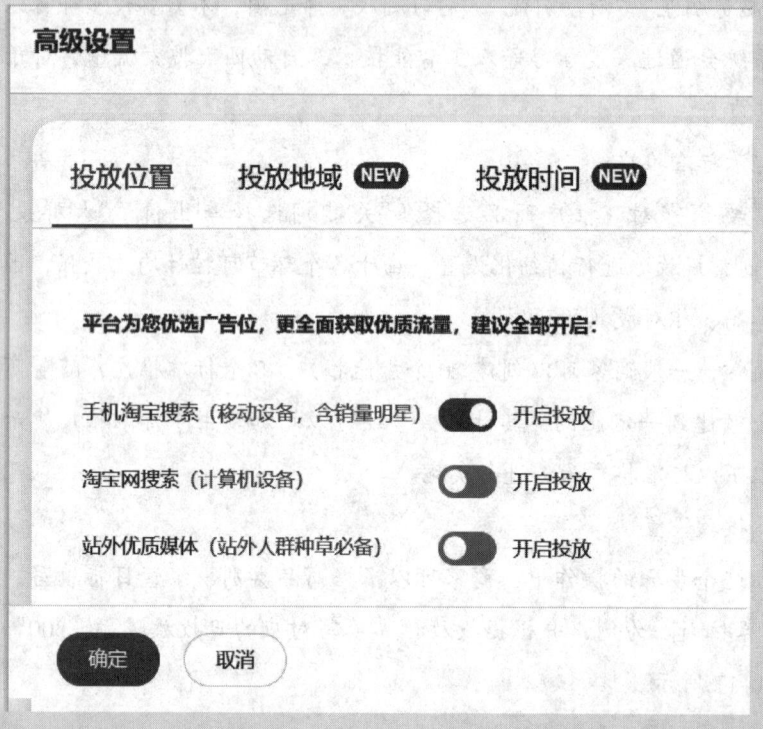

图3-1-18 淘系直通车投放位置设置

在投放地域上，由于不同地方茶饮习惯不同，商家可以投放在有碧螺春茶饮习惯的上海、江苏、广东、浙江、北京、天津等区域，设置可以根据区域内客户特征进行地级市范围内的进一步精选，如图3-1-19所示。

在投放时间上，考虑到凌晨至早上客户流量较小，同行竞争并不激烈，可以将投放价格折扣设置得低一些，如30%；白天客户流量相对较多，同行竞争加剧，可以将投放价格折扣设置得高一些，如80%；而晚上客户流量最高，竞争最为激烈，因此将投放价格折扣设置为100%，即按照出价全量投入，如图3-1-20所示。

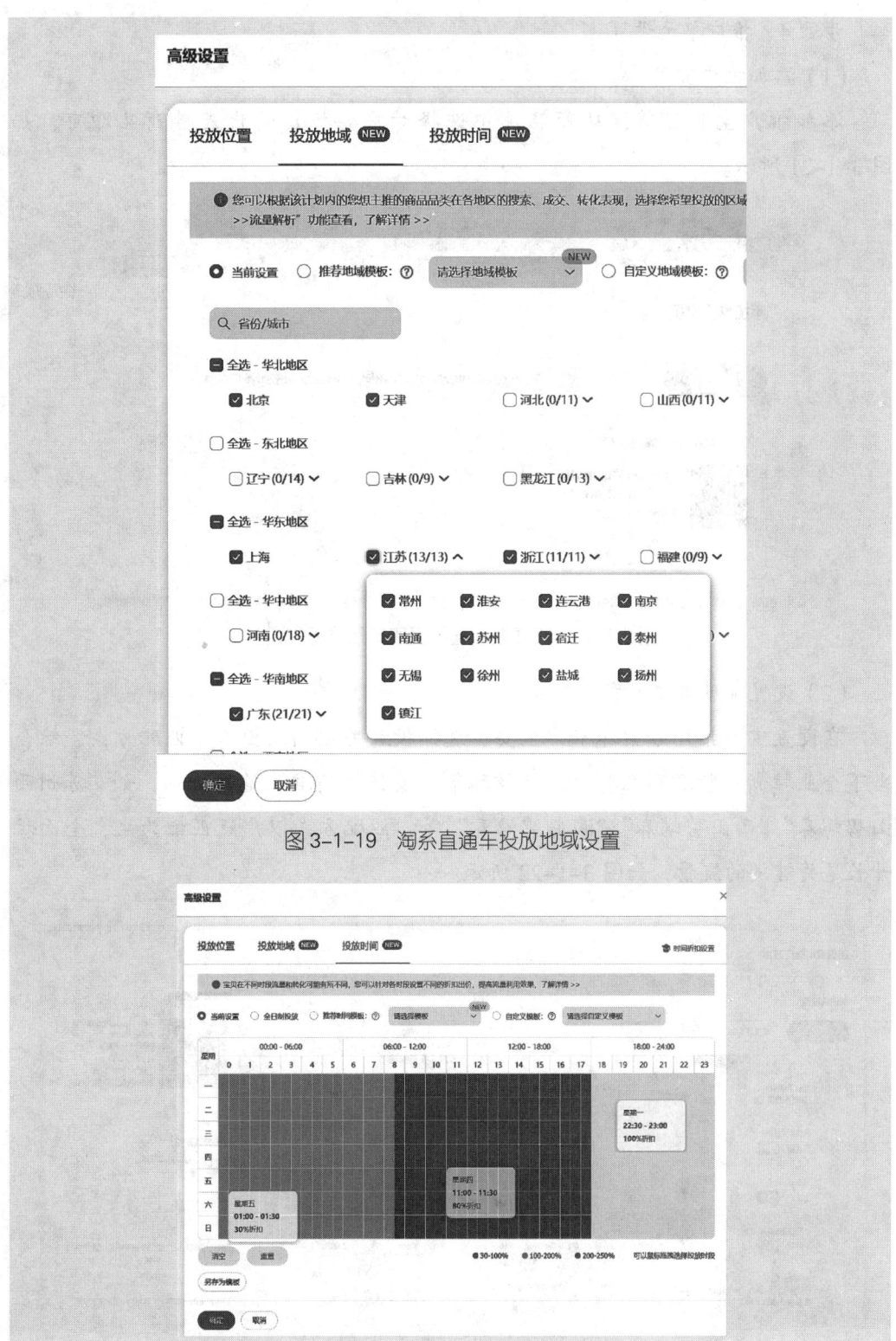

图 3-1-19 淘系直通车投放地域设置

图 3-1-20 淘系直通车投放时间设置

步骤4　推广单元设置

（1）添加推广宝贝

添加推广宝贝环节，从商品库中选择对应要推广的代表性商品即可，如图3-1-21所示。

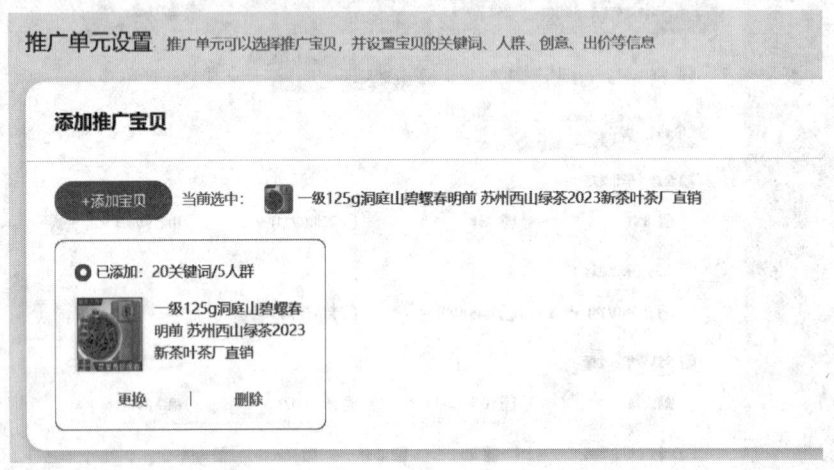

图3-1-21　淘系直通车投放单元添加宝贝

（2）设置宝贝推广方案

在设置宝贝推广方案环节，主要是选择投放关键词及出价、匹配方式，综合当下企业拉新目标及商品特征，在该环节主要选择精准长尾关键词，如"苏州西山碧螺春""西山碧螺春""洞庭碧螺春"等，匹配方式以广泛匹配为主，全面拉升长尾关键词的流量，如图3-1-22所示。

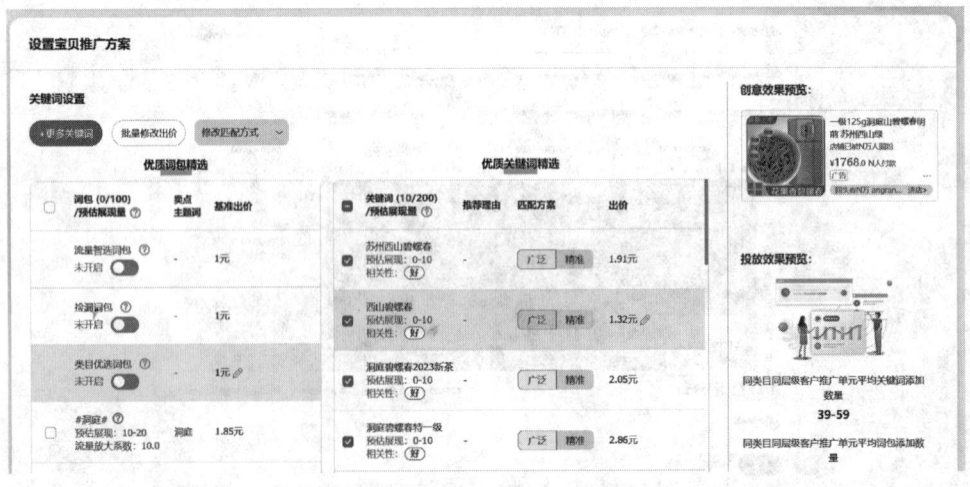

图3-1-22　淘系直通车投放关键词设置

注意：当前宝贝推广方案默认的创意是宝贝首图和标题的前 20 个字，后面计划创建完成后可以对创意图片和标题进行优化，从而提升效果，同一宝贝最多能够添加 4 组创意，通过多组创意对比可以优选出更好的创意方案。

在人群设置上，基于店铺上新品且以拉新为目的，因此主要选择"智能拉新人群""喜欢相似宝贝的访客""喜欢店铺新品的访客"，如图 3-1-23 所示。

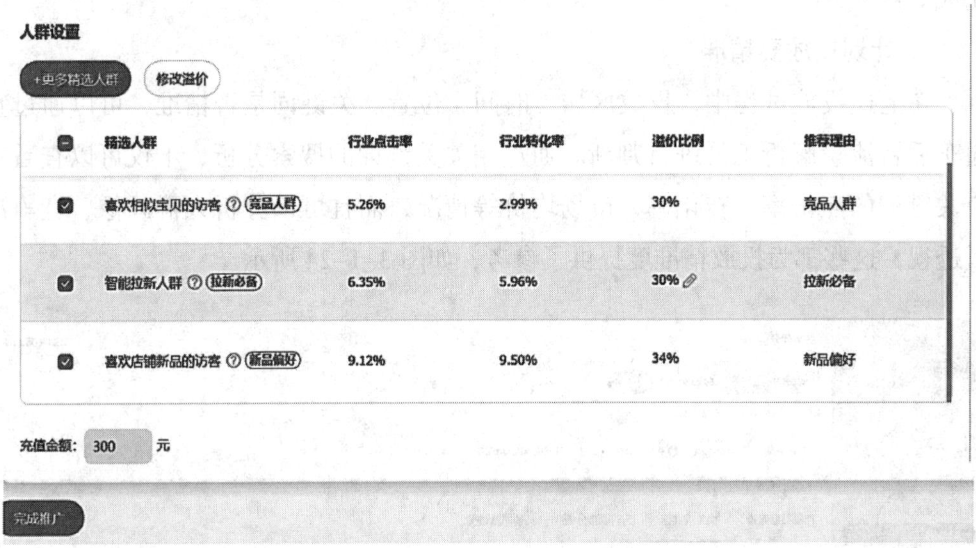

图 3-1-23　淘系直通车投放人群设置

经过上述步骤，一个以新品拉新为目标的竞价关键词竞价推广就完成了，打开对应的计划管理即可以看到投放的计划，系统审核完毕后，客户在前台就可以看到商家投放的广告。

七、关键词竞价推广的技巧

关键词竞价推广的优势在于其精准性，而广告要精准地达到效果，涉及的因素众多，包括选品具备代表性、定价合理性，以及在投放过程中计划投放位置、区域、时间，以及投放关键词、投放创意、投放人群的精准性。

1. 选品要有代表性

选品要有代表性，尤其是非标品，如服饰类商品，可以通过精准的图片创意表达其商品风格，通过以"均匀测款"为营销目标的智能推广计划来实现，将多个同类商品同时加入智能推广均匀测款计划，在一定的时间内经历一定的曝光点击（单品点击100次以上），选择收藏量、加购量高的商品作为最终选品，并确定长期推广。

2. 定价具备合理性

为了确保定价的合理性，商家可以通过查看同级品牌影响力、同类品质的爆款竞品划定合适的定价范畴，避免因为价格过高或者过低影响营销目标的完成。

3. 计划投放要精准

在上述投放过程中，投放区域、时间、位置、关键词是否精准，可以通过直通车后台流量解析工具进行判断。通过相关关键词的搜索分析，不仅可以查看对应关键词的点击率、转化率、市场均价等情况，而且可以分析人群画像、竞争流量透视，这些都为投放精准度提供了参考，如图3-1-24所示。

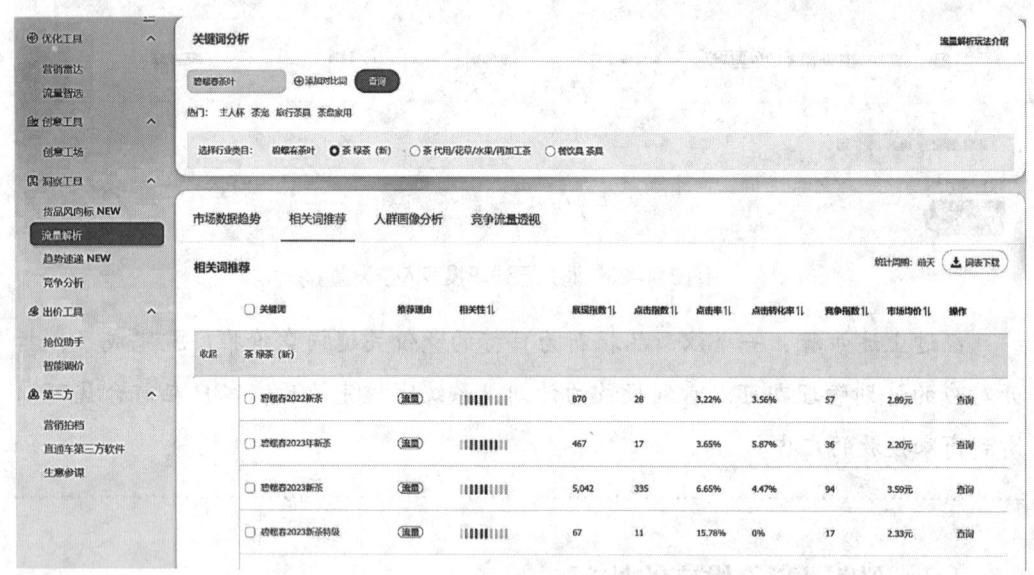

图3-1-24 淘系直通车流量解析工具

4. 关键词、创意、人群的统一性

关键词竞价推广活动，追求关键词、创意、人群的统一性，因此单一做到选词、创意、人群的单向精准性还不够，关键是三者协同统一。例如，如果选词是"礼盒装碧螺春茶叶"，在图片创意上就要呈现出礼盒的精美，人群投放上要划选礼盒属性，不能顾此失彼。

学习单元 5　关键词竞价推广效果优化

一、关键词竞价推广效果优化的总体思路

关键词竞价推广效果优化是指在关键词竞价推广活动中,通过对推广效果数据进行分析和解读,以优化推广策略和方案,提高推广效果和投资回报率(Return On Investment,ROI)的过程。其主要流程如图 3-1-25 所示。

图 3-1-25　关键词竞价推广效果优化的流程

初步基础数据分析:需要对关键词竞价推广活动的基础数据进行分析,包括展示量、点击量、转化量、转化率、转化成本等指标,以了解整个推广活动的基本状况。

竞争对手分析:需要对竞争对手的广告进行分析,了解竞争对手的关键词、创意、定位、营销策略等信息,以便更好地调整自己的推广策略。

关键词优化:根据初步分析和对竞争对手分析的结果,对关键词进行优化,包括调整关键词出价、添加新关键词、删除无效关键词、调整关键词匹配方式、优化关键词质量得分等。

创意优化:除了关键词优化,创意优化也是关键词竞价推广效果优化的重要环节。可以根据竞争对手分析和用户需求,优化广告创意的标题、描述、图片、CTA(号召行动、鼓励购买行为的广告术语)等元素。

人群优化:根据数据分析的结果,对推广人群进行优化。可以根据地域、兴趣、行为等因素,调整广告投放的定向策略,提高广告的转化率和投资回报率。

二、关键词竞价推广效果分析

关键词竞价推广效果分析是对关键词竞价推广活动的数据进行分析和解读,以了解推广活动的效果和价值,进而对推广策略和方案进行调整和优化的过程。关键词竞价推广效果分析对于推广活动的成功至关重要,它可以帮助企业更好地了解广告效果,清晰地了解广告的展现量、点击量、转化率等指标,发现广告策

略的问题和推广机会，优化广告预算的分配和 ROI，从而更好地实现营销目标。

1. 关键词竞价推广效果数据收集处理

在投放广告的平台收集广告活动期间的各项数据，包括展现量、点击量、点击率、转化率、转化成本等数据。再进行数据分析，使用 Excel 等工具，对收集到的数据进行整理、清洗和分析。

2. 关键词竞价推广效果分析

关键词竞价推广效果分析主要对广告投放效果、关键词效果、广告时段效果、广告创意效果、投放设备效果等方面的情况和数据进行分析。

（1）广告投放效果分析

广告活动整体效果数据包括点击量、花费、点击率、转化率等，具体指标如下。

1）点击量：广告被点击的次数。

2）花费：广告投放的总花费。

3）点击率（Click-Through-Rate，CTR）：广告被点击的次数与广告展示次数的比例。

4）单次点击成本（Cost Per Click，CPC）：广告每次被点击的花费。

5）转化率（Conversion Rate，CVR）：广告被点击后转化成实际行为（例如购买）的比例。

6）单次转化成本（Cost Per Acquisition，CPA）：广告每次被点击后实现转化的花费。

7）广告曝光量：广告在页面上被展示的次数。

通过分析这些指标，可以了解广告投放的效果是否达到预期，以及哪些方面需要优化。

（2）关键词效果分析

在关键词竞价推广中，选择合适的关键词至关重要。可以通过各个关键词的效果数据分析来评估不同关键词的效果。具体的指标包括每个关键词的点击量、花费、点击率、CPC 以及不同关键词的转化率、CPA 等。通过分析关键词效果，可以了解哪些关键词的效果较好，哪些需要进行优化或调整。

（3）广告时段效果分析

不同的时间段可能对广告效果产生不同的影响，可以通过分析广告在不同时间段的表现和效果数据找出最佳的广告时段。具体的指标包括不同时间段的点击量、花费、点击率、CPC、转化率、CPA 等。通过分析广告时段的情况和数据，可以了解哪些时间段的广告效果较好,并加大投放预算,了解哪些时间段的广告效果较差,并减少投放预算或调整广告策略。

(4)广告创意效果分析

不同广告创意对广告效果的影响也是不同的,对各个广告创意的效果数据进行对比分析,如展现量、点击量、点击率、转化率、转化成本等数据,可以了解哪些广告的创意效果好,并加大投放力度,哪些广告的创意效果较差,并优化创意。

(5)投放设备效果分析

对各个设备(PC端、手机端)的效果数据进行对比分析,如展现量、点击量、点击率、转化率、转化成本等,可以了解广告投放在哪些设备上的使用率更高,更受用户欢迎,进而调整投放预算和投放位置。

三、关键词竞价推广效果优化

根据关键词竞价推广效果,以下主要是从关键词优化、创意优化和人群优化三个方面进行推广效果的优化。

1. 关键词优化

关键词优化是关键词竞价推广的核心以及重要环节。可以根据数据分析结果,对不同关键词进行优化,找出表现最好的关键词,逐步加大投放预算,提高广告曝光量;找出表现较差的关键词,逐步降低投放预算,或者调整广告创意,从而提高转化率。关键词优化的主要方法和步骤如下。

(1)添加新关键词

根据用户搜索行为和竞争对手的关键词,不断添加新的关键词,以扩大广告的覆盖面和曝光量。

(2)删除无效关键词

通过关键词效果分析,删除没有转化或转化率较低的无效关键词,以节省广告费用和提高投资回报率。

(3)调整关键词匹配方式

根据关键词效果分析,选择合适的匹配方式,包括短语匹配、精确匹配和智能匹配等,以提高关键词的质量得分和转化率。

(4)优化关键词质量得分

关键词质量得分是关键词竞价排名的重要因素之一,可以通过优化关键词的相关性、目标网页质量、点击率和转化率等因素,提高关键词质量得分,从而获得更好的广告排名。

（5）利用屏蔽关键词

在关键词竞价推广中,可以设置一些屏蔽关键词,以过滤一些不相关的搜索词。通过精准的屏蔽关键词设置,可以减少无效的点击和浪费的广告费用,提高广告投资回报率。

（6）优化关键词广告排名

关键词广告排名是影响广告曝光量和点击率的关键因素,可以通过提高出价、优化广告质量得分和提高预算等方式,提高关键词广告排名,从而获得更多的展示量和点击量。

（7）定期监控和调整

关键词竞价推广是一个动态的过程,需要不断监控关键词的效果和竞争对手的策略,并定期对关键词进行分析和调整,以达到最优的投放效果。

2. 创意优化

广告创意也是影响广告效果的关键因素。不断优化广告创意,能提高广告的点击率和转化率。优化方式主要是优化广告标题、描述、副标题等文案,使其更加吸引用户的注意力；或者制作吸引人的图片和视频素材,提高广告的视觉效果；也可设计多个广告创意,进行 A/B 测试,找出最佳创意,投放效果更好的创意。创意优化的主要方法和步骤如下。

（1）竞品分析

分析竞争对手的广告创意,包括广告文案、图片、视频、音频等,了解其广告创意的优劣之处,以便更好地制定自己的广告创意策略。

（2）标题优化

广告的标题是用户最先看到的,需要吸引用户的关注并引起其兴趣,从而促使其点击广告。因此,需要不断尝试不同的标题,对比测试其效果,找到最优标题。

（3）描述优化

除了标题,广告的描述也非常重要。需要尽可能地让描述精简明了,突出商品的卖点,同时符合用户需求。

（4）图片和视频优化

如果广告使用了图片或视频,需要优化其质量,以更好地展示产品或服务的特点和优势。可以尝试不同的图片或视频,找到最优素材,吸引用户点击广告。

(5) CTA 优化

CTA 即 "Call to Action",指广告的呼吁行动,如 "立即购买" "立即咨询" 等。需要制定醒目、吸引人的 CTA,并设置在适当的位置,以引导用户进行点击或实现转化。

3. 人群优化

人群优化是对广告投放人群进行优化的过程,通过对人群特征的分析,优化广告的投放定向策略,提高广告的转化率和投资回报率。广告推广的目标是让尽可能多的目标用户看到广告并进行购买,因此对人群的优化至关重要。可以从以下几个方面进行人群优化:一是根据数据分析,找出表现最佳的人群,优化针对性,提高广告效果;二是针对不同人群进行广告投放,采取不同的广告策略;三是利用人群定位功能,投放到最有潜力的用户身上,提高广告转化率。人群优化的主要方法和步骤如下。

(1) 数据分析

通过数据分析,了解广告投放的人群特征,如年龄、性别、地域、兴趣爱好、行为习惯等。

(2) 人群分类

根据数据分析的结果,将广告投放的人群进行分类,如根据地域、年龄、性别等进行分类,或根据兴趣、行为等进行分类。

(3) 定向策略调整

根据不同的人群分类,调整广告投放的定向策略。如针对不同地域的人群,调整投放的地域定向策略;针对不同兴趣爱好的人群,调整投放的兴趣定向策略等。

(4) 优化广告创意

除了定向策略调整,还可以根据不同的人群分类,优化广告创意,以更好地吸引目标人群的注意力。

(5) 监测和调整

在投放过程中,需要对广告效果进行实时监测和调整,以保证广告投放效果和 ROI 的最大化。

通过关键词、创意和人群的优化,可以提高广告的曝光量、点击率和转化率,从而进一步提高关键词竞价推广的效果和 ROI。

培训课程 2 信息流推广

学习单元1　信息流推广认知

一、信息流推广原理及价值

1. 信息流推广原理

信息流是指以文字、图片、短视频等形式夹杂在用户浏览的信息中,与所处环境贴合的一种可以滚动浏览的信息资讯。信息流推广是指通过各种渠道获取用户的行为、兴趣等数据,基于大数据算法将推广内容与用户的兴趣和需求进行匹配,有针对性地将内容推送到用户面前的一种推广方法,即在合适的时间、合适的场景将合适的内容精准推荐给合适的人群。信息流推广有以下几个主要特点。

（1）算法推荐

通过大数据描绘多维度用户画像,通过人群标签（指对某一类特定群体或对象的某项特征进行的抽象分类和概括,其值具备可分类性）精准定向理想受众,把合适的信息在合适的场景推送给合适的人群。

（2）原生体验

信息流推广内容与用户浏览信息融合在一起,模糊了原生内容与信息流内容的界限,用户操作和阅读时无强行植入,使信息流推广内容的存在感大幅度降低,对用户的干扰程度也随之降低,实现商业和用户体验的良好平衡。

（3）互动性强

用户可以参与互动,根据平台的特性自发进行信息流推广内容的多维传播,使信息流持续影响潜在受众。

2. 信息流推广价值

信息流推广覆盖首页推荐流量、首页焦点图等各类优质精准流量。从消费者进入浏览、点击收藏、加购到订单成交，实现信息流流量资源场景全覆盖，全量解决商家生意投放的流量瓶颈。

（1）帮助商家获取精准流量

信息流推广可以帮助商家将资讯投放给各类定向组合人群，如相似宝贝人群、相似店铺人群、行业特色人群、跨类目拉新人群等。在目标人群中，信息流推广能帮助商家找到成本低、效率高的流量，可以让人群流量运营简单、高效、透明。

（2）帮助商家降低流转成本

信息流全面覆盖了消费者购前、购中、购后的消费全链路，使其从一个潜客变为一个新客，在进店、收藏、加购和首次购买的过程中，信息流均能有效触达，有效降低了流转成本。

（3）帮助商家提升整体流量

原生的信息流模式是唤醒消费者需求的重要入口，全面覆盖了消费者购前、购中、购后的消费全链路，而焦点图锁定了用户进入的第一视觉，覆盖了全域人群。这两者的有机结合，基于大数据和智能推荐算法，帮助商家找到潜在目标消费者，激发消费兴趣，高效拉新，强效促转化，完成营销闭环，助力提升整体流量，促进销量增长。

3. 常见信息流形式

除了淘系、京东等电商信息流外，市场上其他信息流形式也越来越多，常见的信息流形式有抖音、今日头条、百度、腾讯和知乎等。

（1）淘系、京东

淘系"引力魔方"和京东系"购物触点"均覆盖了用户全购物链路，贯穿"逛"和"买"的场景，将信息流推荐资源分为购物前、购物中和购物后3个场景，针对不同的场景提供不同策略和定向能力，满足了不同营销场景下的推广需求。

1）优点：资源位丰富、覆盖人群广、定向精准、智能。

2）缺点：费用高，尤其对不太熟悉的商家来说，难以控制花销。

3）投放行业建议：电商产品投放。

（2）抖音

抖音拥有一大批忠实的用户，在大数据上表现较好，能通过用户观看的视频记录用户的行为，不断给用户定义标签，在产品推送上实现了千人千面的营销高度。同时,抖音支持从视频信息流点击跳转至落地页,可以帮助网店在抖音平台实现营销推广的目的。

1)优点:抖音用户数量庞大,易于打造爆款产品,是品牌曝光的较好选择。

2)缺点:抖音成本偏高,且对素材要求较高,整体人群意向程度低,对行业要求限制也比较高。

3)投放行业建议:游戏、App、电商等泛流量产品投放。

(3)今日头条

今日头条是一款基于数据挖掘的推荐引擎产品,也是国内互联网领域成长很快的服务产品之一,更是目前资讯类信息流较大的平台之一。

1)优点:算法成熟,关键词定向,使用方便,支持 CPA。另外,用户每天的在线时间长,且能 5 秒快速推广,10 秒更新用户模型,可以快速锁定目标用户,信息流投放更精准。

2)缺点:推广虽然展现量高、点击率大,但是转化率偏中低。

3)投放行业建议:理财、生活、游戏、App 等,可根据导航栏的分类进行投放。

(4)其他信息流

百度信息流可在百度贴吧、百度首页、百度手机浏览器、百度 App 等百度平台的资讯流中穿插展现。腾讯信息流凭借 QQ 和微信拥有庞大的流量,基本覆盖全网用户。知乎是一个真实的网络问答社区,用户群体倾向于年轻化、高收入、高学历人群,集中在一、二线城市,拥有较高的消费能力。

1)优点:有搜索基础,覆盖面广,流量质量高。

2)缺点:百度投放操作较为复杂,流量和成本不固定,腾讯、知乎推广素材审核要求严格。

3)投放行业建议:百度搜索引擎大部分行业都适合投放,腾讯建议投放轻工业或生活类产品,知乎适合投放房产家居、游戏、金融、教育培训、电商、网络服务、旅游等相关行业的产品和服务。

二、信息流推广基础

1. 信息流展现位置

信息流像普通信息一样,出现在人们平时所浏览的资讯当中,各信息流平台展现信息流内容位置稍有不同,信息流千人千面,每次随机刷新均显示一次不同信息流内容。

（1）淘系、京东系信息流展现位置

淘系信息流展示位置包括首页的"焦点图""猜你喜欢"，购中和购后的"猜你喜欢""微详情""红包互动权益场"等。

1）淘系焦点图。该展示位置原属钻石展位（淘系）工具，适合店铺日常推广中拉新及收割等各个场景。

2）首页"猜你喜欢"。该位置原属于超级推荐资源位，通过人群的圈选匹配可以起到拉新及收割的作用。同时针对搜索入口非快速成交型商品投放数据效果较佳。

3）购中购后"猜你喜欢"。该位置适合非标品及快消品属性的产品。高复购率商品可以选择投放，大促活动售卖期也适宜加大投放比例。

4）微详情。该位置适合使用场景为女性用户的商品，能以较低的竞争价格获得商品流量。

京东系信息流展示位置和淘系较接近，也覆盖了购物前、购物中和购物后的全场景。

（2）抖音信息流展现位置

抖音信息流广告主要出现在以下几个位置。

主页：打开抖音 App 后，首先看到的是主页，信息流广告会穿插在用户浏览的视频内容中（两个不同的视频内容中间），以增加曝光度和点击率。

搜索页：在抖音上进行搜索时，信息流广告会在搜索结果页面中显示，以吸引用户注意力。

视频详情页：观看视频时，信息流广告会在视频详情页中展示，以增强互动、提升转化率。

抖音信息流一般通过视频、组图、大图以及小图等多种方式展现。与其他视频不同的是，信息流广告在页面下方会显示"广告"字样，用户要是对视频中的商品感兴趣，可以对视频进行点赞收藏，也可以点击下方链接做进一步了解。抖音信息流一般有四种形式。

1）原生广告：广告视频主要展示在抖音内容中，以竖屏样式展现，有较强的账号关联性，可以强效。

2）单页广告：广告视频展示位置和原生广告一致，只是不需要注册抖音账号，点击广告只会跳转页面，不利于后期聚粉转化。

3）FeedsLive（实时馈送）广告：在抖音直播间里，点击直播画面上的卡片，会跳转到对应的视频当中。

4）本地达：打开抖音视频时，会有机会刷到本地达的广告，这类广告主要是满足商家线下门店推广的需要。

（3）今日头条频道信息流展现位置

今日头条频道信息流展现位置为各推荐频道、子频道，随机刷新；视频信息流展现位置为播放的视频附近；视频后贴片（前贴片）展现位置在视频完整播放完后出现；文章详情广告信息流展现位置为文章末尾，评论区位置；视频评论区信息流展现位置为视频评论区；图集尾帧展现位置为图片最后一张。

（4）其他信息流展现位置

百度信息流显示在百度内部平台的资讯流中，如百度 App、百度首页、百度手机浏览器等。腾讯信息流展现在朋友圈、公众号、腾讯新闻等信息流中。知乎信息流目前覆盖核心页面，如首页、核心页、问题页等。

2. 信息流推广排名原理

信息流推广排名一般流程为：搭建基础投放模型、打标入池（冷启动）、竞价排名。

（1）搭建基础投放模型

新建信息流计划后，平台系统会搭建基础投放模型。基础投放模型与店铺和商品是相关联的，如果是新店新品，则以商品的标题为主，如果是老店，店铺人群会相关，系统会根据店铺和商品的标签搭建基础投放模型。在基础投放模型搭建过程中，系统会进行商品和创意的审核。

（2）打标入池（冷启动）

打标入池也称冷启动，基础投放模型搭建后，一般不会有较大的曝光量，系统需要进行冷启动，冷启动可能会长达几天。系统根据商品标签和店铺标签匹配高度重合的消费人群进入商品池。也就是说，准备操作信息流时，需要让商品有标签，如果没有标签，信息流就不清楚投放到哪类人群。打标入池与商品的出价和定向没有关系，它取决于商品本身的标题属性。商品有了一定的标签之后，就可以进入相似商品池或相似人群池，入池之后就会进入竞价排名阶段。

（3）竞价排名

实时竞价是一种利用第三方技术在数以百万计的数据上对每一个用户展示行为进行评估以及出价的竞价技术。每展现一次，系统都要在很短的时间内完成信息流的竞价排名，决定展示具体的信息流内容。

实时竞价排名与信息流的预估收益 eCPM（effective CPM，每千次展示可以获得的收入）相关，eCPM 值越高，排名越靠前。用户每次刷新页面后，排名顺序均会进行新的排列。eCPM= 出价 × 预估 CTR× 预估 CVR×1 000。商品入池之后才能参加竞价和排名，竞价排名和出价、预估 CTR（点击率）、预估 CVR（转化率）相关。

1）出价。出价方式主要有七种。

CPM（Cost Per Mille）：千人展示成本，即信息流内容展示千次所需的费用。

CPC：单次点击成本，信息流内容被点击一次所需的费用。

CPA：单次转化成本，按转化量付费。

CPV（Cost Per View）：有效播放成本，播放达到一定时间开始计费。

CPT（Cost Per Time）：每次成本，按时长付费。

oCPM（optimized CPM）：优化千次展现出价，本质上还是按照 CPM 付费，采用更精准的点击率和转化率预估机制，将信息流内容展现给最容易产生转化的用户，在获取流量的同时，提高转化率、降低转化成本，使流量提速更快。

oCPC（optimized CPC）：优化点击付费，是经过优化的 CPC。仍按点击量付费，但采用更科学的转化率预估机制，可在帮助企业获取更多优质流量的同时提高转化率。

目前淘系信息流的出价不管是 CPC 还是 CPM，最终都会计算成 CPM，所以点击率是淘系信息流的核心要务。今日头条信息流出价方式主要有 CPC、CPM、CPA、oCPM，抖音信息流主要是按 CPC、CPM、CPT 出价，知乎信息流按 CPC、oCPC 出价，百度信息流按 CPC、CPM、CPT 出价，腾讯信息流可以按 CPC、CPM、CPA、oCPC、oCPM 五种方式出价。出价方式不同，eCPM 的结果不一样，信息流推广内容排名也就不一样。不同出价方式对应的 eCPM 见表 3-2-1。

表 3-2-1 信息流出价方式及对应的 eCPM

出价方式	eCPM
CPM	eCPM=CPM 出价
CPC	eCPM= 预估 CTR× 目标 CPC×1 000
oCPM/oCPC/CPA/CPV	eCPM= 预估 CTR× 预估 CVR× 目标 CVR 出价 ×1 000

2）预估点击率。各个平台对预估点击率的定义基本相同，即根据推广设置的内容和评测得出创意的质量分。但具体算法规则各个平台间略有差异。

影响预估点击率的因素主要有创意历史点击率、创意相关性、落地页相关性、账户的历史表现、推广商户的信用值等。

3. 信息流的计费规则

信息流计费遵循下一名计费制。排名靠后 1 位商家的 eCPM+0.01 元，就是信息流实际的计费价格。例如，某商家的信息流出价为 200 元，比其排名靠后 1 位商家的 eCPM 为 190 元，那么某商家的信息流实际计费金额就是 190+0.01=190.01（元），即其出价不等于实际计费金额。不同的出价方式，计费机制的区别如下。

（1）按照 CPM/oCPM 出价方式：计费金额 = 下一名 eCPM+0.01

（2）按照 CPC/oCPC 出价方式：计费金额 =［下一名 eCPM/（自己的预估点击率 ×1 000）］+0.01

（3）按照 CPA/CPV 出价方式：计费金额 =［下一名 eCPM/（自己的预估点击率 × 预估转化率 ×1 000）］+0.01

三、信息流开户条件

每个平台信息流开户条件各不相同，不同信息流账号开通时需要满足相关的开户条件。如今日头条开户需具备三个条件：首先，需要有基本的企业资料，如有效的营业执照、法人身份证和商业资质等；其次，需要相关的行业资质，无行业资质的企业不予开户；最后，需要保证信息流内容的真实性，同时平台对于行业也有所限制，部分医疗、教育、彩票等行业是不予开户的。

下面以淘系引力魔方信息流为例来说明信息流推广开户条件。

（1）店铺星级及店铺 DSR 要求。淘宝商家：商家店铺信用等级三星级及以上，店铺每项 DSR 在 4.4 分及以上。天猫商家、飞猪商家：店铺每项 DSR 在 4.4 分及以上。

（2）符合"引力魔方账户主营类目准入限制"的要求。

（3）淘宝店铺如因违反"淘宝平台规则总则"中相关规定而被处罚扣分，还需符合以下条件，见表 3-2-2。

表 3-2-2　商家需符合条件

违规类型	当前累计扣分分值	商家距离最近一次出发扣分时间
出售假冒商品	24 分以上	满 90 天
严重违规行为（出售假冒商品除外）	大于或等于 6 分、小于或等于 12 分	满 30 天
	大于 12 分、小于 48 分	满 90 天

（4）天猫店铺、飞猪店铺如因违反"天猫规则""飞猪规则"，近90天（含）因严重违规扣分累计未达到24分及以上。

（5）未在使用阿里妈妈或其关联公司其他产品服务时，因严重违规被中止或终止服务。

（6）经阿里妈妈排查认定，该账户实际控制的其他阿里平台账户，未被阿里平台处以特定严重违规行为处罚，或发生过严重危及交易安全的情形，且结合大数据判断该店铺经营情况不易产生风险。

学习单元2　信息流推广策略选择

一、信息流推广策略的类型

信息流推广就是为达到不同的推广目的，根据预算情况，在恰当的时间和区域，设计合理的创意并投放在合适的资源位，从而投放给对应人群的过程。

1. 信息流推广目的

信息流推广目的多为打标、拉新、收割、测款等，其中拉新和收割最为常见。

打标：标签在一个产品获取流量和入池过程中至关重要，标签精准则引入的人群就精准，点击的反馈效果就会比较好，能实现高点击率、高收藏、高转化的目的。

拉新：拉新是指拉取新用户，有了新用户才能产出应有的价值。

收割：收割的目的是让意向客户下单，配合店铺的营销活动收割效果更好。

测款：测款就是针对产品进行销售测试，最后根据销售测试结果来对产品进行评估，测款的目的一方面是降低投资风险，另一方面是通过测款快速地选出店铺主推款产品。

2. 信息流推广常见策略

（1）打标策略

打标策略就是给商品打上标签，标签决定产品的成交方向。标签的深度体现为精准性，标签走精准方向的优点是标签精准、人群精准、点击反馈好；缺点是标签窄、人群池规模小、流量少。标签的宽度体现为丰富性，标签走体量方向的优点是标签体量大、人群规模大、流量大；缺点是标签宽泛、流量宽泛，转化相对较差。

优质流量标签做深度,走精准方向,适合为精准流量爆款类产品打标。低价引流的标签做宽度,走体量方向,适合高利润纯付费模式和错放类目。

(2) 拉新策略

拉新是一种有导向性的行为,拉新的目的是货找人,主动曝光,触达更多的新客人群,产生更多的收藏、加购和销量,最直接的指标是新增用户的数量。拉新主要关注的是收藏和加购情况,一般可以引出潜在的买家人群,获取新客,满足店铺的拉新需要。拉新的原理是人未动,货先动,特别适合季节性的产品提前拉新"种草"。

(3) 收割策略

很多消费者进店后,不会立即下单,他们往往喜欢将商品先加入购物车,考虑几天或者是货比三家后再下单。另外,高客单价的商品,因为所需费用多,消费者可能会考虑很久,消费者购买下单周期长。对于这种加购收藏或者是在考虑中的消费者,想办法再次让其进店,并促使其下单购买,这个过程就叫作收割。

收割策略的原理是使兴趣客户触达再营销,收割的目的是针对兴趣客户再次曝光营销,促进成交,提升销量。

(4) 测款策略

测款的目的是找到数据较好的商品,删掉数据不好的商品。测款的场景有两种,一种是偏上新型或者动销型的店铺,另一种是爆款型店铺。

上新或者动销型店铺测款的目的是找出潜力款,常见于服饰鞋包、手机壳、家居摆件等类目测款。爆款型店铺(常用于家居日用、食品、3C数码配件等类目),或者不是爆款型但已经确定潜力款的店铺,测款的目的是对单品进行深度的测试。

3. 具体做法

(1) 打标策略的具体做法

给商品打上标签的方法有很多,原理都是引入精准的人群,点击加购、收藏,购买商品,都能给商品赋予标签。对于本身有精准老客户的店铺来说,在发布商品的时候,引导老客户进店加购、收藏以及购买,这样一段时间后,就可以快速给商品打上精准的标签。新品打标建议采用促进点击的方式,打标的同时可以测图、测人群、测资源位。

打标的核心考核数据是点击率、收藏加购率、转化率,故完成冷启动后,建议持续投放4~7天,之后再删除反馈差的标签、资源位和创意。

(2) 拉新策略的具体做法

拉新在操作上需要给商品打精准标签,积累收藏和加购,选择促进加购,屏蔽进店未行动和购买过的人群。拉新应重点掌握目标人群和提升计划权重，通过逐步优化进行拉新从而引爆店铺流量，实现更好的销售增长。

非标个性化产品可以依托店铺和商品使用智能定向拉新，标品可以使用自定义关键词或达摩盘拉新。拉新核心考核数据是收藏和加购成本，拉新的同时一般需要搭建收割计划。

（3）收割策略的具体做法

收割策略是为了触达再营销，获得更多的成交量，故在操作上倾向于促进成交，屏蔽掉购买过的人群。非标个性化产品可以依托店铺和商品使用智能定向，标品可以使用自定义关键词或相似店铺、品牌 DMP 人群（品牌根据自身产品及特点圈定的目标人群）。收割核心考核数据是 ROI，提升 ROI 一般需提升产品竞争力、转化率，做好承接。

（4）测款策略的具体做法

上新或者动销型店铺测款，测试的是同一批产品的相对数据。新品前期各项数据普遍会有偏差，因此得出数据后，应关注同一批商品数据的对比，找出数据相对更好的 1~2 款商品，确定为潜力款，再持续引流放大数据并进一步确定潜力款。新品在相等基础条件下进行测款，测花费速度和点击反馈，同等条件下花费速度更快，获取流量的能力更强。筛选数据时关注的核心指标为引流能力、点击率、加购率、转化率和加购成本。点击率高、加购率高的商品适合引导推荐流量，点击率高、转化率高的商品适合引导搜索流量。

爆款型测款主要测试首焦的投放图片和加购成本。一是要测出高点击率的首焦图片；二是要测出加购成本，如测出该款商品加购成本较低，一般可判断其适合主推爆款。

二、信息流推广策略的选择及拓展

1. 根据投放目的选择合适的推广策略

信息流推广的目的不同，选择的推广策略也不同。如商家使用淘系引力魔方信息流推广的目的是拉新，就需关注收藏、加购情况，因为拉新针对的是与店铺无关的人群。一般可以用引力魔方来引出潜在的买家人群，满足店铺的拉新需要，这样，本身跟店铺无关的人群可以被精准拉进，适合季节性的产品。以收割为目的就需关注 ROI，收割是让意向客户下单，策略上可以配合店铺的营销活动，这样收割效果更好，因为这类人群有较高的信任度，能够再次引导二次购买，更快地刺激需求，得到更高的回报率和更高的单次点击付费。

2. 根据推广策略选择合适的受众人群

信息流推广通过大数据记录用户行为，通过定向设置，向潜在消费者、意向人群推送有价值的信息流广告，激发他们的潜在需求。信息流投放人群相对精准，其前提是有一个清晰的用户投放方向。目标用户不同，选择渠道、定向等推广策略也有所不同。

如在淘系引力魔方中，收割策略就可以选择"喜欢我店铺""深度行为""领券未使用""粉丝""喜欢我宝贝"五类人群。拉新策略就可以选择"相似宝贝人群""相似店铺人群"或"小二推荐"等来定位人群。

3. 根据推广策略选择渠道

目前市场上信息流平台越来越多，常见的信息流平台有淘系引力魔方、京东系购物触点、今日头条、抖音、百度信息流、腾讯信息流、微博、知乎等。可以根据产品的受众人群和分析各个信息流平台使用人群的属性，找到适合产品投放的信息流广告平台。

三、信息流推广策略选择和执行的注意事项

1. 明确投放目的

无论是品牌的信息流推广还是产品的推广，在执行之前都需要明确目的。推广目的不同，选择平台也不同。不同平台投放策略各有差异，每个平台都有自己的特点和优势。因此，在选择广告投放平台时，要根据投放目的、目标受众、信息流形式、推广产品和服务的类别等因素进行综合考虑，选择最适合的平台，以确保信息流推广得到最好的效果。

即使同一平台内，目的不同，策略也不相同。如引力魔方中拉新主要看收藏、加购成本，收割主要看投入产出比，这两种投放策略显然不同。

2. 精准定位目标受众

在信息流策略选择时，要注意精准定位目标受众。需要了解目标受众的年龄、性别、地理位置、兴趣爱好等信息，以确保信息流内容能够准确地呈现给目标受众，从而提高点击率和转化率。

3. 创建令人印象深刻的创意

创意是吸引受众的关键因素之一。在创建创意时，要注重视觉效果和文字表达，设计时尽量简洁易懂，再配合吸引人的图像和色彩，使受众印象深刻，并促

进受众产生购买行为。

4. 定期优化调整

不同的投放策略和创意效果可能会存在差异。因此,在信息流投放一段时间后,需进行数据分析,并根据受众的反馈和数据做出相应的调整和优化。

学习单元 3　信息流推广投放

背景介绍

店铺基本信息:服装行业,客单价 60 元左右,日均成交 2 万元左右,核心目标人群是 25~39 岁运动类目消费行为的女性。主要销售运动服装产品。

店铺核心痛点:点击率低,直通车单次点击扣费高;行业竞争激烈,利润低,故营销推广费用不能太高;搜索新人群遭遇瓶颈,找不到品类相关新人群,亟须拉新。

一、信息流推广投放的流程

淘系引力魔方信息流账户一般分为计划组—计划—创意三层结构。计划组是设置计划整体的类型,以及对计划进行管理。计划是设置投放主体、定向人群、资源位、预算与排期。创意是最终为潜在用户呈现的页面,一般由不同的文字素材、图片素材、视频素材组成。

信息流推广投放流程包括设置计划组、设置计划和绑定创意。

1. 设置计划组

引力魔方新建计划后会有三个选项:特惠包、标准计划、投放管家。如图 3-2-1 所示,后两个选项是按计划的投放目的进行选择的,类似于直通车标准计划和智能计划。标准计划和智能计划在过去的差别在于是否真正了解用户,是否操作熟练。操作操练可使用标准计划,因为其手续烦琐、设置选项多;操作不熟练可选择智能计划。特惠包针对的是快速拉新、低价引流、高效转化等场景。

该店铺应点击标准计划创建拉新计划,店铺整体的 PPC [pick(挑选)+promote(提升)+CTR(点击率)] 相对偏低,产出也相对较差,做拉新计划的布局主要是为了获取新客户和更多的收藏和加购。

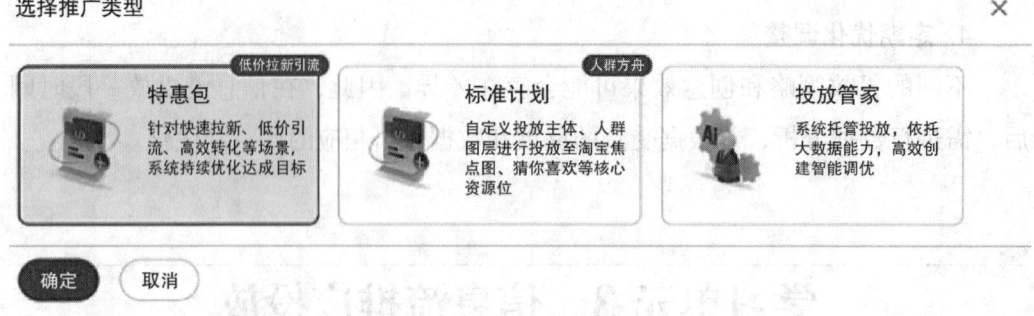

图 3-2-1 设置计划组

2. 设置计划

设置计划包括设置营销目标、投放主体、定向人群、资源位、预算与排期，如图 3-2-2 所示。

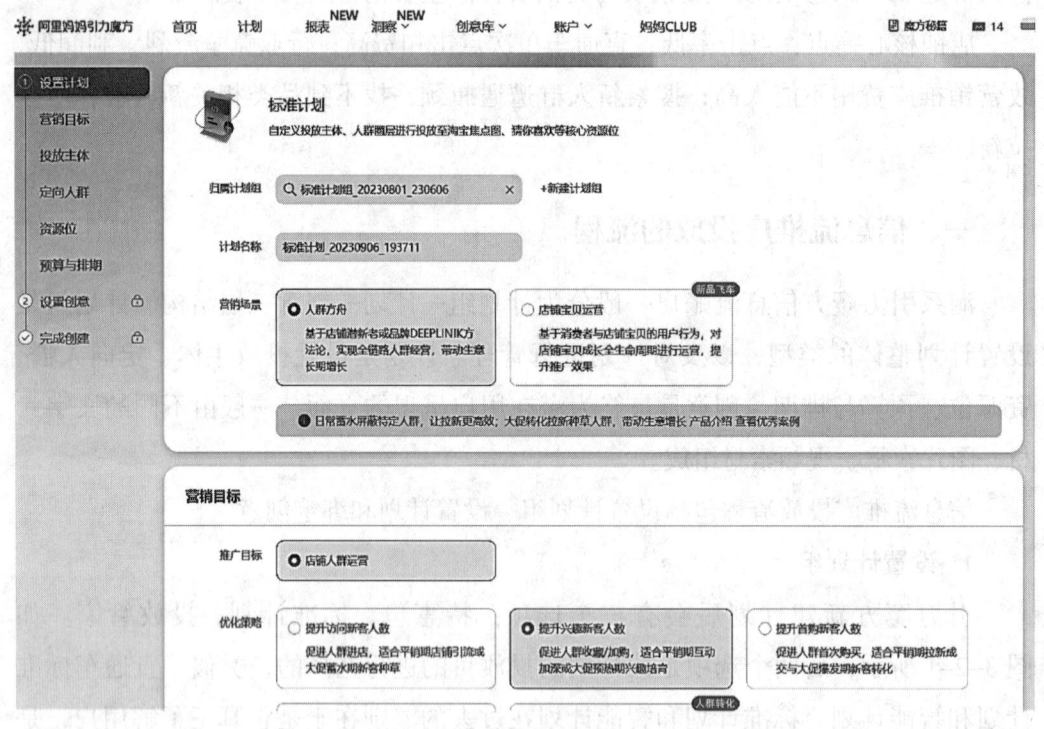

图 3-2-2 设置计划

（1）设置营销目标

营销目标即推广目标，分为店铺人群运营和品牌人群运营两种。

店铺人群运营的优化策略包括提升访问新客人数、提升兴趣新客人数和提升首购新客人数。提升访问新客人数可以促进人群进店，适合平销期店铺引流或大促蓄水期新客种草；提升兴趣新客人数可以促进人群收藏/加购，适合平销期互动加深或大促预热期兴趣培育；提升首购新客人数可以促进人群首次购买，适合平销期拉新成交与大促爆发期新客转化。

品牌人群运营的优化策略包括提升品牌种草互动人数、提升品牌行动人数、提升品牌首购人数和提升品牌复购人数。提升品牌种草互动人数适合平销期店铺引流或大促蓄水期新客种草，提升品牌行动人数适合平销期互动加购或大促预热期兴趣培育，提升品牌首购人数适合平销期拉新成交与大促爆发期新客转化，提升品牌复购人数适合平销期稳固销量或大促爆发期关联复购。

需要注意的是，品牌人群运营仅面向达摩盘 deeplink 权限客户开通。

（2）设置投放主体

投放主体即投放计划的核心内容，投放主体分为商品推广、店铺、自定义 URL（统一资源定位符）三个类型。投放主体的选择不同，会直接影响资源位。选择商品推广时，可投放焦点图及信息流场景资源；选择店铺、自定义 URL 时，仅可投放焦点图场景资源，如图 3-2-3 所示。

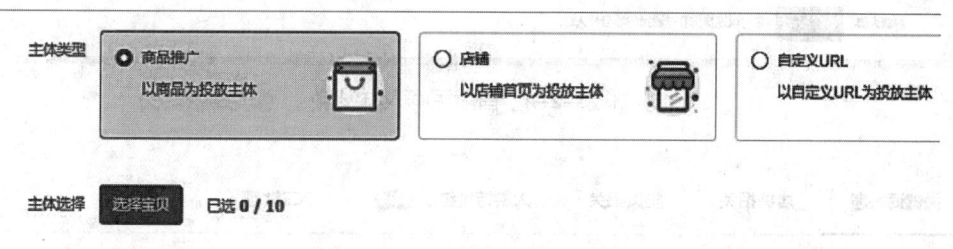

图 3-2-3　设置投放主体

该店铺选择商品推广，如果店铺在做大型活动，有首页装修及自定义活动页面，可以尝试投放店铺和自定义 URL。

说明：投放主体选择商品推广时，每个计划最多支持的商品主体的上限为 10 个。一个计划下绑定的人群和资源位对所有商品生效。如果希望对每一个商品进行单独的策略调整，可使每一个计划只绑定一个商品。同时为了方便操作，当选择多个商品时，可选择自动拆分计划，将创建计划时选择的多个商品拆分为多个计划，每个计划中仅含一个商品主体，所有计划在一个计划组下。

（3）设置定向人群

设置定向人群即设置具有特定标签的人看到特定的信息流推广内容。在人群定向上"引力魔方"系统提供了 AI（人工智能）优选和全自定义人群两种方式，两者相互独立，不可同时选择。

该店铺定向人群选择"智能定向"，同时新建了4个计划，一个商品对应一个计划，分别自定义定向关键词兴趣人群、店铺相关人群、宝贝相关人群、小二推荐人群。

1）智能定向人群设置。智能定向是根据兴趣点、人口属性等特征，通过大数据自动圈选，投放至与主体契合的人群，如图3-2-4所示。

2）自定义定向人群设置。根据推广目的，自定义圈选细分人群。

①常用人群—兴趣意图

a. 关键词兴趣人群：基于各类关键词进行人群圈选，支持系统推荐以及自定义表现填写。这些系统推荐的关键词都是该店铺可以选择的，找出精准符合产品特征的关键词进行投放，并定期对关键词进行优化，如图3-2-5所示。

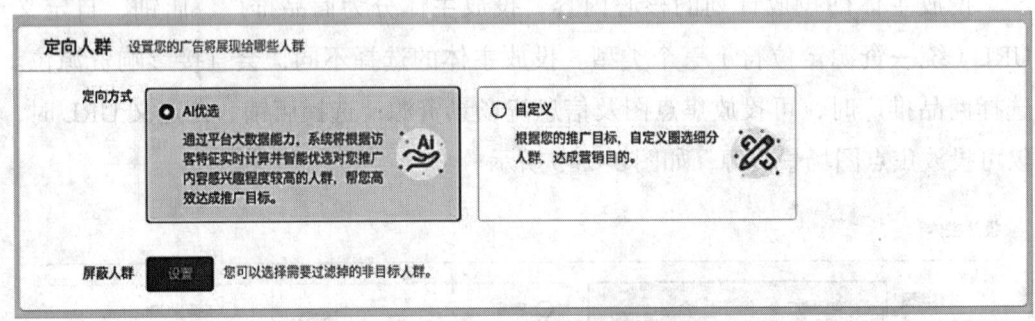

图3-2-4 智能定向人群设置

图3-2-5 关键词兴趣人群设置

b. 店铺相关人群：根据近期消费情况与店铺行为进行智能化圈选。

c. 宝贝相关人群：相似商品的兴趣人群和相似商品行为人群是店铺内某商品的兴趣/互动人群，优质商品人群基于商品行为人群特征进行拓展。

d. 小二推荐人群：活动推荐人群。

说明：店铺相关人群适合拉新或者打标；宝贝相关人群适合需要拉新的商品或店铺，可以利用相似店铺人群成交或者行为给自己的产品打标；小二推荐人群如果全部删掉，自己去配置人群，可以快速为新品打标。

该店铺在做计划布局时，可分计划、分人群投放，即不同人群配不同的计划，如拉新—关键词人群计划。后期积累了一定的数据后，做人群优化时可单独对某个人群进行优化，找出相对比较好的人群继续加大投放。

温馨提示：人群定向选择时，需特别注意系统给出的人群覆盖提示，如果人群范围过窄，不利于系统更好地投放，数据积累会比较缓慢。

②目标人群扩展。该店铺拉新计划开启目标人群扩展，如图3-2-6所示，以获取更多人群。目标人群拓展是系统基于选择人群的特征，实时计算并拓展具有相同特征且对推广内容感兴趣的人群，以寻找更多的优质人群。如果做信息流推荐或者做放量，此处目标人群拓展需要选择；如果做搜索或者是给新品打标签，此处目标人群不需要选择。

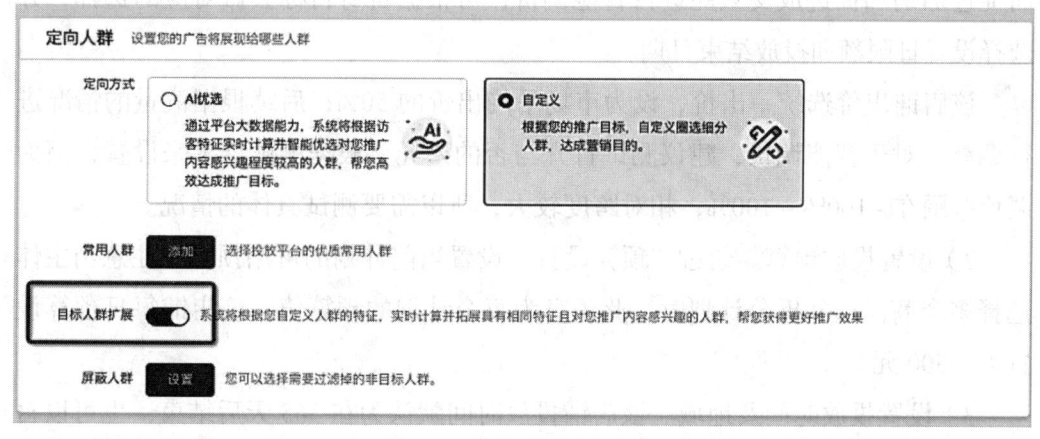

图3-2-6　目标人群扩展设置

③屏蔽人群。屏蔽人群能帮助屏蔽近期对店铺产生过进店、收藏、加购、成交的人群。根据直通车投产算法，15天内在直通车内形成足迹或购买的都算作自然流转金额，都会算在直通车里，所以如果不屏蔽这类人群就可能产生直通车和引力魔方的内耗，相当于一个流量花多份钱。

（4）设置资源位

资源位范围与投放主体选择绑定，若投放主体选择"商品"，则可投放信息流及焦点图场景；若投放主体选择"店铺"或"自定义URL"，则仅可投放焦点图场景。

1）核心资源位设置。资源位分为焦点图和信息流资源位场景，可以选择一个场景也可选择多个场景，引力魔方平台提供了资源位的流量、成本、竞争热度值作为投放参考。

该店铺资源位除"红包互动权益场"外可全部选择，针对想优先投放的位置按照行业均价30%~50%进行溢价，首页"猜你喜欢"的位置可以单独做计划，有利于提高手机淘宝推荐流量。

2）优质资源位设置。除了已选的核心资源位之外，引力魔方系统还将从高德、今日头条等资源中进行优选，帮助店铺推广计划获得流量。本店铺未涉及该操作。

（5）设置预算与排期

预算与排期分为"优化目标""出价""预算""高级设置"模块，其中"优化目标"将影响出价方式。

1）设置营销目标及出价。营销目标有"促进曝光""促进点击""促进加购""促进成交"四个选项。促进曝光和促进点击为手动出价，可开启智能调价，而促进加购和促进成交只能进行智能调价，可根据自身目标去做对应的选择，并选择设置日限额和投放结束日期。

该店铺出价选统一出价，设为市场平均出价的50%，后续根据流量的情况进行调整。对于智能调价，建议测试打开与否的差异，根据测试结果来设置，因为调价范围在-100%~100%，相对跨度较大，所以需要测试具体的情况。

2）设置投放预算。通过"预算设置"设置当前计划的可用预算。注意当主体选择多个商品，并拆分计划时，此预算为每个计划的预算值。该店铺每日预算设置为1 500元。

3）设置投放时间及地域。该店铺投放时间默认为在365天后结束，也可以自定义设置。投放地域选择偏好省份。该店铺投放时段设置为每周需要投放的时间段，并对选择投放的时间段设置了折扣。

3. 绑定创意

引力魔方引入创意组件和智能化创意，在有效降低成本投放的同时，通过智能算法，帮助实现创意的千人千面，与消费者建立有效沟通，帮助商家引入更多的目标用户。

（1）创意的添加方式

创意有两种添加方式：添加自定义创意和添加智能创意。"自定义创意"可选择本地上传图片或视频创意或创意库已保存的创意。"智能创意"系统根据商品相关元素及自定义创意，自动制作适配各尺寸的创意。

（2）创意尺寸及要求

创意有横版大图、竖版大图、竖版视频、方图等，该店铺是做单品的，从创意库里选择不同尺寸的图片上传进行测试，部分创意尺寸不适合，使用批量智能剪裁工具进行剪裁，剪裁合适后进行再次投放。

该店铺同时打开了"智能创意"。创意完成后，该店铺拉新信息流计划就创建完成了。

二、信息流推广投放的技巧

1. 在计划建立之初，可能会有一段时间无法生效，这时可以选择提高出价来缩短系统学习速度。或者再复制一个计划，等待系统自动学习。

2. 选择人群应有一定的覆盖面，如果覆盖面不理想，需要查看产品图片是否优质。

3. 不同的计划，目标也不同。如果是拉新计划，主要关注点击率和收藏加购量，保留收藏和加购较多的人群。收割计划主要关注投入产出地，保留一些产出高的人群。

学习单元4　信息流推广效果优化

背景介绍

店铺基本信息：女装店铺，产品季节性更替，且为设计师款，库存不稳定，客单价为200～1 000元，同行竞争大，推广费用有限。

店铺核心痛点：店铺产品是小众设计师品牌，知名度不高，店内在售商品比较少，市场竞争激烈，同行竞价严重，所以想通过引力魔方带动店铺的产品受众人群，提高店铺的产品曝光率和转化率，带动店铺免费流量。该店铺引力魔方信息流计划建立后，先用3～5天进行冷启动。冷启动结束的标志是点击单价稳定，展现稳定，收藏和加购成本稳定，以及可能出现限额突然不够的情况，但相关数据没有明显提升，需要进行优化。

一、信息流推广效果分析评价的指标

做信息流推广应对指标数据进行持续观察。当数据波动明显时，可以观察该数据并根据影响因素进行问题排查，找到真正的影响因素并进行有效优化。通常情况下，电商平台信息流可以通过 ROI、点击率、收藏加购量和转化率指标分析影响信息流推广过程中的各种问题，从而优化各项指标及素材。

1. ROI

ROI 即投入产出比，是指投入总金额和产出总金额的比例，如果这个数值较低，说明推广的效果不理想。

2. 点击率

点击率是指商品展现后被点击的比率。产品能进入哪个流量池，展现在哪些人群面前，都需要点击率去提升产品权重。点击率可以反映出推广的商品是否吸引人，点击率越高说明商家店铺里的商品越吸引买家。

3. 收藏加购量

收藏加购量是判断产品受欢迎程度的重要指标，所有的收藏和加购都有一定概率转化为购买，属于潜在购买力，通过店铺的促销活动可能积累一些收藏加购量，可以通过活动收割这部分买家。

4. 转化率

转化率是指所有到达店铺并产生购买行为的人数和所有到达店铺的人数的比率。转化率目前主要有两大类，一种是单个商品的转化率，另一种是店铺商品的总转化率。

二、信息流推广效果的优化

1. 多计划推广

引力魔方信息流优化需要多做计划以确保精准引流，缩短冷却期时间。前期尽量设置自定义人群，通过关键词选择相关度高的人群做参考对比，最终的数据设置需根据推广结果而定，不同的计划测试不同的人群。

该店铺在冷启动结束后，要对数据进行淘汰、测图、测人群。当数据测好后，在相同计划组里再新建一个促进加购的计划。把测好的人群、位置、图片都加进去，将出价上限设为行业均价，调价选择控制成本，日限额 50 元起，开始冷启动拉新数据。

2. 人群优化

信息流人群定向优化的思路是：冷启动结束后投放一周时间，删除点击反馈差的人群，间隔3~7天后再观察人群数据，删除数据差的人群，保留数据好的人群。

淘系信息流人群优化一般分为两种情况：一种是拉新人群优化，另一种是收割人群优化。两种情况对应的优化策略不同，可以针对拉新和收割投放的不同人群进行测试，根据数据改变推广策略。拉新主要看收藏加购成本，因为拉新针对的是和店铺关系不紧密的人群，这类人群一般转化成交率不高，拉新主要目的是降低加购成本和单次点击成本。拉新一般用引力魔方来引出潜在的买家人群，可以精准拉进和店铺相关度不高的人群。收割主要看投入产出比，如果每天的限额能用完，证明可以吸引流量，再观察投产情况，流量多但带不来投资回报的是无效推广，根据投入产出比来判断产品人群是否精准。

3. 推广目标优化

推广目标主要包括促进曝光、促进点击、促进加购和促进成交，推广目标优化是通过引力魔方重点优化这四个方面，每个方面的优化侧重点不同。

（1）促进曝光，一般针对高层级店铺或者高权重链接，目的是提高店铺及商品的曝光度，支持焦点图位置的定向投放，获得的潜客、新客占比高。

（2）促进点击，目的是提升店铺及商品详情页的浏览点击量，分人群及资源位手动出价，一般用来拉新、测人群、测图、测位置，适合日常推广。

（3）促进加购，目的是使商品有效触达兴趣人群，提升店铺收藏量及宝贝加购量，控制成本智能出价，一般用来为产品拉新、智能沉淀人群。

（4）促进成交，目的是提升店铺及商品的成交量，屏蔽历史购买人群，优化点击转化率，主要用来收割人群、促进成交。

如果产品推广前是爆款，一般选择促进点击，让产品的流量进一步提升；如果产品推广前是平销款，一般选择促进成交；如果产品来自高层级店铺或高权重链接，一般选择促进曝光；如果产品竞争力一般，需要更多的人群触达，一般选择促进加购。

该店铺可以先实施促进点击计划，有较好的产品数据后再实施促进加购计划，可以根据需求辅助拉新，加速产品搜索访客量的上涨，同时辅助拉升产品手淘推荐访客量。在产品数据上升期和稳定期，准备稳定产品成交量时，可以实施促进成交计划，收割推荐渠道优质人群，提升产品成交量。在大促前，实施促进曝光计划，进行大量拉新。

4. 资源位优化

不同的资源位流量的性质不同，拉新种草、促成交的能力也不同。资源位优化的思路是：关闭花费多、数据反馈差的位置，根据自身店铺各渠道表现对数据反馈好的资源位进行合理溢价。

淘系"焦点图"资源位打开淘宝就可以看到，资源位图片大、价格高。适用场景有两种。一种是用于本店收割回流，即针对店铺熟客的2~3次曝光，提升转化率，一般中小卖家投放。焦点图和用户的触达近，按照淘系的购物深度来说，信息流推广内容2~3次被用户触达后的成交几率才很高，如果焦点图作为拉新图片第一次展现在用户面前，位置贵、转化率偏弱，故不适合拉新。另一种是用于竞品的截流，焦点图的价格高，在做竞品截流时，产品要有竞争优势，一般大卖家爆款产品投放。

首页"猜你喜欢"资源位是淘系最大信息流产品聚焦的位置，这个资源位是用户浏览产品跳失后根据用户数据推荐的，适用场景：女性、浏览、种草产品。

购中"猜你喜欢"资源位和消费者的实际行为密切相关，消费者触达难度大、展现少，有比价属性。适用场景：标品、非标品均建议投放此资源位，ROI较高。

购后"猜你喜欢"资源位和其他"猜你喜欢"资源位有区别。其他"猜你喜欢"资源位展现相似种类的竞品，而购后"猜你喜欢"资源位与消费者的实际行为相关，消费者点击、收藏加购了某个产品，该资源位就展现该产品，有提醒属性。另外，购后"猜你喜欢"资源位还会展现一些关联类型的产品，比如消费者买了茶盘，该资源位可能会展现茶具。适用场景：女性、浏览、种草产品，一般在搜索端数据比较好的产品可投放该资源位，数据不好的产品更适合投放首页"猜你喜欢"资源位。

"微详情"资源位一般展现竞品或同类目的相似产品，类似搜索性质，具备比价属性。该资源位优先播放短视频，短视频播放超过3秒就是一个有效的UV，每个用户都需要进入"微详情"资源位，因此该资源位流量很大，但是转化率很差，需要将流量回流，所获得的数据才能更加精准。

"红包互动权益场"资源位面向有时间但消费能力有限的消费者，适用场景：日常百货、大快消品。该资源位客单价较低，流量较大，点击单价较低。

如果是新品，一般不投"焦点图"和"微详情"资源位；如果是高客单价产品，一般不投"红包互动权益场"资源位。另外，有些优质资源位的流量效果不好，但又无法删除，解决办法是将人群的出价调低，将资源位的溢价调高，促使流量集中到溢价高的资源位上，这样流量效果不好的"优质资源位"就基本没有流量了。

自身的产品适合的资源位可以在进行测试后选定。该店铺进行了如下测试。

先在引力魔方中建立一个促进点击的计划，选择关键词定向人群，溢价选择50%（在后续优化时，根据数据对溢价进行调整）。测试所有资源位，数据最好的资源位就是最适合自己产品的资源位。

5. 创意优化

创意优化的思路是：创意有展现后，删除展现高、点击率差的创意图。引力魔方若想效果好，创意是关键，除了点击率这个硬指标外，还要兼顾收藏加购成本和投入产出比。思路与优化人群定向类似，在上传商品创意的时候，建议不要上传 513 mm×750 mm 尺寸的创意图，上传 800 mm×800 mm 和 800 mm×1 200 mm 的创意图就可以。创意优化如图 3-2-7 所示。

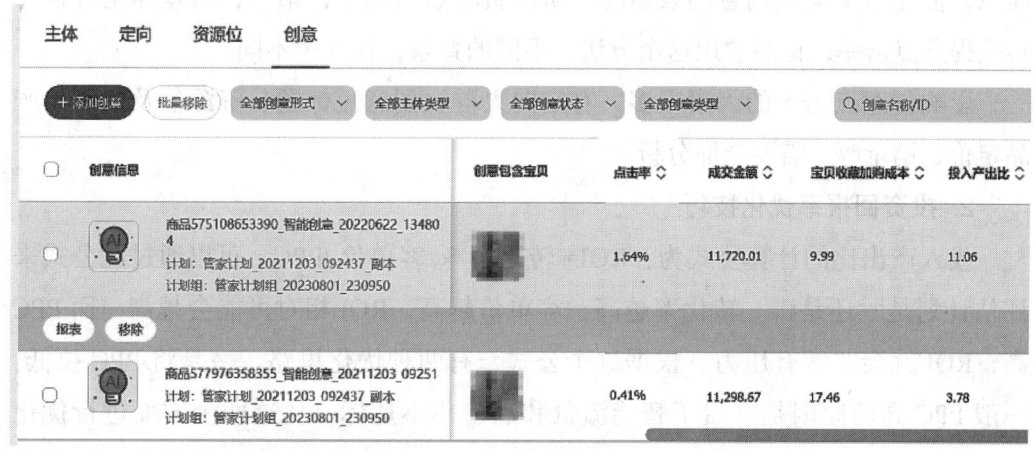

图 3-2-7　创意优化

该店铺在进行以上优化后，最近一个月的数据投入产出地都比较高，能引导提升店铺关注量和成交订单量，也提升了店铺的手机淘宝推荐和搜索流量，提高了单品的免费流量。

三、信息流优化的技巧

1. 点击率优化技巧

点击率高代表展现价值高，系统会优先推广且商品排名更靠前。点击率与创意图片正相关,可以通过推荐渠道提高点击率创意共性,即多参考同行的优秀创意,跨品类、跨平台寻找创意灵感。信息流点击率高的图片一般是场景图、实拍图和买家秀。

提高图片点击率需注意:第一,场景图代入感强,不要使用白底图;第二,图片需突出商品的主体,不可使用无商品主体的主图,商品主体需要有强辨识度,如辨识度差系统会提示商品主体识别度低;第三,图片尽量用浅色调,浅色背景主体容易获得更大曝光,深色背景创意很难获得大流量;第四,图片需干净,不要加边框和水印,不要有贴图和文案,不要加 logo;第五,文案文字不能过多,不能大面积遮盖商品主体,不要使用拼接图,文案不能违规;第六,在使用模特图时人物不能过于暴露。

可以从作图上提升创意图片点击率:第一,从用户"痛点"出发作图,图片明确告知商品能帮助消费者解决什么问题;第二,从用户"痒点"出发作图,图片明确告知消费者,拥有商品能得到什么改变,这类商品消费者通常没有直接的痛点,但通过文案或创意的表达能刺激消费者点击图片;第三,从差异化背景的角度提升点击率,标品常用这个方法,不同的背景,代入感不同。

影响创意点击率的因素很多,有定向人群、创意短标题、资源位及拍卖、产品定价、销量等,需要全面分析。

2. 投资回报率优化技巧

投入产出比的计算公式为:ROI= 转化率 × 客单价 /PPC。可以通过此公式来评估计划是亏还是赚。转化率越高,客单价越高,ROI 相对可能会越高,而 PPC 高,ROI 就会非常有压力。根据这个公式,有两种优化思路。一是将 PPC 拉低,一般 PPC 高的原因是开启了智能溢价和点击率不达标,从这两个方面进行优化就可以。二是提升点击转化率,有三种方式:人群的优化、创意的优化、地域的优化。

职业模块 4 业务处理

培训课程 1　采购管理
　　学习单元 1　商品补货计划
　　学习单元 2　商品采购管理
培训课程 2　销售管理
　　学习单元 1　客户信息管理
　　学习单元 2　交易评价处理
　　学习单元 3　销售数据管理

培训课程 1

采购管理

学习单元 1　商品补货计划

商品正常销售期间，经常要进行补货作业，一般在库存数量低于一定数值时，运营者就要及时补货，以防因缺货而影响订单生成。该数值称为安全库存数值，是补货计划中的一项重要参数。

除了安全库存，商品补货计划的制订还需要对当前商品库存情况、运营策略及销售状况进行充分考量和预测，最终采取既能降低库存积压风险，又能保障正常出货的补货策略。

一、商品补货的原则

补货原则的具体实施方式因商家的业务特征而有所不同，一般来说，大部分商家进行商品补货可遵循以下原则。

1. 规划原则

规划原则是做补货计划首先要考虑的原则，可帮助商家更好地考虑补货计划的可操作性、可持续性、整体性和可控性。在运营管理方面，帮助商家确定运营方向，以便更有效地运营业务，如提高销售额或提高品牌知名度等，分析目标市场和客户，有效分配资源，对比实际成效和预期成效，调整运营策略。在库存管理方面，帮助商家确定库存目标、补货周期、产品的安全库存数量、补货时间等的合理性，避免过量存货或缺货的情况，保持最佳库存水平，降低库存成本。在销售管理方面，帮助商家明确销售目标，通过分析产品的销售周期、商品的销量程度等，更好地调整产品组合以及销售和营销策略，优化销售流程。规划原则考虑的各种因素，应能确保服务于补货计划，保障计划的实施。

2. 优先原则

优先原则是基于产品重要性和紧缺程度，有效应对市场变化和客户需求变化而采用的原则。在运营管理方面，优先了解单款销量大、门店销量和店铺等级高、距离近、销售时间近的商品的信息。在库存管理方面，采取先进先出原则，把早入市场的商品优先补充至正常库存水平。在销售管理方面，针对高价值、质量和好评度高、畅销、季节性的商品以及价格优惠的商品和新品等，优先进行补货，根据不同的情况，及时变通整改措施。

3. 监控原则

在电商运营中，监控业务运行是非常重要的，可以帮助商家在快速变化的市场环境中做出及时反应。在运营管理方面，实时跟踪业务流程，并及时分析数据，有助于商家更好地了解运营状况。通过对各项关键指标的监控，可以及时发现导致效率低或成本高的问题，并为调整业务过程提供依据，从而取得更好的业务效果。在库存管理方面，有助于商家及时了解库存水平、库存周转率等因素，根据商品需求量和热销时间段，定期清理库存，优化入库和出库程序，对库存进行备货和调整，少量多发，根据商品销量变化情况，调整库位警戒值，提高仓储效率。在销售管理方面，帮助商家在促销活动、新品上架、临近节假日、突发事件等期间，在最短时间内适应市场需求变化，以确保补货计划实施过程能够得到有效控制和管理。

在现实中，商家结合商品或其本身的情况，考虑的角度不一样，实施补货的原则会有一定差异。例如，有些商家只负责销售，直接让厂家发货，对商家而言，就是零库存，商家在补货的时候，更多是从销售管理方面考虑。如果需要充裕库存，商家补货就会从库存管理方面着重考虑。对于商铺不同的发展阶段，即发展初期、高速发展期和衰退期所进行补货考虑的原则和侧重点也是有所区别的，需从运营、库存和销售的角度综合考量，因此，商家对补货的要求各有差异，需要根据实际情况灵活使用。

二、商品补货计划编制的准备工作

补货计划是为保证商家能够及时满足顾客需求，根据运营策略、库存及销售情况，按照一定的补货方式、时间和数量，合理安排补货发运计划，避免在订单中出现缺货现象，减少顾客的失望度和流失率，同时帮助商家更好地控制成本和提高运营效率。

每个商家都有自己的系统补货逻辑。提前做好准备，设定好规则，按照规则补货，要综合多方面因素，例如，先关注店铺的流量和同类产品的转化率，然后重视SKU动销（库存进出量基本单元动销率）和平均销量，之后再关注库存、到货天数和提前期等指标，从而有针对性地制订补货计划。计划制订以后，还要在补单过程中进行适当修正。

编制补货计划前一般要完成以下三个步骤。

1. 收集数据和信息

为了更加准确地制订补货计划，掌握库存状况，避免库存不足或者库存过剩，商家可以通过电商平台的数据、市场调研、行业报告、社交媒体等先确定数据信息。具体来说，店铺的流量包括访问量、访问来源、转化率、访问时间和用户行为等。同类产品的淘宝转化率包括每个产品的点击率、转化率以及成交量等。SKU动销包括每个SKU的销售量、销售额、退货率、拒收率等。库存包括实际库存数量、库存周转率、库存成本等。平均销量包括每个产品的平均销量、时间周期、商品市场份额、季节性销售变化、不同地区销售状况等。到货天数和提前期包括下单时间、发货时间、运输时间、期望到货日等。总之，收集数据和信息是商家进行优化库存管理和预测未来销售趋势的必要手段。

2. 预测销售量

由于网购具有不确定性，在任何时间、任何地点都可以进行，这使商品流通速度、周转速度也更快，所以商家需要更准确地预测销售量。基于历史销售数据、消费者需求、市场趋势、季节性等因素，可以采用数据分析法、市场调研法、专家意见法等方法进行分析，为不同周期准备适当数量的商品，制定更加精准的补货策略，从而使库存保持在合理水平，避免出现短缺或浪费的现象，有效降低存货成本，减少滞销商品的数量，做出更加科学的决策。

数据分析法是常用预测销售量的方法。首先收集历史销售数据，对数据进行预处理，选择与销售量相关的变量，如时间、价格、竞争对手销售数据等；然后建立一个预测模型，利用历史数据训练模型，确定模型的参数；最后使用已经建立的模型来预测未来的销售量。

市场调研法需要进行全面的调研和数据分析，能够最大限度地反映市场需求和趋势。应先确定研究的因素，如规模、结构、市场需求、市场价格等，设计调研方法和方案，样本群体应选择比较典型的类型，如选择年龄、性别、地域、收入等方面具有代表性的人群来实施调研，然后通过分析得到最终的调研结果。

专家意见法依赖于专业人士的主观分析，需先确定专家，拟订调查问题发送给专家，征求他们对未来销售量的看法，收集后进行汇总，计算各种指标、比率和加权平均数等，然后对各专家的预测结果进行分析和比较，总结得出预测结果和预测报告。

3. 计算补货量

在电商行业中，商家可以根据销售预测、库存预警、订单量以及库存情况和供应能力来计算补货量；也可以基于经验和直觉预估季节性产品的销售情况、新品上市后的销售情况、竞争对手的销售状况等因素，以此来计算补货量。总之，商家应该根据实际情况，选择最合适的补货计算方法，并据此计算出合理的补货量。

学习单元 2　商品采购管理

商家进行正常的经营活动，需要储存一定量的商品，当需求发生时，就会消耗一部分商品，从而使库存减少。需求不断发生，库存不断减少。为了补充库存，就必须不断购买新的商品来弥补消耗掉的库存，循环反复，从而保证经营活动持续进行。采购价格、采购数量是否合理，能综合反映商家经营管理水平，这就要求编制采购计划并制定采购预算，对采购成本进行相应的核验。

除了核验商品采购价格和数量，还需要了解采购原则，为了确保采购过程的公正、透明和合法性，达到有效控制采购成本和库存成本的目的，进行商品采购价格和数量的管理是保证商家盈利能力和库存周转率的前提。

一、确定商品采购的价格和数量

1. 确定采购价格的方式

价格是供求关系的具体表现，是商家和供应商关注的焦点。供应商想获得利润，商家想降低采购成本，因此，如何平衡双方的诉求，制定适当的采购价格，是采购的重要内容之一。商家通常采取的定价方法有以下三种。

（1）询价采购

询价采购是指商家根据需采购的物品全方位探听市场行情，向供应商发出询价或征购函，请其正式报价的一种采购方法。这种方法获得的报价不仅有渠道的供应商报价，还应有新供应商报价，将不同供应商报价中的条件转化一致后建立比价标准，才能得到真实可信的比较结果。询价采购适用于商品需求不稳定、供应商众多、价格波动大等情况。

（2）招标定价

招标定价是采购方确定价格的重要方式，其优点在于公平合理，因此，大批量的采购一般采用招标的方式。在品质合格的条件下，估算出底价，经过综合性评审后，筛选出性价比最优的产品供应商进行进一步深入沟通。招标定价适用于商品需求量大，符合特定或严格的标准，需要选择最合适供应商的情况，一般在公共产品或服务领域、企事业单位、大型企业中使用。

（3）谈判定价

谈判是确定价格的常用方式，也是最复杂、成本最高的方式。谈判方式适用于各种类型的采购，涉及交易条件和交易价格，需买卖双方经过多轮磋商议定出一个双方都能接受的合理价格作为日后的正式采购价。

商家做商品补货计划时，需通过对商品采购数据进行分析，比较供应商的价格、质量和服务等综合评价指标，与供应商进行谈判。通过双方的沟通来达成合理的采购价格，这有利于商家与供应商进行长期合作，带来更多的价值，如满足商家的个性化需求，以及供应商能提供更优惠的政策、更快捷的物流配送等。因此，谈判定价是商家选择比较多的一种方式。

2. 确定商品采购数量

商品采购的数量，会影响商家的销售情况和库存，关系到商家的销售成本和经营效益。商品采购过多，会增加商品的保管费用，影响资金的周转和利用率；商品采购太少，会使商店出现商品脱销现象，失去销售的有利时机。因此，如何确定采购数量是采购决策中的关键。

确定采购数量的订购方法有以下三种。

（1）定量采购

定量采购是指当商品库存量下降到预定的最低库存数量（订货点）时，按规定数量（一般以经济订货批量 EOQ 为标准）进行采购补充的一种采购方法。当库存量下降到订货点标准时，马上按预先确定的订货量发出采购订单进行采购。

经济订货批量（Economic Order Quantity，EOQ），又称整批间隔进货模型。由于存储策略是使用存储总费用最小的经济原则来确定订货批量，故称为经济订货批量，其计算公式如下：

$$Q^* = \sqrt{\frac{2CR}{PF}} = \sqrt{\frac{2CR}{H}}$$

式中　Q^*——经济订货批量；

　　　C——单次订货成本；

　　　R——年总需求量；

　　　P——货物单价（元/件）；

　　　F——每件存货的年保管费用占其价值的百分比；

　　　H——单位产品的库存成本，即每件存货的年平均库存保管费用，元/（件·年）。

（2）定期采购

定期采购是指按规定的时间进行采购，补充库存的一种方式。这种方式有一定订购周期，而没有固定的订购批量。定期采购法需要考虑的关键问题是计算最大库存水平，这一水平是自动确定每次订货批量的基础。

最高库存量应满足三个方面的要求：订货间隔期的要求、供货周期的要求和安全库存的要求。计算公式如下：

$$M = R(L+T) + S$$

式中　M——最高库存量，以单位计；

　　　R——日需求量，单位/日；

　　　L——供货周期；

　　　T——订货间隔期；

　　　S——安全库存，以单位计。

最高库存量确定后，每次的订货量也随之确定。每次订货量的计算公式如下：

$$Q = R(L+T) + S - Q_1 - Q_2 + Q_3$$

式中　R——日需求量，单位/日；

　　　L——供货周期；

　　　T——订货间隔期；

　　　S——安全库存，以单位计；

Q_1——现有库存量,以单位计;

Q_2——在途库存量,以单位计;

Q_3——顾客延迟购买量,以单位计。

(3)准时化采购

准时化采购是指只在需要的时候才订购所需产品的采购方式。

二、采购管理的原则

采购要求除了要遵守相关法律法规、市场规则等基本原则外,一般还需要遵守"5R"原则,使采购效益最大化。

1. 适质(right quality)采购原则

采购品质会影响商家在市场竞争中的竞争力,采购必须依据产品的性能、技术等要求进行。

2. 适价(right price)采购原则

物料成本是影响产品竞争力与商家利润的主要因素,应遵循"适当价格"的原则。

3. 适时(right time)采购原则

采购时间过早,会导致库存量增加,使资金积压;采购时间过迟,会导致存量不足,影响产销进度。应重视前置期,控制好合适的采购时间。

4. 适量(right quantity)采购原则

采购量的大小决定生产销售的顺畅度以及资金的调度,批量采购虽有可能获得数量折扣,但会积压采购资金,太少又不能满足销售需要,故合理确定采购数量相当关键。

5. 适地(right place)采购原则

选择近距离供应商使得买卖双方沟通更为方便,处理事务更快捷,亦可降低采购物流成本。

采购管理除了"5R"原则,还需要关注其他要求。例如,不采购"三无"产品;同等条件下,优选质优价低的产品等。

三、采购价格和数量的核验和修订

商品采购管理流程如图4-1-1所示。

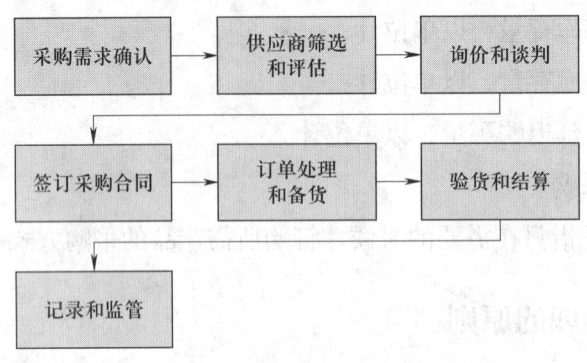

图 4-1-1 采购价格和采购数量的管理流程

在采购管理的整个流程中,商品价格和数量对商家来说是非常重要的。当商家根据补货计划进行采购时,有可能出现差异,进行核验和修订能确保商家提供足够的商品,避免因缺货或库存积压而造成的损失,具有重要的管理意义和战略价值。

核验是指核对采购订单信息是否准确和完整。通常,核验的条目包括但不限于订购单位名称、联系人及电话、订单编号、商品名称及规格、订单数量及单价、合计金额、交付日期、运输方式、需求部门等,尤其是价格和数量的核验能够保证支付采购成本的准确性,确保货品数量与供应商实际发货数量一致,避免商品的短缺和缺货等情况,防止因为采购价格和数量出现差异,导致财务成本问题和库存积压等问题。

修订是在原有库存的基础上根据实际情况进行调整,是补货采购订单信息的一项关键内容。在供应商报价、成本和利润发生变化的情况下,关注销售、库存、供应商的供应状况和物流情况、价格、产品质量、产品周期等方面的内容,进行收集和分析,有利于商家在补货过程中与供应商谈判时获得更有利的价格,避免过度采购或采购不足,提高盈利能力和供应链效率。

商家在进行补货时,对商品价格和数量进行核验及修订,避免价格混乱、过度卖出和亏损、因库存不准确导致订单延迟或取消等问题,是商家保证经营效益的重要措施。

培训课程 2 销售管理

学习单元1　客户信息管理

客户信息管理对于商家来说至关重要，是商家开展后续业务的基础。日常运营中，需要对客户实施更加全面和精细化的管理，包括及时收集和整理客户信息，进行客户分类与分析，并能针对客户情况，提出运营策略优化建议，从而提升经营效率和效益。

一、客户信息管理的原则

应当安全、准确、可靠、及时地进行客户信息管理，严格遵守有关隐私权和保密方面的法律法规，仅用于合法目的，不得利用客户信息进行欺诈或者其他非法活动。客户信息管理原则应包括以下四点。

1. 有效原则

有效原则要求收集信息清晰和全面，包括信息的准确性、完整性、及时性和有效性。商家在进行网上交易时，要尽可能准确地收集有关客户的信息及产品的销售情况，以便更多地了解客户需求，以决定日后的销售策略和行动规划。

2. 合理使用原则

对客户信息要恰当地保存和分类，确保信息共享和客户跟进，保守客户秘密，不滥用客户信息。对客户信息的存储、传输、处理都要有一定的安全管控。

3. 重点突出原则

要从客户资料中找出重点客户。重点客户不仅包括现有客户，还应包括潜在客户和未来客户。对于潜在的、创收潜力大的客户可作为中期重点客户培养；对于有长期需求意向的客户可作为未来重点客户培养。

4. 动态管理、灵活运用原则

客户资料的收集管理，应以灵活的方式及时全面地提供给有关人员，使他们能进行更详细的分析，并定期对客户信息进行更新，使商家能够更好地熟悉客户，更有效地使用有限资源，提高客户管理的效率，达到更高的客户满意度。

商家在进行客户信息管理时，首要工作是保护客户隐私和信息安全，确保信息的合法性和客户知情同意，遵循有效原则进行信息收集，然后在与商家提供服务和产品相关的限制范围内合理使用，找出重点客户，投入更多和更有效的资源，制定更精准的产品和服务策略，面对随时可能变化的客户需求，动态灵活地调整管理方式和方法，有针对性地为客户提供优质服务，达到最佳综合利益。

商家以客户为中心，关注和贴近客户，所以客户的信息管理尤为重要，搭建双方信任机制，与客户进行沟通，掌握信息管理的具体工作，维护好客户关系，从而获取客户的信任，建立长期有效的合作关系。

二、客户信息管理的具体工作

客户信息不只是简单的客户基本信息，还包括客户的销售信息、财务信息、售后信息等。在交易过程中，当有过度承诺与超限销售，故意隐瞒商品状况，在图片、描述中过分宣传产品的优势性能，模糊买家的注意力，产品存在缺陷，卖家服务态度差等情况发生时，就容易出现纠纷，卖家应努力避免上述情况，有效提升顾客满意度，这就需要卖家在客户关系管理中判定出更好的服务策略。

要建立良好的客户关系，有效地管理客户信息，可以从以下三个方面入手。

1. 整理信息，清洗数据

商家通过直接或间接渠道主动收集有关客户购买行为的一切相关信息，这些信息包括描述性信息，如基本信息、信用信息、行为爱好信息等；促销性信息，如客户使用产品情况调查信息、促销活动记录信息、广告信息等；交易性信息，如历史购买记录信息、投诉信息、请求提供咨询及其他服务的相关信息等；关联性信息，如客户满意度、客户忠诚度、客户流失倾向等。商家可以对这些信息进行筛选、优化和清洗，从中找到有价值的客户信息，建立客户信息库。

2. 分析画像，分类客户

对客户信息进行特征分析，可以基于多方面的指标，如客户价值、客户生命周期、购买转化率、客户满意度等，发掘隐藏在数据中的规律和特点，基于客户的属性特征进行标识与归类，将客户整合成为某一目标用户类型，并描述详细特征，如年龄、性别、兴趣爱好、消费行为、地域、购买历史等。商家对客户分类通常是依据客户的社会属性、行为属性和价值属性。例如，根据客户对商家的价值大小，可以将客户划分为贵宾客户、重要客户及普通客户等；根据客户的忠诚度，可以将客户划分为忠诚客户、老客户、新客户及潜在客户等。通过对客户的分类，商家可以更全面地了解客户，实施更精细化的客户管理措施。

3. 管理客户，定向服务

根据对客户的分类和分析结果，了解不同分类客户的需求和习惯，制定相应的客户服务和管理策略。一个客户可以同时具有多个代表不同分类维度的"分类标准"，因此，对于按不同标准分类的、具有相似属性的客户，可以用同样的定向服务策略。例如，对于贵宾客户、重要客户、忠诚客户、老客户这些保持交易的，可以定期跟进，开展富有个性化的客户体验活动，建立更加密切的关系，提供更多的优惠措施，通过开展会员计划、VIP服务、打折活动等形式，让客户持续享受专属福利；对于新客户及潜在客户这些目前还未实现交易的，开展新手指南、体验活动，解决客户疑虑和提供购买引导，针对他们的需求和兴趣开展相关的推广活动，向其展示产品，吸引他们进行试用和购买，刺激其消费欲望。

总之，商家需要不断优化和提高自己的产品和服务，制订个性化营销计划，进行精准定向营销，以满足不同客户的需求和期望。及时更新客户信息，同时注重对客户信息的加密和保护，保证客户信息不被泄露，促进客户对商家的信赖。

以上主要是客户信息管理的原则和具体工作，在实际操作中，应把客户信息管理作为商家的核心竞争力之一，从而实现商家在网上交易过程中的稳定发展。

学习单元2　交易评价处理

网购的一般步骤如图4-2-1所示。

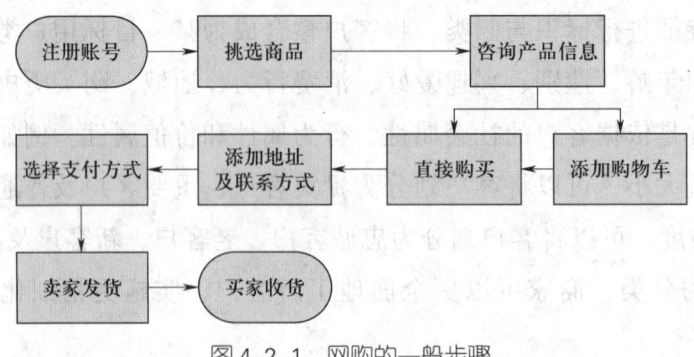

图 4-2-1 网购的一般步骤

在下单前买家一般会从评价、产品核心卖点、客服咨询等方面去考虑购买与否。评价是客户决策最为核心的考量因素，评价流程越完善，于客户而言，越能影响其购物决策；于商家而言，越影响商品综合排名。评价对于商品转化和流量具有至关重要的作用，了解评价的类型有助于商家更加全面地看待客户评价，做好评价处理工作。

一、交易评价的类型

交易完成后，客户的评价对其他客户的购买行为有着参考价值，同时也是商家建立口碑和信誉的重要途径之一。

评价店铺级别一般从以下三个方面进行。

（1）商品评价，客户对购买商品的外观、质量、功能、价格、包装、满意度、使用感受等进行评价。

（2）服务评价，客户对商家提供的售前、售中、售后、投诉处理、热线电话、在线客服等服务进行评价。

（3）物流评价，客户对物流速度、物流准确性、物流费用、包装质量、配送服务、物流跟踪等方面进行评价。

评价店铺形象及体验，一般从以下三个方面进行。

（1）品牌评价，客户对该品牌的知名度、形象、声誉、产品定位、品牌承诺、品牌文化等进行综合评价。

（2）交易评价，客户对交易流程是否顺畅、支付方式是否安全方便、优惠活动是否真实可信、售后服务方面的表现、交易的安全性、交易的隐私性等方面进行评价。

（3）网站评价，客户对网站的可访问性、网站的易用性、网站的设计、网站的信息、购物体验、安全性和隐私性等方面进行评价。

店铺情感评价一般分为以下两个方面。

（1）正面评价，客户在购买商品或服务后对店铺或产品给出的积极评价、肯定等。

（2）负面评价，客户在购买商品或服务后对店铺或产品给出的消极评价、批评等。

客户和商家都可以对交易进行评价，通常包括星级评价、文字评价和图片评价等形式。交易评价既是客户购买决策的影响因素，又是商家评估自身交易策略的重要参考，同时也是电商平台考核商家的核心指标。因此，如何维护交易评价就显得尤为重要，处理交易评价是电商运营人员的重要工作之一。

二、交易评价处理的原则和措施

完成一项交易之后，客户或商家会给出对此次交易的评价。情感评价充分展现了消费者的真实感受，表达对交易所涉及的商品或服务积极或消极的情感态度，往往比对商品或服务的描述更重要。下面分别介绍交易通用评价的处理原则和措施、正面评价的处理原则和措施、负面评价的处理原则和措施以及恶意评价的处理原则和措施。

1. 通用评价处理原则和措施

（1）及时处理

要时刻关注在线渠道，当客户提出问题或者反馈时，及时回复并解决问题或者处理反馈，可适当运用工具帮助使此过程自动化，让买家感受到专业性，增强客户对商家的信任感和认可度。

（2）具体明确

回应时要具体明确，描述细节、事实和原因，而不是笼统抽象的概念，要尽可能客观公正，避免使用有争议的词语或情绪化的反应，让交易双方清晰明了。

（3）融入店铺营销

根据客户提出的问题或者需求，了解客户真正的需求和期望，适时推荐相关产品或者服务，解决客户问题，能优化和改进店铺服务体验，增加店铺销售额，增强客户忠诚度。

2. 正面评价处理原则和措施

（1）尊重他人

评价时尊重他人，不使用贬低和攻击性语言，使用亲和、友好的语气，增强好感度和亲近度。

（2）强调优点

在评价中，对客户提出的赞美表示感谢，强调对方的好处、优点，鼓励对方继续保持。在处理问题后表达感激之情，让对方感到受到认可和鼓励。细节描述清晰，有利于其他买家对这个商品或服务有更全面的了解。

（3）关注体验

在评价中积极为客户提供解决方案，贴心地为客户着想，建立交易双方之间的信任，为日后的交易打下基础，也可以给其他客户更多的信心。

3. 负面评价处理原则和措施

（1）及时沟通

评价产生后要及时回复，尊重客户；对客户的评价表示感谢，这样才能更好地和客户保持良好的关系和沟通。对于客户提出的问题要及时回复，时刻保持耐心，以礼貌的态度回复客户。

（2）找到客户核心诉求

重视客户的抱怨，仔细阅读评价，了解客户提出的问题或主要观点，以及对产品或服务的感受，分析负面评价的原因，思考客户所关注的核心问题。

（3）提出解决方案

及时联系客户，承认误差，给予解释分析，提出未来改善的措施，保持良好的沟通。关注共性，如果多个客户都提出了相似的问题或意见，就可能是一个共同的关切点，应做出反思和优化，改进客户交易的体验。

4. 恶意评价处理原则和措施

（1）判断评价

摆事实，深入了解评价，考虑评价内容的完整性、客观性等，判断评价是否属于恶意评价。

（2）协商

在发现恶意评价后，与评价者取得联系，并主动询问原因，是因为服务问题、商品问题、物流问题、价格问题，还是消费者自身原因。在协商处理的过程中，积极解决客户的问题，提供更好的服务，以消除客户不满意情绪，同时为商家形象增加好评度。

（3）讲证据，及时维权

确定评价确实是恶意评价后，寻找有经验的专家帮助，可以通过平台进行申诉，提供证据说明评论是虚假和恶意的，澄清事实。

面对网络购物的恶意评价，需要理智应对，及时发现和处理，同时采取预防措施，提高顾客的满意度，以最大限度地促进业务和提高商家声誉。

在交易过程中，买卖双方发生矛盾是不可避免的，买家在网络交易活动中要遵守行为边界，做出公允、诚实的评价。商家要清楚地认识到以下几类评价的禁区：刷评价、恶意差评、好评返现、为竞争对手刷单，有义务遵守社会公认的商业道德，在法律框架下展开良性竞争。

三、交易评价管理的流程

对于商家来说，评价管理是一个非常重要的环节，能够帮助商家提高产品或服务质量，树立良好形象，增强核心竞争力。

商家的评价管理流程可以简单概括为以下六个步骤。

1. 建立评价管理规范，确定评价指标

建立评价管理规范包括评价发布、审核、处理等各个环节的要求，制定商家评价政策，规定评价内容、义务和禁止事项，使消费者了解评价的相关规范；指标应该覆盖产品或服务的关键方面，例如，产品质量、物流配送、售后服务等。

2. 收集评价信息并分类

多种渠道收集评价信息，并进行分类整理，了解用户对产品或服务的实际体验和感受、建议及反馈。

3. 评价审核

为了确保评价内容的质量和合法性，防止恶意评论、虚假评论、广告宣传等，电商平台会进行评价审核，包括人工审核和系统审核两种方式，保护平台上其他用户的利益和权益。

4. 及时处理并回复

对消费者的评价信息及时响应和处理，诚实地回复，解决客户疑惑或者投诉，提供所需的帮助和解决方案。及时处理售后服务，并针对售后服务进行评价管理。

5. 监测评价并分析

商家需要定期监测评价反馈，并进行分析，确定哪些方面需要改进以及如何改进。

6. 鼓励正面评价，处理虚假评价

商家可以采取多种方式鼓励客户给出正面评价，例如，发放折扣券和提供额外的积分奖励等；商家需要坚定、明确地宣传禁止虚假评价，对其采取相应的措施进行制止和预防，保护客户和商家的利益。

不同商家可能在每一步的具体操作和流程上有所不同，但是评价管理是电商运营中的一个重要环节，可以提高信誉，实现更好的市场表现，吸引更多客户，建立良好的消费者关系，提高回购率。

学习单元3　销售数据管理

销售数据管理是电子商务中非常重要的一项工作，是商家持续发展的基础之一。帮助商家更好地把握市场趋势，精细化管理销售流程和优化销售策略在日常经营中非常关键，对店铺的规划起着至关重要的作用。

一、销售规划的内容

做销售规划是管理中非常重要的一环，能更好地实现销售目标并提高竞争力。销售规划常见的内容包含以下三项。

1. 目标市场

确定目标市场，进行市场分析，了解其规模、增长率、竞争情况，以及客户的需求、购买习惯、年龄、性别、地域、职业等信息。

2. 销售目标

设定销售目标，包括销售额、销售量、市场份额、客户满意度和时间表等指标，以及销售策略和具体措施，涵盖产品定价、渠道策略、市场推广、产品策略等。

3. 业绩考核

制定绩效指标和考核制度，评估销售人员的工作绩效和团队效率，有助于调

整销售策略和管理方法，提升营销效果，提高销售工作效率和营销收益。

二、销售规划的落实

落实销售规划可以从以下四个方面着手。

1. 做好市场调研

根据商家的需求和目标，了解市场情况、客户需求、客户购买习惯和预算、产品情况、潜在竞争对手的情况和趋势，以确定产品的销售策略。

2. 制定营销策略

制订营销计划和方案，明确相应的推广策略，选择合适的销售渠道，策划促销活动。

3. 制定具体的销售目标

明确商家的销售目标，如销售额、订单量等，并将其分解为年度、季度、月度或周的具体指标，以便进行落实。

4. 分析销售数据

对销售数据进行分析，根据销售情况适时调整营销策略和销售计划，提高销售效率和收益，不断优化销售流程和体验，提升顾客满意度。

销售规划需要商家通过合理的措施进行落实，其中，销售数据就是非常重要的指标，可以为商家决策提供科学的数据基础和指导，降低决策风险，增强竞争力，也为商家制定未来发展规划提供支持。

三、销售数据管理的目的及内容

1. 销售数据管理的目的

销售数据管理的目的主要是通过对销售业绩的实时监控，相应地调整和优化营销策略，制定销售决策，提升商家销售管理的效率和科学性，更好地把握市场动态。

2. 销售数据管理的内容

销售数据管理的内容主要包括以下几个方面。

（1）销售基本数据

销售基本数据直观地反映商家的销售情况，是销售数据管理的核心内容，包括销售额、销售量、客单价、回款率、退货率、销售周期、库存周转率等。

（2）销售渠道数据

销售渠道数据包括各个销售渠道（如批发、线下、线上、企业间商务活动等）

的销售数据,如销售渠道占比、销售渠道毛利率、渠道效果分析等。

(3)客户数据

客户数据是关于客户的各种数据和信息,包括个人信息、联系方式、购买历史记录、消费行为、客户价值、客户反馈等。

(4)产品数据

产品数据包括产品基本信息、产品特性、产品文档、产品库存、产品销售记录、产品评价等。

(5)市场环境数据

市场环境数据包括行业概况、市场规模、消费者需求、竞争对手行情、市场趋势、政策法规、国际市场环境、技术趋势等。

(6)数据分析工具和技术

数据分析工具和技术包括数据挖掘、数据清洗、数据可视化、机器学习、自然语言处理、商业智能、实时计算、云分析平台和大数据分析等。

总之,销售数据管理包含的内容涵盖了销售过程中的各个环节涉及的数据,每个数据都有其重要性和作用。因此,需准确收集销售数据并加以分析,以获取有价值的信息。

四、销售数据的分析

销售数据通常是指产品和服务销售情况的基本数据,包括销售量、销售额、销售渠道和销售范围等。分析销售数据的内容,对网店的销售业绩和持续发展至关重要。

1. 数据指标的认知

销售数据可以帮助商家获得对消费人群的全面了解,了解顾客的消费习惯和购买行为,包括购买时间和金额,并进行行为分析;了解客户的购买偏好,对客户进行细分和识别,从而根据客户的特定需求精准推送促销活动;了解热门产品,增加热门产品的推广策略,更好地安排行销活动,提升销售业绩;管理产品和订单状态,实时追踪销售情况,及时发现可能存在的问题,以便于弥补、帮助改进和完善商家的服务。可根据不同的市场需求对销售数据进行精细化管理和动态策略调整。

销售数据包括很多方面,表4-2-1是常见销售数据的分析指标。

表 4-2-1　销售数据分析指标

分析指标	内容
交易额分析	包括各个时间段内的交易额及同比增长情况等
类目销售分析	商品类目、商品特征及其销售排名情况
地域销售分析	分析不同地区客户偏好以及购买动向、交易位置，如某一地区的销售情况，以及特定地点的销售量
会员分析	分析用户行为特点、用户购买路径以及客户价值等
渠道分析	识别客户来源渠道，对各渠道投放的营销活动效果进行分析
活动分析	识别活动的影响，结合客户购买数据，分析影响客户购买行为的因素
销售收入分析	按产品、渠道等维度监控销售收入变化情况，了解产品、渠道、市场份额变化，如每天和每月的销售额，并以此确定出现高销售量的时间
用户分析	分析用户属性、用户购买行为特征，了解用户价值、购买力变化情况，如某一特定客户类型的销售量
购物车分析	分析潜在客户购物车内商品的金额、数量、类目等特征，了解潜在客户的购买需求
营销分析	分析不同营销活动的效果，了解活动的费用投入是否有效
订单分析	分析订单交易规模特征，如订单金额、数量、类目等，快速识别热销品类，如某一特定商品的销售量
价格分析	比较不同商品的实时价格，了解价格策略和市场定价趋势；分析价格敏感性，如客户对打折商品价格的敏感程度
退货分析	分析退货率，识别退货品类，了解退货原因，为其他相关决策做准备
搜索排名分析	分析店铺信誉、出售件数、价格、收藏次数等，明确影响搜索排名的因素，并做出相应调整
推广方法分析	详细数据分析可以作为挑选最适合自己网店推广方法的标准

在实际操作中，还可以统计和分析很多其他的销售数据内容，以更好地了解市场和客户需要，对销售策略做出相应调整和优化。

2. 数据分析的流程

分析数据的过程中可以更深入地了解数据，发掘数据中的隐藏信息和规律。具体来说，分析数据一般可以按以下 7 个步骤进行。

（1）确定关键数据

每家网店的定位和客户不同，运营的情况也千差万别，考察交易金额、交易量、支付耗时、用户行为、用户来源和产品营销等关键数据，能够判断网店运营的基本状况。

（2）收集数据

对网站数据进行分析之前，要先收集和获取数据，尽量获得完整、真实、准确的数据，做好数据的预处理工作，以便于量化分析工作的开展。

网商根据销售数据进行的分析工作一般可以从以下三个方面入手（见表4-2-2）。

表 4-2-2 数据分析的内容

分析内容	解释
客户和订单分析	使用客户统计量分析，分析客户的数量及购买行为，可以帮助商家了解客户的总购买金额、购买数量、时间间隔等信息，有助于深入了解客户需求及改善客户体验，提升客户忠诚度
产品销售分析	通过分析各产品的销售数量、价格及地区分布，可以及时发现哪些产品销量较佳，并加大营销力度；也可通过分析改变产品价格结构，不断改进销售策略
订单分析	可以把订单按各个维度进行筛选，例如，通过订单支付时间分析订单客户的购买节奏以及人群分布情况，可以通过订单号来追踪客户和会员等相关信息，及时追踪货物放置方式、物流时效及向客户提供优质服务等

（3）量化分析

分析不只是对数据的简单统计描述，应该是从表面的数据中找到问题的本质，然后再针对确定的主题进行归纳和总结。常用的分析方法有以下四种（见表4-2-3）。

表 4-2-3 数据分析的方法

分析方法	内容
趋势分析	包括市场趋势分析、品牌形象分析、竞争对手分析、销售分析、现状分析、成本分析、顾客反馈分析、运营策略趋势分析、技术趋势分析等
对比分析	比较不同时期、不同范围、不同客户群体等情况，观察访客量、订单量、用户留存等数据的变化
关联分析	包括网店营销分析、客户关系管理分析、商家关联分析、竞争对手分析、供应链分析等
因果分析	包括流量来源分析、用户转化分析等

（4）绘制销售报表。

（5）分析销售报表数据。

（6）设计策略。

（7）优化改进。

数据分析是一项长期的工作，同时也是一个循序渐进的过程，需要网店运营人员实时监测运行情况，及时发现问题、分析问题并解决问题，这样才能使其健康持续地发展。

五、销售报表的制作

网商的销售报表主要用于检测实时的销售数据，以及产品销售情况和营销策略效果。通过销售报表可以及时调整营销策略，及时确定产品的销售热点，并根据实时数据分析出消费者的行为，智能化提升网商的智能营销技术，大大提升推广效果和开发客户。通过销售报表还可以实时分析和识别长期购买客户和忠诚客户，调整营销重点和营销策略，从而提高消费者的关注度，更好地服务客户，提高会员留存率，促进客户的再次购买。

销售报表制作可以按照以下 5 个步骤进行。

第一步，确定需要收集的数据，可以从商家自有系统，如销售管理系统等抽取数据。这些数据包括基础统计信息，如销售总额、销售量、利润率等；客户行为分析，如客户购买周期、增长情况等；市场分析，如市场趋势、客户需求及反馈等。

第二步，对数据进行清洗和处理。确定数据来源后，就要按照报表的核算要求，对原始数据进行清洗和处理，并且将其转换成能够生成报表的格式，如图 4-2-2 所示。

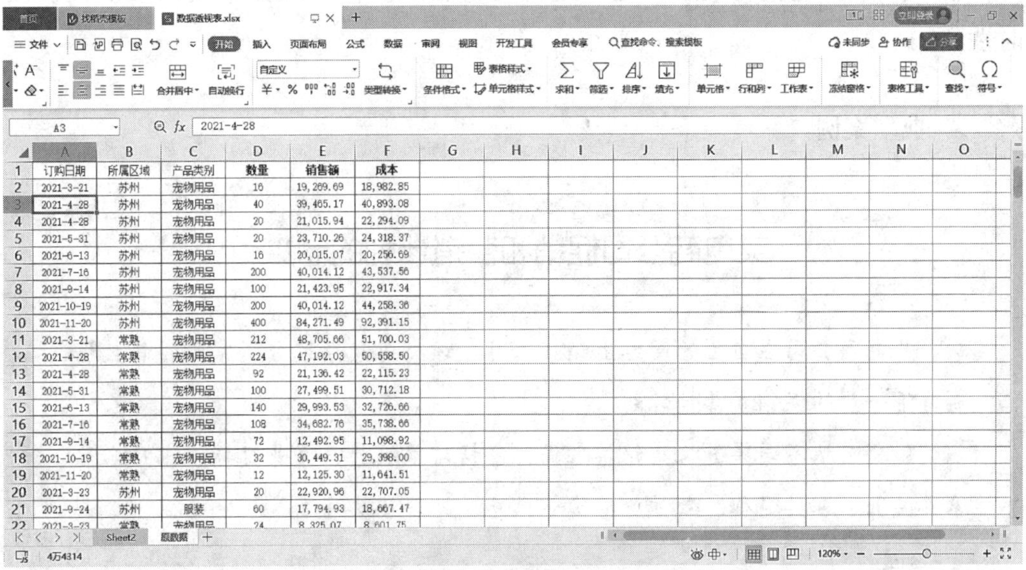

	A	B	C	D	E	F
1	订购日期	所属区域	产品类别	数量	销售额	成本
2	2021-3-21	苏州	宠物用品	16	19,269.69	18,982.85
3	2021-4-28	苏州	宠物用品	40	39,465.17	40,893.08
4	2021-4-28	苏州	宠物用品	20	21,015.94	22,294.09
5	2021-5-31	苏州	宠物用品	20	23,710.26	24,318.37
6	2021-6-13	苏州	宠物用品	16	20,015.07	20,256.69
7	2021-7-16	苏州	宠物用品	200	40,014.12	43,537.56
8	2021-9-14	苏州	宠物用品	100	21,423.95	22,917.34
9	2021-10-19	苏州	宠物用品	200	40,014.12	44,258.36
10	2021-11-20	苏州	宠物用品	400	84,271.49	92,391.15
11	2021-3-21	常熟	宠物用品	212	48,705.66	51,700.03
12	2021-4-28	常熟	宠物用品	224	47,192.03	50,558.50
13	2021-4-28	常熟	宠物用品	92	21,136.42	22,115.23
14	2021-5-31	常熟	宠物用品	100	27,499.51	30,712.18
15	2021-6-13	常熟	宠物用品	140	29,993.53	32,726.66
16	2021-7-16	常熟	宠物用品	108	34,682.76	35,738.66
17	2021-9-14	常熟	宠物用品	72	12,492.95	11,098.92
18	2021-10-19	常熟	宠物用品	32	30,449.31	29,398.00
19	2021-11-20	常熟	宠物用品	12	12,125.30	11,641.51
20	2021-3-23	苏州	宠物用品	20	22,920.96	22,707.05
21	2021-9-24	苏州	服装	60	17,794.93	18,667.47
22	2021-3-23	常熟	宠物用品	24	8,325.07	8,601.75

图 4-2-2 数据格式转换

第三步，选择一款合适的报表工具来收集数据。可以使用自动数据采集工具，如 Excel 或 Access，也可以使用第三方分析工具，以提取所有相关数据，汇总有关的信息，如图 4-2-3 所示。

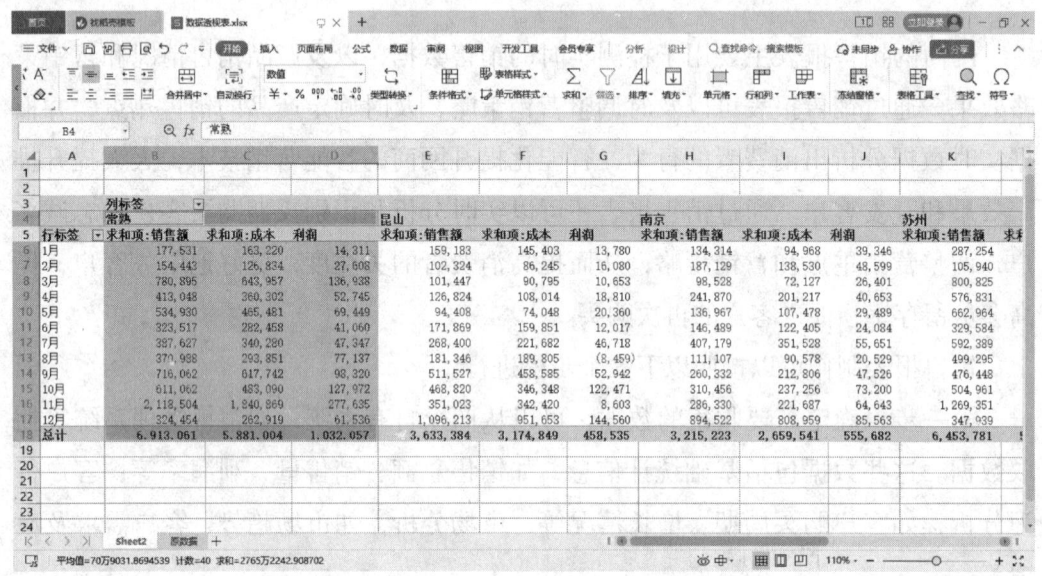

图 4-2-3　汇总数据

第四步，整理和分析数据。选择合适的计算方法来形成报表并分析销售报表数据。

第五步，在报表完成后，定期进行更新和维护，以确保报表的准确性和及时性。

 **典型案例**

某电商公司促销和营销计划的制订

某电商公司在自己的网站上销售家具。该公司想通过分析家具销售数据，制订下一步的促销和营销计划。

1. 公司从不同渠道收集销售数据，包括订单编号、交易日期、客户名称、家具类别、家具名称、数量、单价等信息，见表 4-2-4。

表 4-2-4 销售数据

订单编号	交易日期	客户名称	家具类别	家具名称	数量（个）	单价（元）
001	2022/1/1	张三	椅子	小凳	20	10
002	2022/1/5	李四	沙发	大沙发	2	500
003	2022/1/7	王五	餐桌	餐桌A	1	200
004	2022/1/10	赵六	灯饰	地灯	3	150
005	2022/2/1	张三	餐桌	餐桌B	5	150
006	2022/2/5	王五	沙发	中沙发	3	350
007	2022/2/7	刘七	床	大床	1	800
008	2022/2/10	李四	灯饰	台灯	4	75
009	2022/3/1	王五	床	中床	2	500
010	2022/3/5	赵六	沙发	中沙发	2	350

2.通过量化分析计算出每个订单的金额，订单的总金额等于数量乘以单价的总和，见表4-2-5。

表 4-2-5 数据源

订单编号	交易日期	客户名称	家具类别	家具名称	数量（个）	单价（元）	金额（元）
001	2022/1/1	张三	椅子	小凳	20	10	200
002	2022/1/5	李四	沙发	大沙发	2	500	1 000
003	2022/1/7	王五	餐桌	餐桌A	1	200	200
004	2022/1/10	赵六	灯饰	地灯	3	150	450
005	2022/2/1	张三	餐桌	餐桌B	5	150	750
006	2022/2/5	王五	沙发	中沙发	3	350	1 050
007	2022/2/7	刘七	床	大床	1	800	800
008	2022/2/10	李四	灯饰	台灯	4	75	300
009	2022/3/1	王五	床	中床	2	500	1 000
010	2022/3/5	赵六	沙发	中沙发	2	350	700

3.该电商公司想通过分析销售数据来制作销售报表——"销售数据分析表"，展示每种类别家具的总销售额、总销售量以及平均销售额，见表4-2-6。

表 4-2-6 销售数据分析表

行标签	求和项：销售额（元）	求和项：销售量（个）	求和项：平均销售额（元）
椅子	200	20	10.0
沙发	2 750	7	392.9
餐桌	950	6	158.3
灯饰	750	7	107.1
床	1 800	3	600.0
总计	6 450	43	150

4.通过以上报表，该电商公司可以清楚地看到不同家具类别的销售表现。找出平均销售额高的家具和表现不佳的家具，并制定提高销售的策略。

职业模块 ⑤ 客户服务

培训课程1　社群管理
　　学习单元1　社群定位
　　学习单元2　社群建立
　　学习单元3　社群推广
　　学习单元4　社群运营

培训课程2　客户关系管理
　　学习单元1　客户忠诚度管理
　　学习单元2　客户挽回策略制定

培训课程 1

社群管理

学习单元1　社群定位

传统实体店因为互联网的冲击面临客户流失,因此借助互联网的迅猛发展,方便客户服务的社群与社群营销应运而生。现代社会生活中,社群数不胜数,如线上明星的粉丝部落、贴吧、兴趣小组,线下的小区等都是社群。

一、社群定位概述

1. 社群的概念

社群是人与人加强关系交流互动的组织媒介,也是方便企业与客户沟通的桥梁,是在互联网平台上一群有共同兴趣、认知、价值观的客户聚在一起,发生群蜂效应,共同互动交流、协作、影响,对企业营销本身产生反哺育的价值群体。

社群中的成员以内容为核心,拥有相同的价值观,具有强烈的身份认同和归属感,通过去中心化的社交和网络服务的方式,形成一个强链接关系的社交部落,并彼此建立圈层化互动和体验,从共享和体验中互利,每个人在社群中都是一个内容的贡献者,也是企业的一个潜在客户。

企业可以通过社群与客户保持长久的联系,让客户持续购买商品或者企业的增值服务并在此基础上开展口碑传播。

2. 社群定位的含义与类型

企业开始建立社群时,主要目的是建立一个长期活跃的客户群,让企业的精准客户长期和企业保持关联,所以需要对社群进行定位。

（1）社群定位的含义

社群定位就是企业在建立社群之前给社群设置的身份，这个身份决定了社群的发展方向、参与人群、提供的价值、运营规划、变现方式等。定位不明，会导致社群内容杂乱无章，客户不知道社群有何作用，难以发现社群价值，也就无法吸引客户入群或者留群。只有社群定位清晰，才可能连接到拥有共同价值观或者真正消费需求的目标客户，运营团队才可能明确后续整个社群运营及管理规则的设置，有的放矢，达到预期的社群运营效果。如果要清楚地了解自己的社群并进行精准定位，需要注意以下三个方面的内容。

1）用户画像。社群的定位，最主要的是客户和产品，社群是连接产品和客户之间的纽带，只有了解客户是什么类型的人，对客户进行精准定位，做好用户画像，才能将社群精准定位。用户画像主要包括性别、年龄、地域、职业等人群基本画像，以及用户的爱好、关心的话题等进阶画像。

2）需求痛点。社群的定位，需要企业了解客户真正需要的是什么，找到客户真正的问题所在。企业在建立社群时，可以设置群门槛，对客户痛点进行初步了解，同时注意记录和分析群内聊天记录，找出多数人相同的痛点。也可以在群内设置反馈机制，具体了解客户不同的痛点，找到客户的需求后，再将企业的产品和服务进一步升级。

3）自身优势。社群在定位时，需要明确企业自身具备什么优势，企业能够帮助客户解决什么问题，并帮助客户分析原因等，这些都是企业精准定位社群的前提和基本条件。

（2）社群定位的类型

社群运营就像一场战役，做好社群定位就是确定社群运营的战略方向，而给社群定位的过程其实就是在给企业定位，当企业梳理出了自己的优势，明确了自己的方向，社群的方向也就基本确定了。例如，卖水果的社群运营者是想让大家每天都能吃到新鲜的水果。不同的社群类型决定着运营方式以及侧重点，常见的三类社群如下。

引流群：以增粉为目的，主要承接流量，沉淀广泛粉丝，筛选精准客户。

福利群：以转化、复购为主要目的，根据客户的生命周期、标签属性等完成精细化运营。

快闪群：以快速转化为主要目的，在短时间内引导客户完成指定动作，包括拉新以及转化等。

二、社群定位的方法与步骤

为了让社群内容输出得更好、更聚焦、更有持续性,让成员有所期待,社群定位就显得非常重要。

1. 社群定位的方法

社群的定位要以目标客户的情感认同、价值认同为出发点。最常见的社群定位使用方法就是 5W1H 方法(六何分析法),具体内容如下。

(1)明确建立社群的原因

企业建立社群,大多是为了拓展客户群体,进行产品销售或传播企业文化及企业价值观等。因此,企业一定要明确为什么建立社群,而且社群一旦建立,就应该有社群自身的氛围和特色,不能随便更改。

(2)明确社群带来的价值

社群价值是群成员互惠互利的共生点,因此精准描述很重要,如群发一个新品,一定要说明给客户带来的具体价值,这样的产品对客户来说就很有吸引力。

(3)明确在哪里建立社群

企业的客户在哪里,就在哪里建立社群。在互联网平台,可以在微信、QQ、论坛,或者其他聊天软件建立社群。数据显示,大多年龄在 25 岁以下的用户用 QQ 的频率高于微信,而年龄在 25 岁以上的用户用微信的频率则高于 QQ。客户在哪里花费的时间最多,就在哪里建立社群。

(4)明确社群面向的客户

企业要了解其主要客户群体有哪些,基数大小,客户的特征,他们喜欢在哪里聚集。当社群客户拥有的相同属性越多时,社群活跃度就越高。

(5)明确社群建立的时间

很多企业社群的建立都有一定的时间点,社群寿命一般是 3~6 个月。寿命短的社群只有一周,快速收获,快速消失,但这样不能产生很好的联结,只是抢了部分流量,因此企业要清楚什么时候建立社群,建立社群的生命周期有多长。好多企业社群做了很多年,持续输出、持续连接,这样才可能形成一个有价值的社群。

(6)明确社群盈利的方式

不管社群提供什么价值或者连接,最终目的都是企业盈利,可能是销售产品直接变现,也可能是通过服务拓展人脉,间接变现。

2. 社群定位的步骤

（1）定方向

定方向需要确定社群类型、共同目标、统一价值观。社群共同目标是根据社群成员的需求，结合社群运营者的目标来设置的。每个社群都需要有自己的共同目标，如产品团购群，其共同目标就是让客户"买到更加物美价廉的商品"。

（2）定人群

人群的定位可以通过受众类型分析法确定。可以从人群标签、兴趣特征、社会特征及消费特征等几个方面来对社群客户进行定位。

人群标签：性别、年龄、地域、教育水平、职业等。

兴趣特征：兴趣爱好、浏览及收藏内容、互动内容、品牌偏好、产品偏好。

社会特征：婚姻状况、家庭情况、社交及信息渠道偏好。

消费特征：收入状况、购买力、购买渠道偏好、购买频次。

从上述用户画像中确定社群客户的共有属性。共有属性越多，对日后社群客户的营销和分层越有依据。

（3）定内容

定内容就是确定给客户提供什么价值，据此准备好相关资料，包括社群基础资料和价值资料。

社群基础资料就是社群 logo、颜色、名称等，在前期准备时就要备齐；价值资料不仅需要提前准备一部分，还要不断地去挖掘，如服装的社群，开始给社群准备的价值资料是"服装穿搭小妙招""穿搭 100 个小常识"等，后来在给社群成员服务的过程中，又逐渐加入了更多有价值的资料。

（4）订计划

订计划就是要确定建群的时间、流程、规模、生命周期等。时间和流程在基础资料准备好后就可以确定。社群规模要根据客户的多少去预估，社群的生命周期则要通过产品和服务周期来确定。

（5）定渠道

定渠道是定变现渠道，有对内变现和对外变现两种方式。

对内变现就是收取社群成员的费用，通过产品、课程、服务等向客户收费。

对外变现则是组织社群成员共同创造价值来换取回报。如罗辑思维（知识服务商和运营商），通过邀请大家来共同拆书，将精彩内容呈现给客户，以换取收益。

定渠道也是定引流渠道。社群成员不可能保持一成不变，不断地拉新不仅能给企业带来更多的客户，还有利于提升社群的活跃度，更多的客户转化能为将来的变现打下基础。

常用的引流拉新渠道和平台分类见表 5-1-1。

表 5-1-1 常用的引流拉新渠道和平台分类

分类	名称
公众类	微信公众号、百家号、搜狐号等
视频类	长视频：腾讯视频、爱奇艺、优酷等 短视频：抖音、快手等
音频类	喜马拉雅、蜻蜓等
论坛类	百度贴吧、猫扑网等
微博类	微博
社区类	知乎、贴吧、豆瓣、小红书等
课程类	网易公开课、荔枝微课、网易云课堂等

学习单元 2　社群建立

现在很多行业都开始涉及私域运营，无论是大品牌、新锐品牌，还是电商平台都开始搭建自己的私域运营团队，抢占市场。在粉丝经济时代，没有社群的个体或者企业正在失去竞争力。

一、社群建立的流程

私域运营其实就是经营客户关系，而社群则是企业私域运营的主战场，要做好社群，社群运营者先要清楚社群建立流程，才可能与社群成员齐心协力构建出一个健康成长、持续发展壮大的社群。

1. 确定社群的平台

选择一个合适的社群平台是很重要的。企业在确定平台前，需要评估平台的优缺点，根据自己的目标客户来选择最合适的平台。

2. 拟定社群的名称、口号和logo

在社群的策划阶段，需要拟订社群名称、口号和logo。

（1）社群名称

社群名称是非常重要的社群符号，是社群的第一标签，既要让大家觉得简单好记，又要听起来悦耳，这样很容易给大家留下良好的印象，从而关注并加入社群。

（2）社群口号

好的社群口号不仅方便客户记忆，而且方便客户传播，社群口号传递的是社群的价值观。

（3）社群logo

确定了社群的名称和口号后，就需要围绕其进行社群logo的设计。社群logo设计应该充分考虑社群特点和社群文化理念，同时要重视规范性、系统性和分化性。

常见的社群logo设计方法有两种，一种是已经非常成熟的企业或品牌，会直接使用自己品牌的相关logo标识；另一种是原生态的社群，一般情况下用社群名称来做logo标识，如图5-1-1所示。

图5-1-1　知名社群名称与logo

3. 邀请客户加入社群

接下来社群运营者要通过各种平台以多种方式引导客户人群，要介绍社群的定位和服务，以及社群专属福利，也可以给亲朋好友、同事和其他相关的人发出邀请，让他们加入社群。同时，还可以在其他平台宣传社群，以扩大影响力。

当然，客户加入社群之后，还只是企业运营社群，是留存客户的开始，社群运营者要活跃每一个客户，为社群的后续活动蓄力。

4. 规划社群输出

（1）社群内容输出

社群的内容输出主要基于产品，输出内容以客户的需求痛点为突破口，切忌刻意分享，应是擅长什么就分享什么。以美食类社群为例，社群运营者可以在群内每周最少进行一次常见美食制作的知识分享，将某一个具体美食从准备食材、清洗、下锅、烹饪等各环节进行详细描述，让成员轻松学会一道美味佳肴的制作方法，从而获得成就感。

（2）社群产品输出

运营者可以通过日常团购、秒杀、"好物种草"等形式来进行社群产品输出，以自用型方式分享效果会更好，展现形式可以为文字、图片、视频相结合。

（3）社群价值观输出

一个好的社群要有社群文化输出，任何一个极具号召力的社群，无一例外都充满了"正向价值"。例如，"罗辑思维"的社群粉丝，都以独立思考为荣，以邯郸学步为耻。当新的社群成员进入时，会受到这种氛围的影响，即便没有立刻加入讨论，也会学着去分析问题、寻找答案。

（4）社群互动内容

可以不定期地在社群内进行一些互动，调动群内活跃氛围，增加成员参与的积极性。

在社群中获利越多，用户黏性会越大，所以一个优质的社群一定要提供更多价值，不断策划活动，让参与者从中不断获益，通过深度互动提升产品档次，从而实现二次销售或持续消费，此过程不仅可获得经济回报，而且有助于品牌发展。

二、社群建立的技巧

要建立一个活跃的社群，需要一定的技巧。

1. 社群管理角色的分工

要想快速裂变社群，扩充客户成员，群内必须有核心成员和活跃度高的其他成员。因此，当企业有了清晰的运营计划后，接下来要做的是社群人员的分工。

（1）群主

群主负责社群的整体运营，是社群总营销计划的制订者和操盘手，多样的特长和互动可以提升社群活跃度。

（2）群管理员

每个社群应设置管理员1~3个，一方面可避免群主账号被封，导致社群无法维护；另一方面也可以适当地参与社群运营，包括常见问题的答疑等工作。

（3）核心人物

社群内的专业老师，是整个社群的核心人物，主要承担社群里的专业工作，定期分享"干货"，通过开展专业的授课获得大家的认可。

（4）气氛组

气氛组可以由5~8个人组成。主要职责是带动其他社群成员，提高社群活跃度，与专业老师进行高密度互动等，通过他们的积极回复和参与，带动社群氛围。

（5）普通成员

普通成员是除上述成员外的其他社群成员，这类成员往往在社群内观望和潜水。

在社群建立初期，就要把上述角色分工做好，群主和核心人物是较容易设置的，并且这两个角色在一个群里分别只有一人。群管理员和气氛组成员则不同，他们在群中就像普通成员一样，这两个角色在群里不止一个人。只有做好分工，才能开展分工协作，共同维护好社群。

2. 设置社群加入门槛

有些免费社群没有设置门槛，任何人都可以进入，成员之间没有共同属性，也没有共同话题，很少有人愿意互动。所以，不管做任何社群，都必须设定门槛。常见的社群门槛如下。

身份门槛：成员是相同身份、相同标签的人。如深圳本地群，只允许住在深圳的人进入。

兴趣门槛：有共同的兴趣爱好。如烘焙群、读书群等，只有证明申请人具有这个兴趣，才能获邀进群。

付费门槛：只有付费，才能加入。

综合门槛：多种门槛的组合，如兴趣和付费门槛。例如，运营的汽车保养社群，不仅要求是有车族，还需要交付一定费用。

加入门槛是社群质量和社群活跃的基础，只有具有了共同属性，社群成员才会有共同话题并保持社群活跃。

3. 社群激励及价值

可以从产品价值、物质价值、精神激励这三个方向去做相应的操作。

（1）产品价值，就是要提供满足客户需求的产品和服务，为客户寻找与需求匹配的产品和服务。

（2）物质价值，针对内容创作者、群管理者、活动发起者等活跃分子、积极分子进行物质奖励。例如，不定时赠送优惠券、试用装等。

（3）精神激励，针对内容创作者、群管理者、活动发起者等活跃分子进行精神激励。

4. 设置社群规则

一个社群在建立之初就应该明确社群规则。社群规则不仅能让客户在第一时间明确社群的价值，还能规范群成员的行为，提升社群管理效率，这也是一个社群良性发展的必备基础。社群规则主要可以分为：入群标准、鼓励行为、禁止行为以及奖惩制度。

制定社群规则就是要告诉成员，大家在这个群里有哪些行为是被鼓励的，有哪些行为是被禁止的，以及相对应的奖惩机制是什么。例如，不能发广告，不能相互谩骂，否则将被"踢出"社群。

 典型案例

小米社群电商

做社群电商首先要有高品质的产品作为保证，小米就是先做产品再做社群电商的，是社群电商的成功案例。小米与QQ空间的合作并不是简单地做预售公告，而是加入了激发族群社交的引爆因子，运用了社群营销的方法，这种熟人圈子营销很"接地气"，波纹传导效应惊人，最终有超过1亿的用户参与此次活动。在小米集团创立初期，就曾在微博上发起过"我是手机控"的活动，引发了海量的用户主动分享，这种走心的产品思维能够吸引用户主动参与。

学习单元3 社群推广

在企业确定了社群定位，做好了相关社群运营计划后，怎样才能推广社群，让更多的客户加入进来，这是企业较关心的问题之一，不管是线上还是线下，也不管是哪种形式，流量都是根本，引流则是重中之重。

一、社群推广的渠道

社群要成为社会化媒体,就需要借助基于现代移动互联网的诸多媒体平台,搭建一个基于不同传播渠道的多维度立体化传播体系。而构建多维度的立体化传播体系最重要的是要搭建多元化的传播渠道,这里主要介绍线上推广的内部资源渠道和外部资源渠道。

1. 内部资源渠道

内部资源渠道主要有企业和产品官网、微信公众号、微信朋友圈、微博等自媒体平台,以及短视频、直播平台。这些都是企业可以自己掌控的推广渠道,适合所有企业。

(1) 企业和产品官网

建立企业和产品官网,可以将企业信息和产品信息推向网络,以获得更多的贸易机会和市场竞争力,这是企业接近电子商务的第一步。

网站是一种交互性极强、反应迅速的媒介,通过企业和产品官网收集消费者的信息和反馈,有助于提高顾客服务的质量,从而为企业赢得更多的顾客,创造更多的效益。顾客对公司产品的看法和建议,可以通过企业和产品官网反馈给顾客,网站是公司和顾客沟通的桥梁。

因此,在利用企业和产品官网开展社群推广活动时,要在网站最显眼的地方,或者用户最关注的板块添加企业的社群活动引导信息,这样能够快速地吸引用户关注活动,推广社群。

社群运营者要注意,企业和产品官网上的 banner 图(横幅广告)要吸引眼球,文案要精简,突出痛点,要在下方添加社群二维码。

(2) 微信公众号

不少作者通过微信公众号原创文章和原创视频形成了自己的品牌,成为创业者。目前微信公众号从渠道到矩阵再到生态,已经成长为一个集微信公众号、视频号、小程序、小游戏四合一的微信生态系统。

微信公众号是开发者或商家在微信公众平台上申请的应用账号,该账号与 QQ 账号互通,在平台上可以实现和客户在文字、图片、语音、视频的全方位沟通与互动,形成了一种主流的线上线下微信互动营销方式。

利用公众号进行自媒体活动推广社群时,可以实现用户一对多的媒体行为活动,商家利用公众微信服务号,通过二次开发展示商家微官网、微会员、微推送、微支付、微活动等，吸引公众号粉丝加入社群，现在已经成为一种主流的线上线下微信社群互动营销方式。

在利用企业微信公众号推广社群时，要注意在活动下面添加活动推送文章的公众号二维码，要站在用户的角度，撰写有价值、有趣以及有创意的软文。另外，推广公众号文章的推送时间要有针对性，借助大数据去调查目标客户的空闲时间段，避免在客户工作繁忙的时候推送。

（3）微信朋友圈

2012年4月，微信朋友圈上线，引爆了当时的各大社交平台，以接近300万的热搜量、6.8亿的阅读量以及8.6万的讨论量，登上了热搜榜。近年来，微信朋友圈不断优化功能，也在大家的生活中承担起了新的职能。用户可以在微信上发表文字和图片，将其他网站上的信息分享到微信上，还可以对好友分享的内容进行评论或点赞。

微信朋友圈以互动、输出生活内容为主，用户添加微信进入私域后，能快速并且深入了解其他用户的地方就是朋友圈，如果想让社群持续下去，就必须了解社群里每一个人的动态，及时关注社群中每个人朋友圈的新动态，知道他们的兴趣和爱好。

因此，利用微信朋友圈进行社群推广时，需要将社群链接、优惠活动等信息发布到个人朋友圈中，要懂得包装、价值展示、自我展示、产品展示、用户好评展示，这样才能吸引更多的客户加入社群。

社群运营者要注意，微信朋友圈最重要的是展示，而不是推销；重要的是营销，而不是硬塞；重要的是有客户思维，而不是自我思维，所以要用心设计朋友圈，不能随便发布内容。

（4）微博

微博是指一种基于用户关系信息分享、传播以及获取的，通过关注机制分享简短实时信息的、广播式社交媒体、网络平台。自2009年8月上线以来，新浪微博的流量就一直保持着爆发式的增长。

微博作为社交媒体、自媒体平台，基于其社会化自传播特性，传播速度极快，信息获取具有很强的自主性、选择性。用户可以根据自己的兴趣偏好，依据对方发布内容的类别与质量，来选择是否"关注"某用户，并可以对所有"关注"的用户群进行分类。微博宣传的影响力基于用户现有被"关注"的数量，用户发布信息的吸引力、新闻性越强，对该用户感兴趣、关注该用户的人数也越多，其影响力就越大。

微博内容的主要表现形式有文字、图片、音频、视频等，这使得微博内容的呈现形式丰富多样。目前，基本上每家公司都有微博账号，可根据需要推荐的内容及相应的活动形式发布内容，软文是常用的推广形式。这个渠道更适合持续输出优质内容，以获得大量粉丝，从而积累社群用户。

社群运营者需要注意，利用微博推广社群时，需要根据目标群体的需求和喜好来创作内容。同时，为了增加互动，可以引导用户参与评论、点赞等活动，通过互动来增强社群黏性。

自媒体往往是品牌话题营销和事件营销的绝佳载体，适合快速推广社群及拉升品牌声誉。

2. 外部资源渠道

除了内部资源渠道，还可以从外部资源渠道推广社群，主要的推广渠道包括直播平台、短视频平台等。

（1）直播平台

5G时代下，视频直播搭配社群，开创了新的流量入口，即社群直播，是在社群运营的基础上，加入直播带货，通过社群的社交温度，提高用户的订单转化率，从而提高商品销量，增加营销额。社群直播正成为低成本高转化的最佳营销路径。

通过直播可以迅速建立对品牌品质的进一步了解，通过有效的群互动，也会加深客户的兴趣点。

（2）短视频平台

2019年，短视频以燎原之势发展起来，背后所带来的庞大流量是各大企业争抢的目标。代表平台有抖音、快手，通过上传自制的短视频内容或者进行短视频直播来进行活动推广，引流效果比较显著。

中国互联网络信息中心（CNNIC）在北京发布的第53次《中国互联网络发展状况统计报告》中显示，截至2023年12月，网络视频用户规模约为10.67亿，如图5-1-2所示，其中短视频用户规模约为10.53亿。在用户使用时长最高占比中，短视频近年来异军突起，超过在线视频、音乐、阅读等所有其他泛娱乐品类。

可以利用短视频协助完成社群推广，找到与社群定位相符的视频，发布并添加评论信息，激发用户的关注，实现品牌宣传等目的，而且有着更加直接的用户培养功能。目前，华为、小米、安踏、鸿星尔克等品牌都已经开始利用短视频进行品牌和产品的宣传。

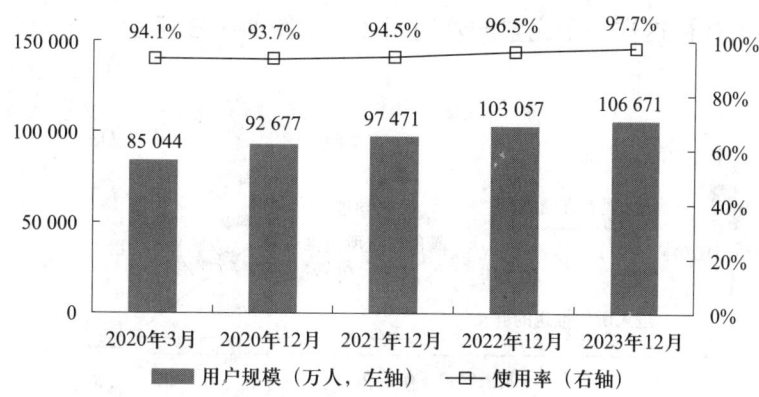

图 5-1-2　2020 年 3 月—2023 年 12 月网络视频（含短视频）用户规模及使用率

从目前来看，短视频是电商社群零成本推广的最佳方式，而电商社群是短视频变现的最佳途径，在这样的强强联合下，收益不可限量。

二、社群推广的策略

社群建立之后，作为运营人员必须加强对社群的推广，让更多人知道、了解、加入社群。只有不断推广，不断扩大社群的覆盖人数和影响力，社群才能有持续的活力，用户才会源源不断地加入社群，成为忠实客户。运营推广人员要善于利用社群营销，提升品牌知名度。以下是几种常见的社群推广策略。

1. 利用社交媒体推广

社交媒体营销是社群推广的重要手段之一。首先，要确定自己的目标受众，并选择合适的社交媒体平台。其次，要与自己的粉丝定期进行互动，并提供有意义的内容，例如，有趣的图片、视频，或分享行业资讯等。最后，通过社交媒体与潜在客户进行交流，树立品牌形象，增加销售机会。

2. 利用群组推广

在社交媒体或即时通信工具上创建自己的群组，与受众进行互动，分享信息、答疑解惑等，能形成强大的社区氛围，推广自己的商品。此外，也可以加入其他群组中，积极参与讨论，提升品牌知名度及专业形象。

3. 利用直播平台推广

直播开始前，可以提前在社群里发布相关产品的海报或者视频进行"种草"，提前预热，以引起用户兴趣。开始直播时，在代理商的呼吁和预热"种草"的影响下，感兴趣的用户就会涌入直播间，直播间也会搭配秒杀、抽奖等活动刺激用户快速下单，完成从社群拉新、维护，到引流去直播间、刺激客户下单购买、直播间粉丝加入社群这样一个完整的营销闭环,如图 5-1-3 所示。

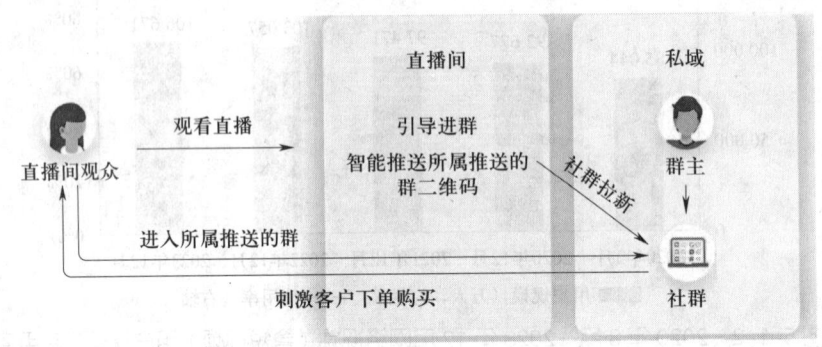

图 5-1-3 社群直播营销闭环

4. 利用微信公众号推广

微信公众号是企业进行社群营销的重要渠道。首先,要精心打造公众号的形象及品牌元素,吸引目标受众的关注。其次,要提供有价值的内容,例如,行业资讯、企业案例、活动信息等。最后,与受众积极互动,关注用户的需求,提供个性化的服务。

5. 利用社群广告推广

社群广告营销包括在社交媒体平台、论坛、信息流等渠道投放广告。通过精准的定位及目标人群的精确画像,提高广告投放的效果。同时,要注意广告的语言及形式,使其更加符合受众需求,其提供的内容价值足够高,能够帮助用户快速成长,建立良好口碑后,社群会员数量会裂变式地发展,社群规模也会随之壮大。

6. 利用活动推广

活动推广可以帮助企业拉近与用户的距离,增加用户的参与感和黏性。活动包括线下活动和线上活动两种形式。在线下活动中,可以通过举办讲座、展览、赛事等活动与受众进行互动;在线上活动中,可以利用社交媒体平台或自己的网站进行虚拟活动,吸引受众参与。

三、社群推广的技巧

1. 不间断提供价值

社群除了可以获取知识和有价值的内容外,还要有互利价值,产生一些附加值,每一个人都是贡献者,也都是获利者,可以互相帮助将社群里的资源对接。

2. 福利设置和惊喜制造

在制定社群规范后，还需要通过福利设置和惊喜制造，让社群变得丰富和有趣。

活动或奖励：抽奖、秒杀、优惠券、积分、返利券、推荐有礼、助力、拼团等。

互动游戏：歌词接龙、线上沙龙等。

3. 裂变拉新

通过利益驱动，直接让已有用户来分销裂变，或者利用外部的KOL（关键意见领袖）帮忙推荐，推销出去后直接获取一部分佣金，常见的提成比例为30%~50%。

4. 老带新推广

一些有势能和良好口碑的成熟社群，由社群老成员进行口碑传播，然后通过转介绍，带来新的用户。新进群的成员和老成员均可享受一定的福利。

5. 利用漏斗原理进行推广拉新

社群推广刚起步时，都会用到漏斗拉新，即通过地推、活动、节日营销等方式拉到大批量的用户，通过层层筛选，留下真正的核心用户。但缺点是转化率低，而且耗时较长。

学习单元 4　社群运营

随着互联网的不断发展和变化，流量的红利逐渐消失，为了精准寻找并锁定客户，很多人把目光转向了私域流量。在整个私域生态圈中，能够直接、高效连接用户的社群，是私域运营中必不可少的元素，社群运营对于提高用户黏性、多渠道引流获客、精细化管理等都起着极其重要的作用。

一、社群运营的基础

1. 社群运营的含义

社群运营就是在社群规模和社群活跃度之间寻求最佳平衡点，进而获得最大范围的社群成员满意度，从而让社群进入可持续的运营阶段。社群运营将群体成员以一定纽带联系起来，使成员之间有共同目标和持续的相互交往，群体成员有共同的群体意识和规范。

2. 社群运营价值

事实上，做社群运营是想通过运营核心用户，让核心用户引领普通用户成为核心用户。通过社群，能找到同质群体，企业汇集拥有同一特征的客户，方便统一运营转化。

很多社群前期如火如荼地开展，然后慢慢走向沉寂，这是因为最初没有对社群的结构进行有效规划管理，结构做得越好，社群生命周期越长，成员在社群中存在的时间也越长，客户的转化率就会越高。

好的社群一定要能给群成员提供稳定的服务输出，这才是群成员加入该群、留在该群的价值。

3. 社群运营"四感"

不经过运营管理的社群是很难有较长生命周期的，一般来说，从始至终通过运营要建立"四感"，即仪式感、参与感、组织感，以及归属感。

要让群内成员参与当下话题，不能仅当一个旁观者，让参与话题讨论的成员有分享成就感，让没参与话题讨论的成员有收获，有归属感，这样社群每天都能有不同的话题更新。

二、社群运营的策略

社群运营是与用户的一种交流方式，要建立人与产品以及人与人之间的连接，对运营者的综合能力通常要求比较高，常用的运营策略有以下几种。

1. 内容运营策略

社群的生命线90%都是靠内容来供养的，下面以学习成长型社群为例进行介绍。

学习成长型社群是一群人以共同学习、共同成长为方式和目标而组成的社群。这类社群有特定的运营策略。

（1）重视价值观的塑造

学习成长型社群内的学习不仅针对专业知识，还包括兴趣和视野的拓展，以及知识素养的提升。因此，这类社群特别重视价值观的塑造，它以鲜明的价值观聚集调性相符的成员，并彰显其作为学习型社群所能给成员带来的独特影响。

（2）强调自主学习的意识

学习成长型社群有意弱化"老师授课，学生听讲"这种中心化的模式，而是强调社群中每位成员的自主学习意识和学习方面的高参与度。

（3）设置严格的入群门槛

为了保证学习过程的高质量和高参与度，设立严格的入群门槛对于社群运营来说十分重要。除了最为普遍的缴纳会员费外，许多学习成长型社群还会设置书面申请、面试、提交某种能够证明能力的作业等环节。

（4）建立特殊的社群仪式

学习需要仪式来促进，学习成长型社群的社群仪式方式多样，可以是每天固定时间的打卡、分享，也可以构思社群口号、周边事物，或一种社群活动的特定参与方法。

（5）构筑激励与淘汰机制

持续学习很难，持续且自发的学习则更难，社群内成员互相监督与鼓励则有助于更好地完成学习任务。因此，在学习成长型社群内部构筑详细的激励机制和淘汰机制必不可少。例如，在学习类社群运营研究社内，当社群的签到率小于45%时，群主或管理员就会将每月签到次数小于十五天的用户清退，然后进行新用户的招募，以保持社群的活跃度。

2. 活动运营策略

做活动是社群运营的常用工具，包括线上活动和线下活动。

（1）明确活动流程

对于活动运营来说，在策划活动时脑海里就已经有了一个活动的雏形，虽然具体细节还没有定下来，但是框架已经成型。所以必须把这个成型的流程以流程图的形式展现出来，包括客户参与活动的主体流程、从哪里开始、如何流转、如何结束等。

（2）活动尽量有趣

活动就是吸引用户来参与，在参与的过程中达到活动的目的。所以，即使不是游戏类活动，也可以让活动游戏化，这样会使活动更有趣，吸引更多的用户。

（3）活动操作便捷

从客户进入活动页面，到活动参与完成，根据漏斗原理，每一步都会产生约50%的流失。因此，活动的操作步骤应该尽可能简化，最好不要让客户自己选择到哪个页面，而是直接引导客户持续参与。另外，整体的流程设计也要尽可能流畅，减少客户在每个环节的流失。

（4）活动规则易懂

活动策划时，让规则尽量简单，客户不必研究就能明白，一眼就能看出"去做什么，就能得到什么"。

除了规则制定要尽量简单，引导客户参与活动的规则描述也要尽量简洁。完整的活动规则需要很多的文字进行描述，如时间、参与方式、奖品内容、注意事项等。对于产品而言，尽量完整地加以描述，一方面是为了让客户尽可能详细地了解活动，另一方面则是为了免责；但对客户而言，过多的描述只会"吓跑"客户。因此，活动规则中，最好把核心信息放在页面最显著的位置，其他的描述只需要有就可以了，以降低客户的阅读成本。

（5）突显用户收益

客户参与活动，本身就是为了获得一定的物质或精神奖励。在活动页面把用户利益放在最明显的位置，让客户在最短时间内获取到既得利益的信息，更能吸引用户继续下一步行动。

页面的受众是客户，应符合客户利己的心理，所以很多活动页面把奖品放到头图里，如物质类的手机、礼盒，精神类的特权、等级、头衔等，下方才是活动规则和操作区。

3. 用户互动策略

用户互动是社群运营的重要环节，通过用户互动，既能增强用户的参与感和归属感，又能提升社群销售业绩。社群运营需要制定出一套完整的用户互动策略，包括社群内容、互动形式等。

（1）规划社群内容

社群内容是社群互动的核心，需要制定详细的内容规划，包括内容类型、发布频率、发布时间等。根据社群的主题和用户喜好，提供有价值的内容，吸引用户参与互动。

（2）提供互动形式

社群互动的形式多种多样，包括有奖问答、准点抢答及关键词接龙等，提供多样化的互动形式可以激发用户的积极性，增强用户的参与感。

（3）加强社群管理

社群管理是组织社群互动的基础，需要定期对社群进行管理，包括维护社群秩序、处理用户的争议、对违规行为进行处理等，从而提高社群的规范性，保证社群良好的互动氛围。

（4）建立社群品牌

社群品牌是社群运营的重要组成部分，需要建立社群独有的品牌形象，提高社群知名度和美誉度。可以通过社群标识、社群口号、社群代言人等方式进行品牌建设。

（5）加强数据分析

数据分析可以帮助社群运营者了解用户的偏好和行为，为社群互动形式提供参考。可以通过社群数据分析工具了解用户的活跃度、互动频率、关注的主题等，从而制定更有针对性的社群互动策略。

社群运营并非一朝一夕就能取得成效，只有持续不断地提供有价值的优质内容，设计好活动，经常与用户进行互动，才能吸引用户，完成转化。

三、社群运营的技巧

1. 明确社群运营目的

社群运营有四个主要目的：吸引新客、留存客户、维护客户、转化复购。

（1）吸引新客

可以通过已有网络平台或产品的消费者进行转换，这是最直观的消费者来源，另外就是重新找寻种子客户进行塑造、裂变、引流。

社群引流是社群营销的重要前提条件。可利用多种渠道，如贴吧、微博、知乎、豆瓣、小红书等公域流量网络平台，尝试用不同内容进行种草，开展活动内容裂变，吸引客户进入社群。

（2）留存客户

社群的价值说到底就是解决客户的痛点和难题，并不是拉了一个微信聊天群，随后客户就愿意留下来甚至付钱。只有依托于剖析产品属性，并延伸到社群消费者中，有目的性地彻底解决社群客户痛点，才能让客户留存。

（3）维护客户

个性化的服务能让客户感受到诚意，如生日的问候、久违不见的问候、帮客户解决日常的问题，能够更加有效地维护客户。

社群内一人对多人的运营，做的是群的效果，这样不会占用客户大量的时间，有需要或者有活动时会点进去看。社群还要营造好氛围，因为一个氛围好的社群，客户会更喜欢，会更加容易产生互动，闲暇时间进入社群聊聊天，有意见时能够及时提出来,也有利于商家知道自己的问题所在,让客户看到商家的诚意,这对双方来说是互惠互利的。

(4)转化复购

对于社群来说,转化和复购是最关键的环节。准确地说,需要聚焦的重点不是提升社群的转化和复购能力,而是提高自有客户的转化和复购能力。

第一,社群活动中获得的优惠券必须到官方指定的营销渠道换取,下单时使用,达成转化。

第二,新品上线秒杀活动最好提前在社群开展活动预热,秒杀优惠价格精准推送给更多客户,使他们能预留充足时间,积极参与限时秒杀。

第三,罗列出产品系列,增加客户的挑选范畴,促使优惠券灵活应用,从而推动转换。

第四,进行社群营销人员团购设置,如多人拼团有优惠折扣、好礼相送等。

2. 做好用户分层

用户分层是对用户的状态进行区分,如潜水用户、免费用户、活跃用户、付费用户等,它们的关系是层层递进的,如图5-1-4所示。

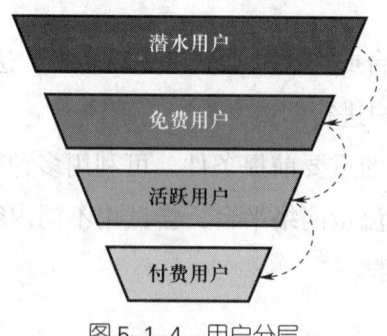

图 5-1-4　用户分层

关于对用户进行分层,需要了解以下几点。

(1)用户分层在不同行业中的表现是不一样的,而且可能是多样化的,如打车软件,用软件打车的人是一种用户,司机也是一种用户,广告商也是一种用户。如果要做用户分层,就需要对这三种类型的用户分别制定一套不同的用户分层体系。

(2)用户分层在产品发展的不同阶段会有不同的变化。例如,在不同阶段,价值用户和一般用户也不同,在发展初期,一个月消费2次,花费200元可能就是价值用户;随着公司的发展,产品不断增多,一个月消费10次,共花费5 000元可能才算是价值用户。

（3）用户分层需要定性和定量。需要对用户做出定性，如价值用户、一般用户，或者 VIP、超级 VIP 等，然后必须对此进行定量，如消费多少金额才能算价值用户。如何用科学化的手段进行用户分析，以确定各用户群体的行为特征，完成用户分层呢？这就要用到经典的 RFM 用户模型。

RFM 用户模型是一个经典的分析模型，R 是指最近一次消费（recency），F 是消费频率（frequency），M 是消费金额（monetary）。下面利用 RFM 用户模型对社群用户的标准进行分层（见表 5-1-2）。

表 5-1-2　某社群用户近一个月付费情况表

	1	2	3	4	5
R	11 天及以上	9~10 天	6~8 天	4~5 天	3 天及以内
F	3 次及以下	4~6 次	7~8 次	9~10 次	11 次及以上
M	80 元及以内	80（不含）~200 元	200（不含）~300 元	300（不含）~500 元	500 元（不含）以上

将社群中 10 个成员的数据进行统计，填入表 5-1-3 的第 2~4 列中，结合表 5-1-2 中对应的分值（1~5），分别对 R、F、M 进行赋值，填入表 5-1-3 的第 5~10 列。根据 RFM 值对用户的层级进行分类，最终得到用户层级，见表 5-1-3。

表 5-1-3　社群 RFM 用户层级表

用户	最后一次消费时间间隔（天）	消费频率（次/月）	消费金额（元/月）	R	F	M	R 高低值	F 高低值	M 高低值	用户层级
000001	5	2	500.00	4	1	4	高	低	高	重要发展用户
000002	3	9	200.00	5	4	2	高	高	低	一般价值用户
000003	8	1	800.00	3	1	5	低	低	高	重要挽留用户
000004	6	7	500.00	3	3	4	低	高	高	重要保持用户
000005	3	10	20.00	5	4	1	高	高	低	一般价值用户
000006	4	8	50.00	5	3	1	高	高	低	一般价值用户
000007	5	2	260.00	4	1	3	高	低	高	重要发展用户
000008	8	7	500.00	3	3	4	低	高	高	重要保持用户
000009	5	6	280.00	4	2	3	高	低	高	重要发展用户
000010	3	4	90.00	5	2	2	高	低	低	一般发展用户

当把用户的层级分好后，就需要制定运营策略，包括重要发展用户要怎么运营，一般价值用户要怎么运营等，这就需要根据公司的产品特性、用户特性来制定，具体做法虽然不尽相同，但是在方向上要遵循特定的要求才能达到效果。

以上就是用户分层中的一些实操方法，用户分层是运营过程中非常重要的一个环节，快速地进行用户分层也是社群运营必须掌握的技能。

3. 制定社群规则

社群运作需要规则，否则就会非常混乱，参与者也会越来越少。群规是群文化的体现，包括社群主题、鼓励内容、禁止内容等。

要让用户进群后第一时间了解群规，或者进群前告知群规。有违反群规的，可以通过私信进行提醒。

4. 善于利用群公告

以微信群为例，很多人进群后，会第一时间习惯性地设置消息免打扰。因此群主要善用"@所有人"以提醒群成员，群成员的手机微信界面会出现"有人@我"。在有重要事项、重要活动、大事宣布的时候可用群公告提醒群全员。但过于频繁地使用群公告（如每天5次以上）会引起用户的反感，甚至潜水用户会因此变成流失用户。

在重要时间节点发送群公告即可，如活动开始前1小时，结束前1天或半天。

5. 实施奖励机制

例如，每月在社群评选出活跃分子，不仅有海报宣传，还要有物质奖励。有些人可能会为了荣誉，每天坚持在社群内互动。

培训课程 2 客户关系管理

学习单元1　客户忠诚度管理

在竞争激烈的市场中，人是市场的主体，而对于企业来说，维护老客户、开发新客户是最关键的，只有不断提高客户对企业的信任度、忠诚度，才能在市场上占有一席之地。尤其是在竞争激烈的时代，只有提高客户的忠诚度才能够推动企业的快速发展。

一、客户忠诚度的概念与意义

1. 客户忠诚度的概念

客户忠诚度是指客户对企业的产品或服务的信任、情感维系和情感依赖程度，是客户一再重复购买，而不是偶尔重复购买同一企业的产品或者服务的行为。它主要通过客户的情感忠诚、行为忠诚和意识忠诚表现出来。其中情感忠诚表现为客户对企业的理念、行为和视觉形象的高度认同和满意；行为忠诚表现为客户再次消费时对企业的产品和服务的重复购买行为；意识忠诚则表现为客户做出的对企业产品和服务的未来消费意向。

因此，理想的"客户忠诚度"是由情感、行为和意识三个方面组成的客户忠诚营销统一体，这个统一体着重于对客户行为趋向的评价，通过这种评价活动的开展，反映企业在未来经营活动中的竞争优势。

2. 客户忠诚度的意义

企业竞争的目标由追求市场份额的数量转向追求市场份额的质量，忠诚客户的数量决定了企业的生存与发展，也是企业"长青"的保障。

每个企业管理者都在不同程度上了解拥有忠诚客户的重要性。但忠诚的客户对于企业来说究竟有多少价值和意义，可能多数企业管理者并不了解。

（1）能为企业创造更多的价值

忠诚客户往往会表现出再购买意向和实际再购买行为，因此忠诚客户比普通客户重复购买次数更多，而且越是忠诚度高的客户，重复购买的次数越多。忠诚客户表现出超强的信任关系，更能接受企业新开发的产品，即便没有体验过新产品，也会优先选择相信该产品，相信企业。忠诚客户是企业产品或服务的有力倡导者和宣传者，他们会向周边的亲戚朋友推荐、推广、传播企业产品或服务，间接帮助企业开发新客户。

（2）可以节省企业成本

随着企业间为争夺客户而展开的竞争日益白热化，企业为争取新客户需要花费的费用也越来越多。例如，广告宣传费用、促销费用（如折扣、抽奖、买赠）等。因此，比起开发新客户，留住老客户的成本要相对低很多，且客户越"老"，成本越低。有研究表明，开发一个新客户的成本是维系一个老客户的6倍，随着企业开发新客户的成本越来越高，维系老客户显然比开发新客户的成本更低。

（3）降低企业的经营风险并且提高效率

客户流失意味着客户不再从企业购买商品。据统计，如果不能采取有效的措施，企业每年要流失10%~30%的客户，这样的客户流失率使企业经营的不确定性增加了，风险也增加了。

相对固定的客户群体和稳定的客户关系，可使企业不再疲于应对因客户不断改变而造成的需求变化，有利于企业排除一些不确认因素的干扰，集中资源去为这些固定的客户提高产品质量和完善服务体系，降低企业经营风险。

（4）确保企业实现长久收益

随着市场竞争的日益加剧，客户忠诚度已成为影响企业长期利润的决定性因素。只有忠诚的客户才会持续为企业创造利润，保证企业的可持续发展。忠诚客户的数量决定了企业的生存与发展，客户忠诚度的高低决定着企业竞争能力的强弱。

二、客户忠诚度的评价指标

客户忠诚度是客户忠诚的量化指数，为了了解客户的忠诚状况，企业可以运用以下几个指标来对客户忠诚度进行评价。

1. 客户重复购买的次数

客户重复购买的次数是指在一定时期内，客户重复购买某产品或服务的次数。一般来说，在一定时间内，客户对某一产品或服务重复购买的次数越多，说明客户忠诚度越高；反之，则越低。企业为了便于识别和纳入数据库管理，一般将忠诚客户量化为 3 次或 4 次以上的购买行为。

2. 客户购买的产品数量

客户购买的产品数量是指客户经常购买某一产品或服务的种类、数量。一般来说，客户在最近几次购买中，某一品牌产品所占比例越高，说明客户对该品牌越青睐，对该品牌的忠诚度也越高。

3. 客户购买的决策周期

客户购买前都要对产品进行挑选，因而在其购买某产品时所花费的挑选时间能够反映出客户对于某种产品或服务信任程度的差异。一般而言，客户对某企业或品牌产品挑选的时间越短，说明他对这个企业或品牌的产品越偏爱，忠诚度越高；反之，则越低。

4. 客户对价格的敏感程度

客户在选择产品或服务时，价格是一个重要的考量因素，而且客户对于不同产品或服务价格的敏感程度是不同的。一般而言，对于喜爱和信任的产品，即便价格波动很大，客户也会选择继续购买，他们对其价格变动的承受能力较强，即价格敏感程度较低；相反，对于不信任和不喜欢的产品，价格稍微波动就会影响客户的选择，客户对价格变动的承受能力较弱，即对价格敏感程度较高。通常，对价格敏感程度高的客户，说明其对品牌的忠诚度较低；反之，则较高。

5. 客户对竞品的排斥程度

一般来说，对某种品牌忠诚度高的客户会自觉排斥其他品牌的产品或者服务，因而，可以通过客户对竞争产品的态度来判断其对某一品牌产品或服务的忠诚度。客户对竞争产品的促销活动或降价与促销行为越不敏感，说明客户对现有企业品牌的忠诚度越高；反之，则越低。

6. 客户对产品质量的承受能力

任何产品或者服务都有可能出现各种质量问题，即使是名牌产品或服务也很难避免。产品出现质量问题时，客户的态度可以反映出其对产品或企业的忠诚度。一般来说，客户对出现的质量事故越宽容，其对产品或品牌的忠诚度越高；相反，若客户对出现的产品质量问题强烈不满，并要求企业给予足够补偿，甚至可能会通过法律途径来解决，则表明客户对企业的忠诚度较低。

7. 客户对产品的认同度

客户对产品的认同度可以通过向身边的人推荐产品，或通过间接地评价产品表现出来。如果客户经常向身边的人推荐产品，或在间接地评价中表示认同，则表明该客户忠诚度较高。

三、客户忠诚度的管理策略

随着市场竞争的日益加剧，忠实客户已成为影响企业长期利润的决定性因素，越来越多的企业开始注重提高客户的忠诚度，企业要实现客户忠诚一般可采取以下策略。

1. 培育建立员工忠诚度

客户忠诚度的培育与维持关键在于员工忠诚度的培育，员工如果对企业不满意，就不会有激情和活力投入工作，甚至不会对其工作尽职尽责。尤其是对那些直接向客户提供产品与服务的商业流通企业来说更是如此。只有忠诚的员工才能带来忠诚的客户，只有先让员工满意，才能留住客户。

2. 区别对待不同的客户

不同的客户对企业的贡献程度不同。"二八法则"指出，企业80%的营业收入来自20%的客户，而其他80%的客户只能给企业带来20%的收入。企业要区别对待不同的客户，对那些能够和企业长期合作的高价值型客户应该给予更多的客户关怀，这样可以有效分配企业的资源，避免资源浪费。

3. 了解客户的购买阶段

一个忠诚客户的形成会经历六个阶段：持币待购阶段、犹豫不决阶段、信任阶段、重复购买阶段、稳定合作阶段和长期合作阶段。要了解客户，使之成为忠诚客户，首先应了解客户处在哪一个阶段，并针对不同阶段的客户制定不同的策略，促使客户最终进入长期合作阶段。

4. 期待愉快的购物体验

客户大多不喜欢强迫式推销，他们所期望的是企业尽可能给予他们感到愉快和满足的购物体验。如果他们曾经在和其他企业的交易中得到了比较好的体验，他们会要求企业也这么做，如果做不到，客户就会感到不满意，甚至离开。

5. 深入了解客户看中的价值

忠诚的根源是企业带给客户的价值。要想培养客户的忠诚度，就要发掘客户看重的价值,然后让客户从产品或服务中加以体验。不同的客户对企业的要求不同,如有的客户认为,节约了交易时间就意味着提供了高价值的服务。因此企业应简化交易程序,为客户节约交易的时间成本。

6. 积极处理客户的不满情绪

一个不满意的客户通常会向十个以上的人表达不满,其不良影响不可低估。企业员工如果能当场处理好客户的不满情绪,70%的客户还会继续购买;如果能够当场解决问题,95%的客户会继续购买。客户向企业宣泄他们的不满时,企业只要能够妥善处理,便有机会留住客户。为此,企业应设置更多、更方便的渠道处理客户的不满情绪,并对客户的不满情绪给予及时、有效的反馈。

7. 全面使用 CRM 系统

CRM 系统即客户关系管理系统,可以帮助企业高效管理客户资源,大大节省工作时间,简化销售流程,提高销售工作效率。同时,企业通过建立 CRM 系统能够对客户信息进行收集、整理和分析,并实现内部资源共享,有效提高服务水平,保持与老客户的关系。CRM 系统依托于先进的信息平台和数据分析平台,能够帮助企业分析潜在客户群和预测市场发展需求,有助于企业寻找目标客户,及时把握商机和占领更多的市场份额,可以帮助企业建立起与客户长久且稳固的互惠互利关系,对提高客户忠诚度和满意度作用明显。

四、客户忠诚度的提升计划

客户忠诚度的提升计划(以下简称客户忠诚计划)是指通过维持客户关系和培养客户忠诚度而建立客户长期需求,并降低其品牌转化率的客户计划。

麦肯锡公司(世界级领先的全球管理咨询公司)的调查显示,约有 53% 的日用品消费者和 21% 的休闲服饰消费者加入了忠诚计划。在加入日用品忠诚计划的消费者中,48% 的人比加入前增加了消费支出,而休闲服饰的消费者中,18% 的人增加了消费,这个数字是相当可观的。企业处于不同的行业、不同的发展阶段,顾客对于它们的认知程度也完全不一致。因此,不同的企业应该采取不同的方法找出自己的目标细分顾客群,通过控制他们对于企业产品和服务的满意度,以及提高他们不同层面的转换成本,来制订忠诚计划,实现顾客对于企业的忠诚。

1. 一级阶梯忠诚计划

这一级别的忠诚计划最重要的手段是价格刺激,或用额外的利益奖励经常来光顾的顾客。奖励的形式包括折扣、累计积分、赠送商品和奖品等，使目标消费群体的财务利益增加，从而提高他们购买的频率。

显而易见，这个级别的忠诚是非常不可靠的。第一，容易被竞争者模仿。如果多数竞争者加以仿效，就会成为所有实施者的负担。第二，顾客容易转移。由于只是单纯价格折扣的吸引，顾客易受到竞争者类似促销方式的影响而转移购买。第三，可能降低服务水平。单纯的价格竞争容易忽视顾客的其他需求。

2. 二级阶梯忠诚计划

这一级别的忠诚计划主要形式是建立顾客组织，包括建立顾客档案和正式的、非正式的俱乐部以及顾客协会等，通过更好地了解消费者个人的需要和期望，使企业提供的产品或服务更加个性化和人性化，更好地满足消费者个人的需要和要求，使消费者成为企业忠实的顾客。这些形式增加了客户的社会利益，同时也附加财务利益。目前，很多零售企业已经将其营销战略从一级阶梯忠诚计划转向了二级阶梯忠诚计划。

3. 三级阶梯忠诚计划

这一级别的忠诚计划为客户提供有价值的资源，而这个资源是客户不能通过其他途径得到的，可以提高客户转向竞争者的机会成本，同时也将增加客户脱离竞争者而转向本企业的收益。该计划主要增加与客户之间的结构性纽带，同时附加财务利益和社会利益，其表现形式往往以俱乐部等顾客组织形态存在。如果企业的顾客群比较集中，而且边际利润很高，则适合采用三级阶梯忠诚计划。

典型案例

小米集团的员工和客户忠诚度提升

1. 培养小米集团员工的忠诚属性

员工忠诚是企业快速发展的关键保障之一，这已成为企业管理的共识。2022年3月24日，小米集团向4 931位员工授予约1.749亿股小米股票，这是小米集团上市以来针对员工的最大规模激励。加大对优秀员工的奖励，不仅是资金奖励，还有股权奖励、升职等，不断增加集团与员工之间的密切关系，将员工变为家人，不断提升员工的忠诚度、亲切度，使员工更加积极主动地创造价值、实现价值，最终实现员工与公司的双赢。

2. 掌握小米集团客户的价值主张

"让每位消费者都能获得科技给予的美好,为发烧而生",这是小米作为互联网企业的价值理念。小米一直坚持以用户为中心,不断创新与研发,以技术创新作为其立业之本,开放式商业模式的价值理念使得小米拥有的创新力量迅速增强。小米重视客户体验,致力于为客户提供优质的服务。小米的客户服务中心提供快速的响应时间和专业的售后服务,包括退货、维修、更换零部件等。此外,小米还推出了一系列优惠活动,例如优惠券、会员计划、礼品赠送等,为客户提供更多的实惠和福利,让客户感到满意,使客户感受到小米的关心和重视。

3. 建立小米集团稳固的沟通渠道

小米建立了广泛的客户社交网络,通过稳固的沟通渠道与客户建立了良好的关系,主要从官方网站、论坛社区、客服微博、定期同城会等渠道第一时间接收客户意见和反馈,为客户提供快捷高质的服务,积极改进产品和服务,以满足客户的需求。

企业要认识到,为客户创造价值的脚步一天都不能停止,有效的客户忠诚计划必须能够持续为客户创造价值,诸如不断推出新产品或新服务,提供增值服务,以及持续的购买奖励,并且购买奖励要随着客户购买业绩的差异而不同。出色的客户忠诚计划会激励客户不断"进阶"。

任何成功的品牌都会认同客户忠诚计划的价值,不仅是因为留存现有顾客可以节省预算并获得更高的长期回报,更因为如今国内流量红利耗尽,各方进入"存量博弈"的时代,良好的顾客体验能够形成真正的品牌亲和力,在降低运营成本的同时,潜移默化地打造出坚实的私域流量。

学习单元2　客户挽回策略制定

客户是企业的重要资源,也是企业的无形资产。客户的流失,意味着企业资产的流失,因此对客户流失进行分析是十分必要的。有关调查数据显示,在自然状态下,一家企业的客户年流失率为10%~25%。根据有关理论,一家公司如果将其客户流失率降低5%,利润就能增加25%~85%。由此可见,研究客户流失现象,制定客户挽回策略,对防止关键客户流失具有重要意义。

一、客户流失的原因分析

客户流失是指客户由于种种原因不再使用本企业的产品或服务,转而购买其他企业的产品或服务的现象。

尽管企业经营者越来越认识到客户对企业的重要性,但由于缺乏有效的管理工具,客户流失仍时有发生。因此,企业必须先了解客户流失的原因,才能提出预防措施。客户流失原因分析的目的,就是阻止或者避免客户的流失,提高企业的赢利水平和竞争力。

1. 企业原因造成的流失

从企业自身角度来看,客户流失主要有以下几种原因。

(1) 管理因素造成的流失

员工跳槽带走客户是客户流失的重要原因,尤其是企业的高级营销管理人员的离职,更容易导致客户群的流失。很多企业在客户管理方面做得不到位,企业与客户之间的关系牢牢地掌握在销售人员的手中,企业自身对客户影响乏力,一旦业务员跳槽,老客户也就随之而去。一家企业若销售队伍不稳定,销售人员就会成为企业的"流动大军",如果控制不当,在销售人员流失的背后,往往伴随着客户的大量流失。

此外,企业对管理细节的疏忽也会造成客户流失,如企业服务意识淡薄、企业内部管理不到位、店大欺客等。

(2) 营销因素造成的流失

由营销因素造成的客户流失包括由产品造成的客户流失、由价格造成的客户流失、由促销造成的客户流失等情况。

1) 由产品造成的客户流失。由产品造成的客户流失情况有可能是客户找到更好的同类产品或服务,也有可能出现了更好的替代品,如联想智能手机用户的流失与华为手机的出现及小米手机的竞争不无关系。

2) 由价格造成的客户流失。价格也是造成客户流失的重要因素。顾客因价格(通常是更低价)而转移购买,一种情况是竞争对手以优厚的条件吸引客户,客户离开了企业;另一种情况是个别客户自恃购买力强大,为得到更优惠待遇,以

"主动流失"进行要挟，企业如果满足不了他们的要求，就会造成客户流失。

3）由促销造成的客户流失。由促销造成的客户流失是指在激烈的市场竞争中，竞争对手为了能够在市场上获得有利地位，往往会以优厚条件来吸引客户，特别是大客户往往会成为各大厂家争夺的对象。当竞争对手针对本企业的顾客实施促销活动时，企业如果没有相应对策，忽视了对现有客户的管理，企业客户往往会被竞争对手抢走。

（3）缺乏创新造成的流失

任何产品都有它的生命周期，随着市场的成熟及价格透明度的提高，产品带给企业的利润空间越来越小，带给客户的价值也越来越小。如果企业创新能力跟不上，不能给客户提供附加价值高的产品，顾客就会转向购买技术更先进的替代产品或服务。

（4）市场波动造成的流失

企业在发展过程中会出现一些波折，企业的波动期往往是客户流失的高发期。例如，企业高层的动荡、企业资金周转不灵或出现意外灾害，都会导致企业波动，从而导致市场波动，因为任何一个客户都不愿意和动荡不安的企业长期合作。

（5）店大欺客造成的流失

店大欺客是营销中的普遍现象，一些大企业苛刻的市场政策常常会使一些中小客户不堪重负而离去，或者抱着抵触情绪来推广产品，一旦遇到合适时机就会远离而去。医药、大型超市连锁企业就是典型的例子，一些连锁企业进店费用高，对小企业而言是一道难以逾越的门槛。

（6）诚信问题造成的流失

诚信出现问题也是客户流失的一个重要原因。有些企业喜欢向客户随意承诺条件，结果不能兑现承诺，如承诺的返利、奖励等不能及时兑现，会让客户觉得企业没有诚信而放弃合作。

（7）政治因素造成的流失

顾客因不满意企业的政治立场与态度，或认为企业未承担社会责任而不再购买。

（8）其他因素造成的流失

除了以上因素外，还有一些其他因素造成的客户流失，如客户的采购主管、采购人员离职等。

2. 客户原因造成的流失

从客户价值和客户满意的角度来看，客户流失主要有以下几种原因。

(1) 企业主动放弃客户

由于企业产品技术含量提高，升级换代，目标客户群体发生改变，从而主动放弃部分原来的客户。例如，某酒厂以前生产普通白酒，客户定位在低收入消费者，而引进先进生产工艺后生产的特制醇酿，口感和味道均有提高，因而提高价格，走向中高端市场，相当于主动放弃了以前的低端客户。

(2) 客户主动离开

由于对企业的产品或服务质量感到不满，并通过直接或间接的途径未能得到解决，部分客户会主动转投竞争对手。他们的离开，对企业造成的负面影响最大。

(3) 客户被竞争对手挖走

竞争对手通过向客户提供特殊的、经正常业务途径无法获得物质利益的措施（如采取优惠、特价、折扣等），将原属于本企业的客户挖走。

(4) 客户被竞争对手吸引走

由于竞争对手推出功能和质量更高的产品或服务，从而将本企业的客户吸引过去。

(5) 客户被迫离开

客户由于经济情况发生变化，或发生地域上的迁徙等，将会被迫和企业断绝交易关系。这样的客户流失是不可避免的，应该控制在弹性流失范围之内。

(6) 其他原因离开的客户

除上述几种情况外，还有很多导致客户流失的原因。例如，由于企业员工跳槽而带走的客户；由于企业对市场监控不力，市场出现混乱，客户经营企业的产品时不能获利而导致的客户流失等。

二、客户流失的防范策略及挽回措施

流失一位重复购买的客户，不仅使企业失去这位客户带来的利润，还可能损失与受其影响的其他客户的交易机会，这样的流失会让企业投入客户关系中的成本与心血付之东流。因此，当企业与客户的关系有裂痕时，企业应该尽快、及时地恢复与客户的关系。

1. 客户流失的防范策略

(1) 实施全面质量管理

关系营销的中心内容就是最大限度地使客户满意，为客户创造最大价值而提供高质量的产品和服务。而实施全面质量管理，有效控制影响质量的各个环节、各个因素，提高管理质量，创新研发产品等是创造优质产品和服务的关键。

(2)重视客户抱怨管理

客户抱怨是客户对企业产品和服务不满的表现，表明企业经营管理中存在缺陷。很多企业对客户抱怨持敌视的态度，对这部分客户的抱怨行为感到厌恶和不满，认为他们会有损企业的声誉，其实这种看法是不对的。客户抱怨是推动企业发展的动力，也是企业创新的信息源泉。

(3)建立客户服务体系，提升员工满意度

建立以"客户为中心"的服务理念，加强售前、售中、售后的客户服务，建设完善而卓越的客户服务体系，并通过严格的实施来确保优质的服务，增加客户的满意度，从而赢得客户和市场，保证企业的可持续发展。另外，员工满意度的提高会使员工提供给客户的服务质量提升，最终会使客户满意度提高。

(4)建立以客户为中心的组织机构

拥有忠诚客户的巨大经济效益让许多企业深刻地认识到，与客户互动的最终目标并不是交易，建立持久忠诚的客户关系才是最终目的，在这种观念下，不能仅仅把营销部门看作是唯一的对客户负责的部门，而企业的其他部门则各行其是。关系营销要求每一个部门、每一名员工都应以客户为中心，所有的工作都应建立在让客户满意的基础上，为客户增加价值，以客户满意为中心，提升客户体验感，达到让客户长期满意的目的。

(5)建立客户关系的评价体系

客户关系的正确评价对于防范客户流失有着很重要的作用，只有及时地对客户关系的牢固程度做出衡量，才有可能在制定防范措施时有的放矢。尽管各企业对客户关系评价的做法各有特点，但在方法上仍然具有相似性，都是最后通过结论，查看客户在多大程度上信任企业，在多大程度上对他们的需求做出了适当的反应。通过评价，可以分辨客户关系中最牢固的部分和最薄弱的部分，还可以分辨出最容易接纳的客户关系和有待加强的客户关系。

2. 流失客户的挽回措施

在客户流失前，企业要极力防范，而当与客户关系破裂，客户流失已成为事实后，企业要采取挽回措施，竭力挽留有价值的流失客户，最大限度地争取与他们"重归于好"。

(1)调查原因，缓解不满

如果企业能够深入了解客户流失的原因，就可以获得大量珍贵的信息，发现经营管理中存在的问题，从而采取必要的措施，及时加以改进，避免其他客户再流失。相反，如果企业没有找到或者需要很长时间才能找到客户流失的原因，企业就不能及时有效地加以防范。

因此，企业要积极地与流失客户联系，访问流失客户，诚恳地表示歉意，缓解他们的不满，同时了解流失的原因，虚心听取他们的意见、看法和要求，给他们反映问题的机会。

（2）"对症下药"，争取挽回

企业要根据客户流失的原因制定相应的对策，尽力争取及早挽回流失客户。例如，针对价格敏感型的客户流失，应该采取参照竞争对手的定价策略，甚至采取略低于竞争对手的价格，这样流失的客户才会回来。针对喜新厌旧型客户的流失，应该在产品、服务、广告及促销策略上多一些创新，从而将这些客户挽回。

例如，A客户原来是1~2个月光顾一次，现在几个月都不来了，这肯定是有原因的；再如，B客户原来半年消费上万元，最近半年消费变成几十元了，这些情况都需要关注。

（3）分门别类，区别对待

在资源有限的情况下，企业应该根据客户的重要性来分配投入挽回客户的资源，要对不同级别的流失客户采取不同的态度。挽回的重点应该是那些消费能力强的流失客户。

针对下列三种不同级别的流失客户，企业应当采取的基本态度如下。

第一，对"有重要价值的客户"要极力挽回。一般来说，流失前能够给企业带来较大价值的客户，被挽回后也将给企业带来较大的价值。因此，给企业带来价值较大的关键客户应是挽回工作的重中之重，如果他们流失，企业就要不遗余力地在第一时间将其挽回。

第二，对"普通客户的流失"和"非常难避免的流失"可因情况而定。企业应根据自身实力和需要，决定对这两类客户的挽回投入。

第三，基本放弃对"小客户"的挽回。由于"小客户"价值低，对企业又很苛刻，数量多且很零散，挽回他们需要很多成本。因此，对这类客户可以顺其自然。

（4）必要时可彻底放弃

有时需要彻底放弃一些不值得挽留的流失客户，存在以下情形的客户均不值得挽留。

不可能再带来利润的客户；无法履行合同约定的客户；无理取闹、损害员工士气的客户；需求超出了合理限度，妨碍企业为其他客户提供服务的客户；声望太差，与之建立业务关系会损害企业形象和声誉的客户；信用恶劣，应收账款长期拖欠，影响企业正常财务运转的客户。

职业模块 6
商务数据分析

培训课程1　电子商务数据加载

培训课程2　电子商务数据报表设计制作

培训课程3　电子商务数据统计分析

　　学习单元1　交易数据分析

　　学习单元2　营销活动数据分析

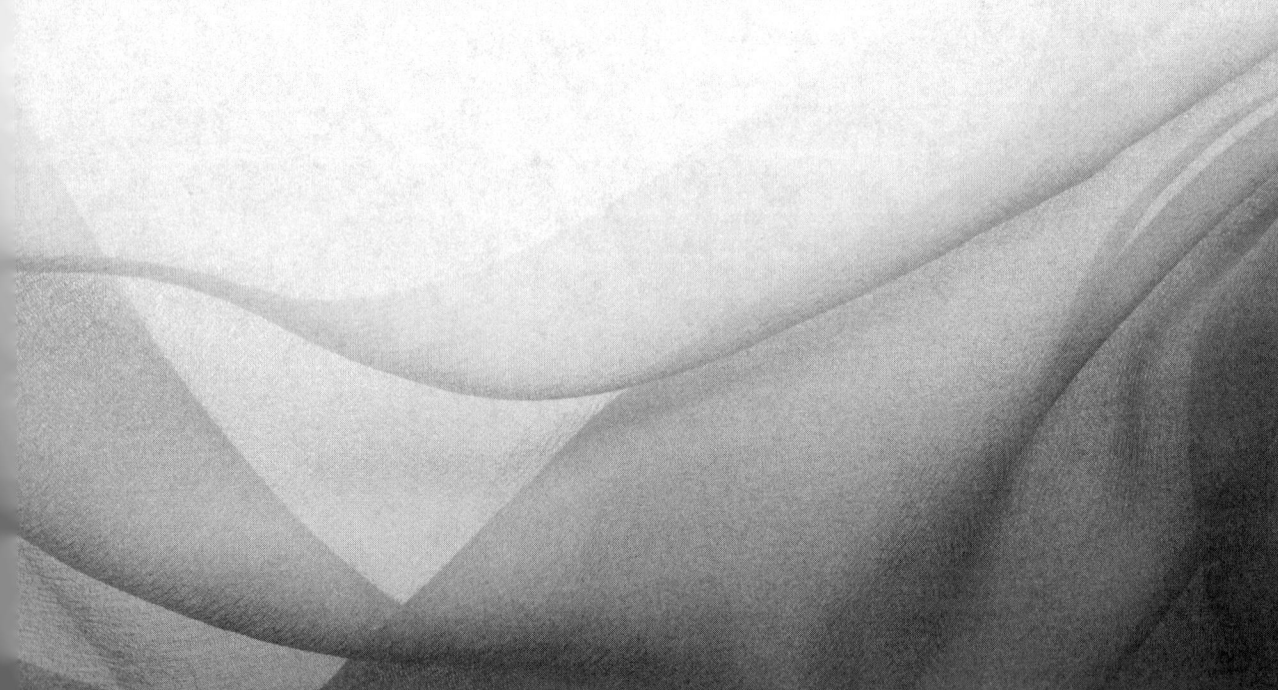

培训课程 1

电子商务数据加载

一、电子商务数据分析工具简述

数据分析是指用适当的统计分析方法对收集来的大量数据进行分析,提取有用信息并形成结论,从而对数据加以详细研究和概括总结的过程。电子商务数据分析包括大行业、大平台的数据状况,也涉及具体店铺、单品、SKU 的某个维度的详细数据分析。数据分析是一个复杂的过程,借助电子商务数据分析工具能够更精准、更科学地辅助企业发展。数据分析的工具有很多,这里主要介绍基础、可视化、专业的统计分析工具以及编程语言。

1. Excel

Excel 是常用的数据分析基础工具。Excel 体系庞大,在人力、金融、管理等多个领域都有广泛应用,可以进行各种数据处理和分析。Excel 的常用功能如下。

(1)表格制作:简单的数据录入,图表制作、美化。

(2)数据透视表:实现交互式数据分析。

(3)函数公式:通过函数公式可以进行数学计算。

(4)统计分析:Excel 里的数据分析可以实现描述统计、假设检验、抽样等统计分析功能,只要用得好,其功能不逊色于专业的统计分析软件。

(5)图表展示:用 Excel 作图操作简单,可以制作简单的日报、月报并进行数据分析,但若需要制作较高要求的图表,需要掌握更多的操作技巧。

(6)VBA:可以用 VBA 编程实现更高级、更复杂的功能。

(7)插件:Excel 还能承载很多插件,如 Power Query、Power Map、Power View 等,用来辅助实现更为强大的数据分析功能。

2. Tableau

Tableau 是一款可视化的、能够进行图表美化的工具。它将数据计算和图表完美地融合在一起，可以在几分钟内生成美观的图表、坐标图与报告等。是用来快速分析、可视化的强大工具，其作用偏向于商业分析。Tableau 具有如下特点。

（1）功能简单：能轻松整合，易上手。

（2）交互性：类似于 Excel 数据透视表/图的功能，可进行交互。

（3）美观：能轻松制作美观的坐标图等。

3. Power BI

商业智能（Business Intelligence，BI），又称商业智慧或商务智能，是一种用现代数据仓库技术、线上分析处理技术、数据挖掘和数据展现技术进行数据分析以实现商业价值的工具。Power BI 原为 Excel 的一个插件，后来成为独立的数据分析软件，它的可视化效果非常强大。

Power BI 就是将数据分析的流程展示出来以便提供科学决策的工具，先用 Power Query 处理和清洗数据，再用 Power Pivot 建模，最后用 Power BI 的图表库作图。Power BI 具有如下特点。

（1）同 Tableau 一样，Power BI 也是基于 Excel 的数据透视表/图的功能和效果。

（2）可与 Excel 无缝对接，创建个性化的数据看板。

总体来说，BI 类工具是将数据和业务联系在一起，为了更好地决策而诞生的。

4. SPSS

SPSS 是一款专业的数据分析工具，着重于统计分析运算、数据挖掘、预测分析等功能的实现。SPSS 可以在不需要编程语言的情况下，很好地进行回归分析、方差分析、多变量分析等研究。SPSS 具有如下特点。

（1）界面简单，SPSS 采用类似 Excel 表格的方式读入与管理数据。

（2）功能强大，集数据录入、整理、分析功能于一身，能够进行相关分析、回归分析、聚类分析、时间序列分析等。

（3）需要基础，上手有一定的门槛，需要使用者具备一定的统计学基础知识，能够对统计分析模型有一定的理解。

（4）有专门的绘图系统，可绘制图形，但相对于其他可视化软件来说，图形较单调。

5. Python

Python 是主流的数据分析编程语言，与可视化工具不同的是，它是纯代码数字分析工具，应用更为广泛和全面。Python 具有如下特点。

（1）语法简单，较易学习。

（2）拥有高质量的数据科学计算包。

（3）可移植性强。由于 Python 的开源本质，它已经被移植在许多平台上，经过改动能够在不同平台上工作，兼容性更强。

二、电子商务数据分析工具选择的方法与注意事项

通过对上述数据分析工具的了解可知，Excel 是通用工具，Power BI/Tableau 属于初级的操作工具，SPSS 是中级工具，Python 则属于高级工具。这里的级别并非意味着功能的强大与否，而是指学习和上手的难易程度。下面介绍数据分析工具的选择方法与注意事项。

1. 选择方法

进行电子商务数据分析，需要选择恰当的数据分析工具，然后对处理过的数据进行分析，提取有价值的信息，形成有效结论。通过对数据进行探索式分析，能够对整个数据集有一个全面认识，以便以后选择适当的分析策略。

要明确数据分析工具选择的方法，首先，需要熟悉常用的数据分析方法，如描述性统计分析、趋势分析、对比分析、频数分析、分组分析、平均分析、结构分析、交叉分析等。其次，要熟悉数据分析工具的特点，便于进行专业的统计分析、数据建模等，数据分析工具的概述及特点前面已经介绍，其中 Excel 中涵盖了大部分数据分析功能，能够有效地对数据进行整理、加工、统计、分析及呈现。掌握 Excel 的基础分析功能，就能解决大多数的数据分析问题。

2. 注意事项

（1）在选择数据分析工具时需要考虑使用者的情况。每个人对于软件的操作熟练度不同，假设让不擅长计算机操作的人员操作过于复杂的数据分析工具，往往会影响操作效率，因此采购时不要只看数据分析工具功能是否全面，还要考虑使用者是否可在较短时间内熟练操作。

（2）需要在更短的时间内处理更多的数据。面对众多的传感器、社交媒体、事务记录、手机及更多数据源，很多个人和企业完全淹没在一片数据汪洋之中。借助分析工具的目的在于从容快速地应对数据和决策，这是选择数据分析工具的关键。

（3）保证高效地处理数据质量和性能。如何把数据高质量、高性能地展现出来，展现方式是关键。一般情况下，数据是通过图表的方式呈现的，因为图表能

更加有效、直观地传递出要分析表达的观点，常用的数据图表包括饼图、柱形图、条形图、折线图、气泡图、散点图、雷达图等。还可对数据图进行进一步加工整理，变成自己需要的图形，如金字塔图、矩阵图、漏斗图等。数据分析工具的选择，一定要确保能够真实反映数据，完整表达观点。

三、数据加载的定义与作用

1. 数据加载的定义

数据加载是继数据提取和转换清洗后的下一个阶段，它负责将从数据源中抽取加工的数据，经过数据清洗和转换后，最终按照预定义好的数据模型，将数据加载到目标数据集或数据仓库中去，可实现批量加载。

数据加载的过程中要注意异构数据源。异构数据源（Disparate Data Source），广义上是指数据结构、存取方式、形式不同的多个数据源。如在一个系统中，同时包含由关系型数据库 Oracle/SQL Server/MySQL、Excel 文件、TXT 文本数据或 XML 数据等不同数据源组成的整体，就是一个异构的数据源。数据加载的异构数据源均可通过 SQL 语句进行 Insert（插入）、Update（上传）、Delete（删除）操作。而有些数据库管理系统集成了相应的批量加载方法，如 SQL Server 的 BCP、bulk 等，Oracle 的 SQL Loader，或使用 Oracle 的 PL/SQL 工具中的"Import"完成批量加载。

2. 数据加载的作用

数据加载是从外部设备或数据库中加载数据到内存中，包括读取文件，将文件中的数据和外部数据库的信息提取到内存中，并将数据加载找到本地数据库，以便程序正确处理这些数据。数据加载的作用是将数据从存储的介质中加载到计算机的内存或者程序中，以便用户或程序可以对这些数据进行查看或处理。数据加载通常是指向内存或程序中读取数据，以提供更快或更高效的访问。数据加载的步骤如图 6-1-1 所示。

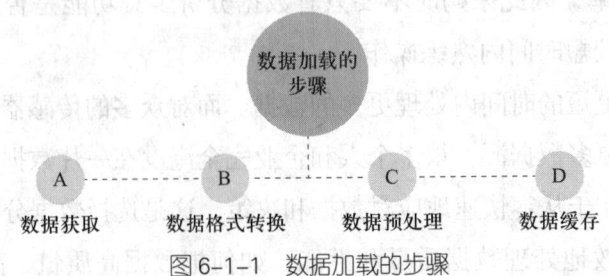

图 6-1-1 数据加载的步骤

3. 数据加载的应用

数据加载可以应用于各种场景，例如，网站页面、移动应用、数据可视化（见图6-1-2）以及科学计算等领域。数据加载的应用能确保数据可以被准确、快速地访问和使用。

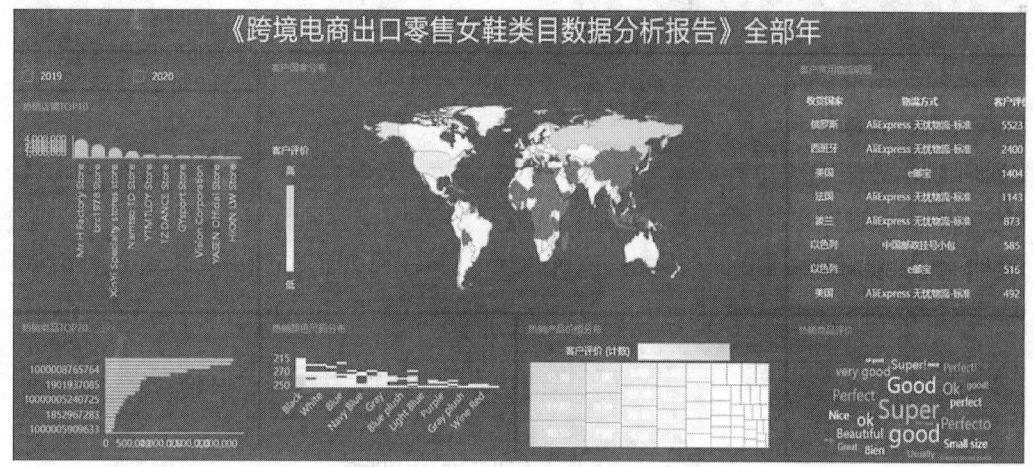

图6-1-2 数据加载应用于数据可视化

四、数据加载的操作步骤

下面以 Excel 和 Power BI 为例，简述数据加载的操作步骤。

1. Excel 数据加载的操作步骤

Excel 数据加载的基本操作步骤包括：①打开 Excel 文件（文件格式 .xls/.xlsx/.xlt）；②选择要加载的数据区域；③编辑数据，如排序或筛选；④使用"复制"操作复制数据；⑤粘贴数据到目标表单中。

Excel 加载 SQL 数据库的操作步骤包括：①连接 SQL Server 数据库；②输入 SQL 命令或存储过程；③选择要加载的数据表；④从 Excel 中选择数据表作为加载结果；⑤点击"加载"，将加载结果输入 Excel 文件。具体如图6-1-3所示。

2. Power BI 数据加载的操作步骤

Power BI 数据加载首先需要选择要从哪里连接数据，一种是从 Excel 工作簿中获取数据源，这是很常见的一种获取数据的方式；另一种就是文本文件，很多公司从系统中导出来的数据，会习惯用文本文件来储存。下面来学习如何在 Power BI 中获取 Excel 工作簿数据，具体操作步骤如下。

双击打开 Power BI，如图6-1-4所示。

在主页选项卡中，点击获取数据下方的下拉按钮，如图 6-1-5 所示。

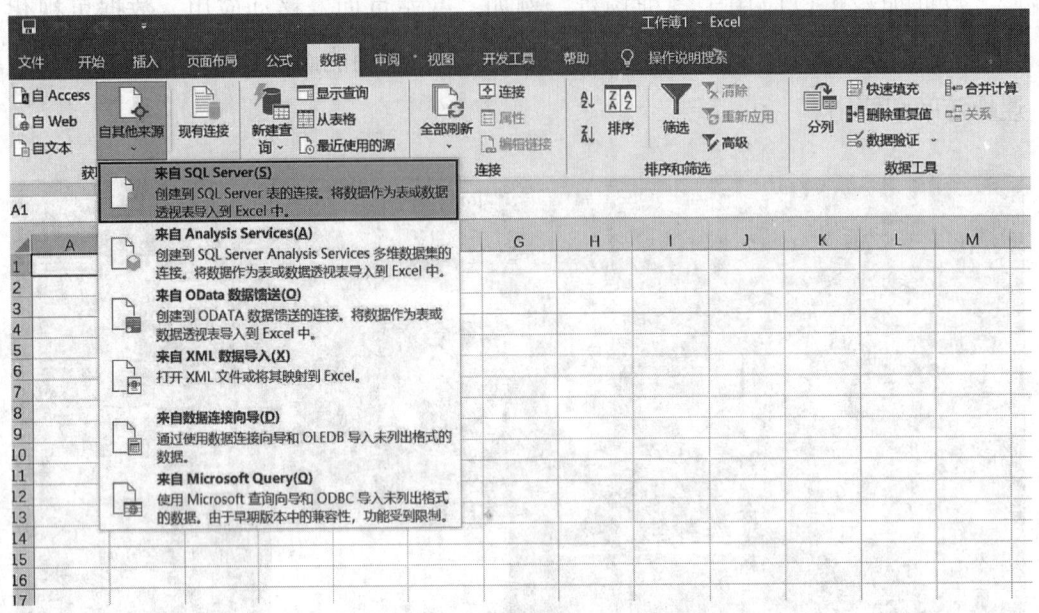

图 6-1-3 导入 SQL Server 数据库

图 6-1-4 Power BI 图标

图 6-1-5 点击"获取数据"下拉按钮

点开后可以看到，下拉菜单第一个就是最常见的"Excel"工作簿，如图 6-1-6 所示，点击"Excel"选项。

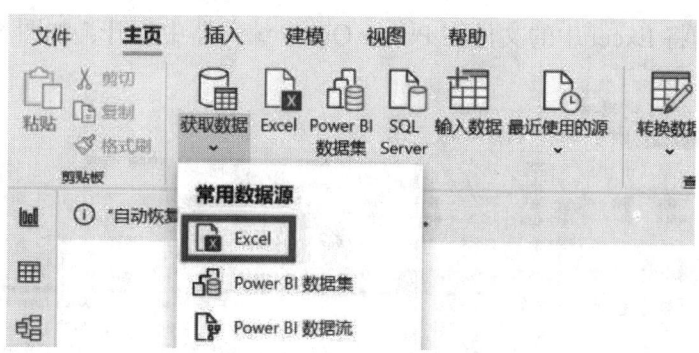

图 6-1-6 "Excel"选项

在弹出的对话框中,选择操作素材中的"手机销售清单",并打开,如图 6-1-7 所示。

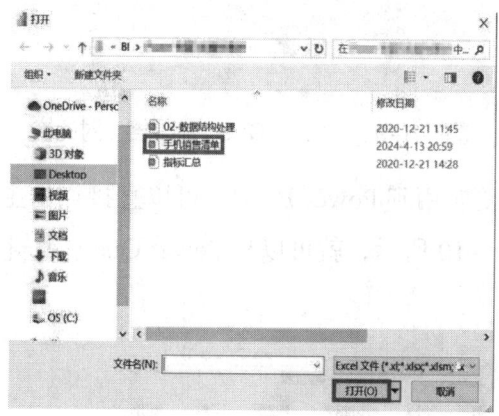

图 6-1-7 打开操作素材

在弹出的"导航器"中,在"手机销售清单"前的小方框内打勾,然后点击"转换数据",如图 6-1-8 所示。

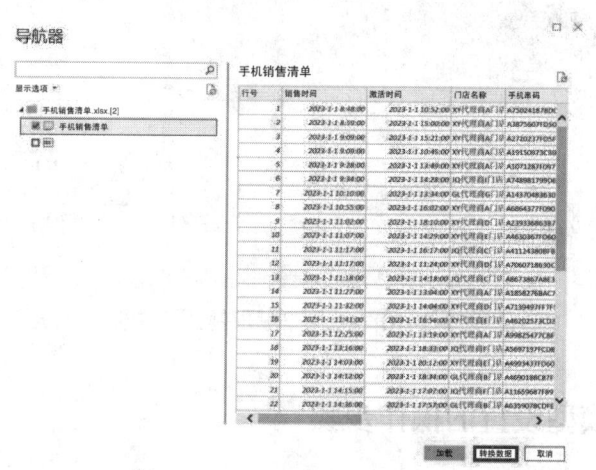

图 6-1-8 "导航器"界面

此时，即将 Excel 中的文件在 Power Query 编辑器中打开，如图 6-1-9 所示。

图 6-1-9 "Power Query 编辑器"对话框

如果这些数据需要应用到 Power BI 中，可以直接点击主页选项卡的"关闭并应用"按钮，如图 6-1-10 所示，就可以从 Power Query 编辑器转换到 Power BI 的操作界面。

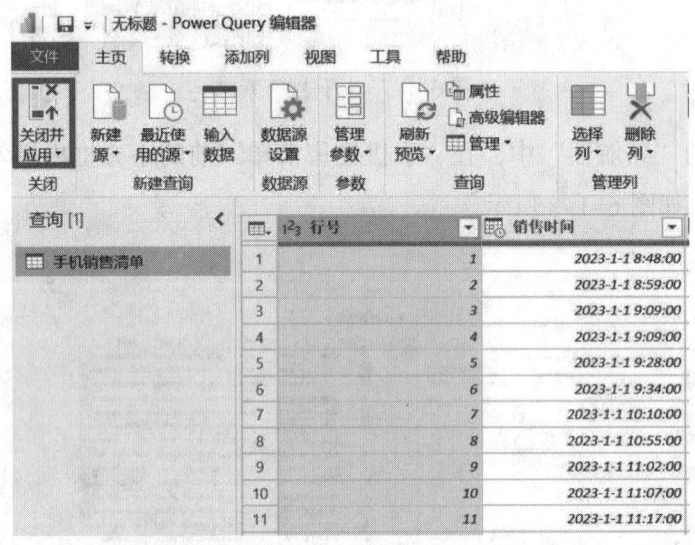

图 6-1-10 点击"关闭并应用"按钮

五、数据模型设置的操作步骤

数据模型设置操作步骤包括：第一步，分析源数据结构和内容，发现存在的问题；第二步，根据所需的解决方案，选择合适的模型；第三步，确定模型原件的输入、构造和输出；第四步，收集、处理、测试和验证数据；第五步，采用机器学习算法或优化技术，训练模型；第六步，评估模型的性能；第七步，根据模型的性能，对模型进行调整；第八步，应用模型，将模型部署到实际环境中。

下面以漏斗模型为例，简述数据模型设置的操作步骤。

典型案例

某网店的数据模型设置操作步骤

一、情景导入

"漫漫旗舰店"主要经营各类裙装，如连衣裙和半身裙等，现该网店为了了解某款商品的客户从访问商品页面到完成支付的转化情况，采集了2022年8月该商品的销售数据进行分析。将用户进入平台、浏览商品、找到合适的商品、下单并完成支付等行为，形成数据采集报表，见表6-1-1。

表6-1-1 数据采集报表

统计日期	商品名称	访客总量	加购买家数	支付买家数	下单买家数	交易成功买家数
2022-08-01至2022-08-31	新款莫代尔吊带连衣裙女夏内搭打底黑色背心长裙春秋裙子	2 217	986	438	396	316

为方便直观地呈现数据转化，数据分析人员对该数据进行了可视化处理，形成漏斗模型图，如图6-1-11所示。

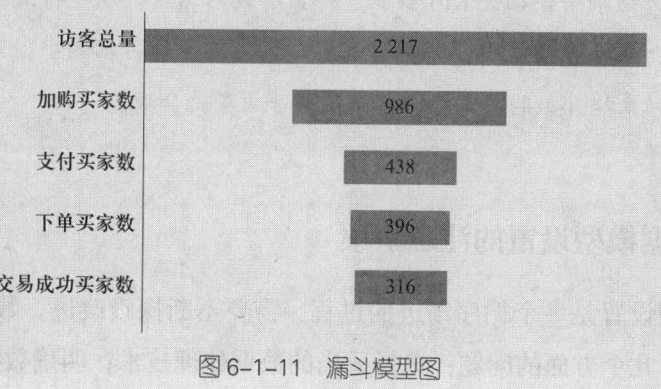

图6-1-11 漏斗模型图

转化漏斗的各个层级体现了用户从浏览到下单的各个环节，反映了从展现、点击、咨询到生成订单、支付成功的客户数量及流失情况。

基于客户进入网店到下单成交过程的监控指标，分析影响各个阶段转化的因素，并简述操作步骤。

二、案例解析

1. 定义销售交易漏斗

明确漏斗结构，定义漏斗销售的各个阶段，以及每个阶段的指标；完成这项工作要理解各个定义，每个指标的层次、量级、走向等，在整个流量漏斗中，它们之间是如何协同起作用的。

根据实际情况，把指标和相应数据（KPI）与漏斗的各个节点联系起来。

2. 营销分析

（1）数据收集

从综合数据来源及数据层面进行数据采集，包括访客数、加购买家数、支付买家数、下单买家数、交易成功买家数，并计算KPI指标等。

（2）分析目标

确定从数据中提取的信息种类，包括数量、相对百分比、表现变化等。

（3）运用数据

参照漏斗目标分析出相关关键环节，将交易数据运用到漏斗目标分析中，实现对营销效果的有效分析。

（4）产出结果

将分析结构结合相关KPI数据，得出有效的结论，以支持业务行动和决策。例如，在漏斗模型中，加购买家数与访客总量的占比偏小，可以通过增加营销活动来提升加购买家数，从而使漏斗模型更合理。

六、数据模型设置的注意事项

数据模型设置是一个循序渐进的过程，需要不断探索改进。数据模型的设置应该考虑以下几个方面的问题：选择适当的数据处理技术；明确数据模型的目标，评估模型可靠性和可重复性；明确可用数据的完整性和准确性，保持数据结构的稳定性和可用性；避免信息重复；数据集要适应模型使用，监控数据模型的性能。做好上述方面能够更好地设置数据模型，帮助企业合理、有效地完成数据分析工作。

培训课程 2

电子商务数据报表设计制作

一、数据报表的类型

数据报表可以按不同的标准进行分类。

1. 按报表外观分

按报表外观，可以将数据报表分为表格、图表和图形等。表格可分为列表式与矩阵式，列表式按照表头顺序平铺式展示，便于查找信息；矩阵式主要用于多条件数据统计，便于数据汇总统计，适合进行数据分析时使用。图表是指直观展示统计数据的图形结构，图表与图形类型多样，适用于不同场景，可以化繁为简，较直观地展示重要信息。

2. 按报表用途分

按报表用途，可以将数据报表分为日常数据报表和专项数据报表等。日常数据报表用于日常数据需求，便于达成明确的分析目标，如运营数据、销售数据、客户数据的日报表等。相较于日常报表，专项报表更为聚焦，旨在单独呈现某个维度的数据，为电子商务的运营提供决策建议。根据发展需要，一般专项数据报表的制作围绕市场、运营、产品三个维度展开。日常数据报表如图6-2-1所示，专项数据报表如图6-2-2所示。

二、数据报表设计的原则和方法

1. 数据报表设计原则

（1）准确性原则

在设计报表之前，首先要明确报表的目的，即通过报表想要突出展示的数据关系，以确定报表的形式和内容，保持数据的真实性、准确性和及时性，不可进行造假或人为干预。

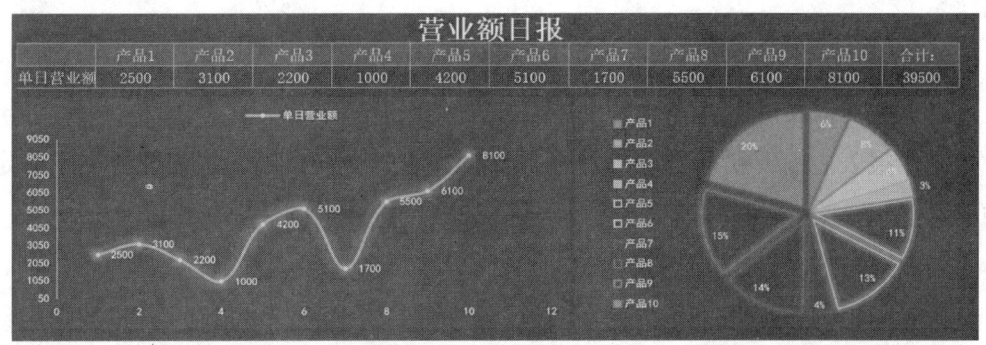

图 6-2-1　日常数据报表

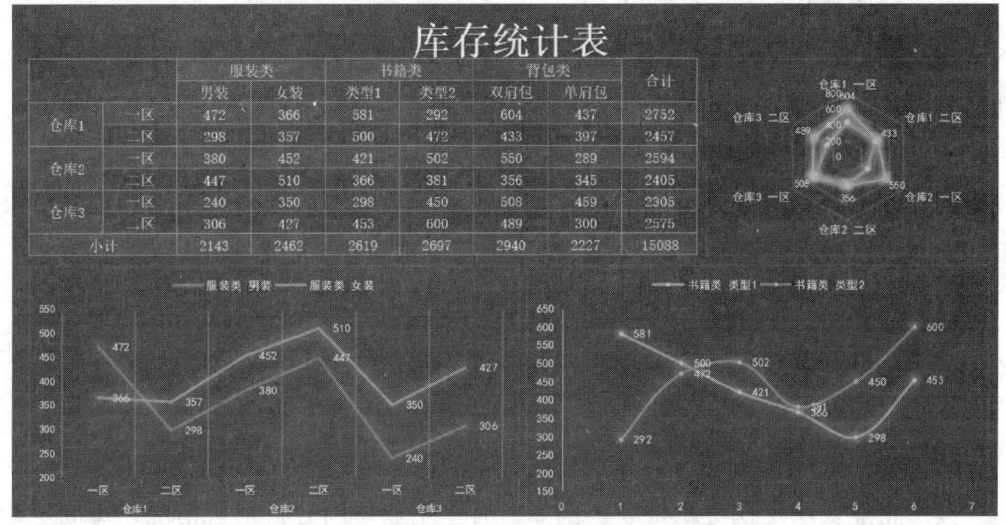

图 6-2-2　专项数据报表

（2）可视化原则

针对确定的分析目标，构思报表大纲，即从哪些维度来构建数据分析逻辑，把数据重新组织，并把关联度强的数据通过图表或图形展示出来，使其可视化。

（3）交互性原则

根据不同使用者的要求，把报表设计得具有交互性，可以让使用者根据实际要求，获得更多的信息，可结合报表的目标用户选择数据指标。目标用户的职务决定了其关注数据指标的差异，如一线运营人员更关注有利于开展工作的具体而细致的指标；决策层领导相对而言更关注结论性指标。

（4）合理性原则

报表应该以明确、简洁、易读的方式合理表示所要传达的信息。根据报表的分析目标和选定的指标,确定相适应的展现形式,在 Excel 中完成报表框架的搭建。

2. 数据报表设计方法

(1)明确报表目标

制作报表之前要明确报表的目标,了解报表的受众,确保报表能够展示确定的信息。

(2)选择报表指标和数据源

选择与报表数据相关的指标和数据源,确保数据质量和准确性,将数据用易于访问和处理的方式展示。

(3)选择合适的图表类型

选择能够清晰呈现数据的可视化图表类型,确保图表的颜色、标签、比例、标题能传达可视化信息。

(4)分析数据趋势得出结论

通过分析数据趋势得出结论,帮助企业更好地应用数据报表结论判定经营决策。例如,在报表中展示的趋势线、平均值等,都能帮助企业做出后续经营决策。

(5)添加注释和说明

添加注释和说明可以帮助企业更好地理解报表中的数据,例如,添加解释性的文本和附注等元素。

(6)定期更新报表

按照企业要求定期更新报表。例如,有些企业每周分析销售情况,每周定期更新销售报表可以帮助营销人员判定决策和开展销售。

三、可视化图表的类型与特点

1. 可视化图表的类型

可视化图表的类型通常包括折线图、面积图、柱形图、条形图、饼图、散点图、气泡图、雷达图等。这些图表可以帮助理解数据,从而更好地绘制数据分析报告。可视化图表还可以让使用者更快更直接地看出数据之间的关系和趋势。

折线图、面积图用于展示多指标的数据变化趋势,并且可以比较多组数据在同一维度上的变化趋势,如图 6-2-3 所示。

柱形图、条形图可以直观地显示某个指标或多个指标的数据变化趋势,如图 6-2-4 所示。其应用场景主要体现在二维数据上,例如产品月销售量、活跃用户数等。

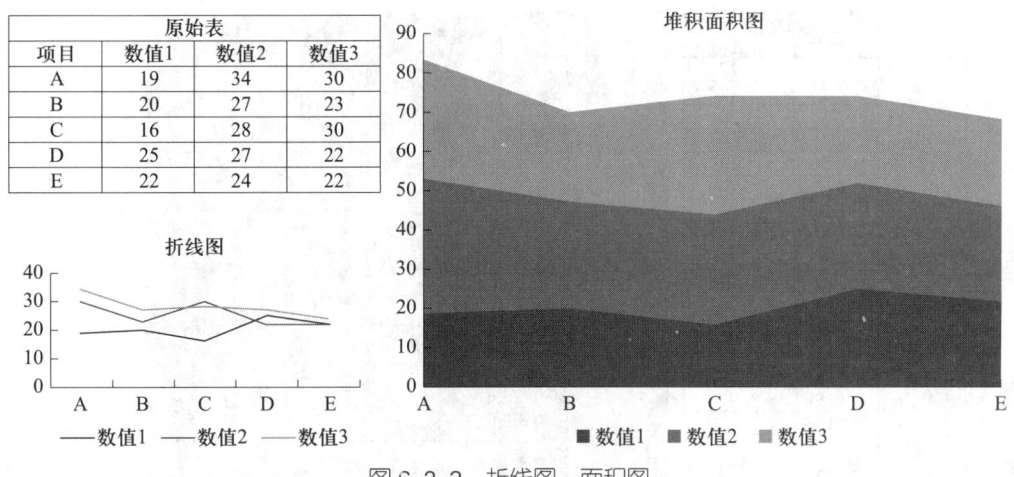

图 6-2-3 折线图、面积图

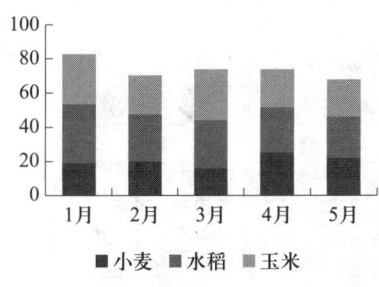

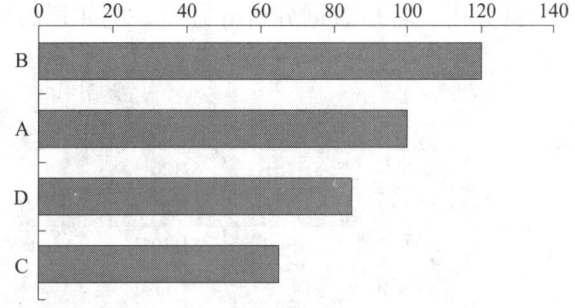

图 6-2-4 柱形图、条形图

饼图可以展示不同数据构成的比例,也称扇形统计图,如图 6-2-5 所示。其主要体现占比情况,例如客户画像的年龄占比、性别占比等。

散点图将数据以点的形式展现,显示变量间的相互关系或者影响程度,点的位置由变量的数值决定,如图 6-2-6 所示。其可以展示数据的分布和聚合情况,适合展现较大数据集,比较跨类别的聚合数据,例如不同省份产品销售趋势等。

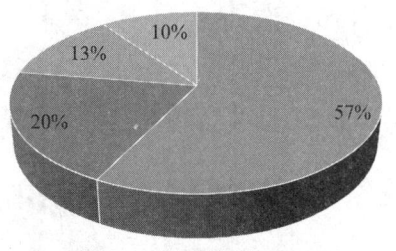

图 6-2-5 饼图

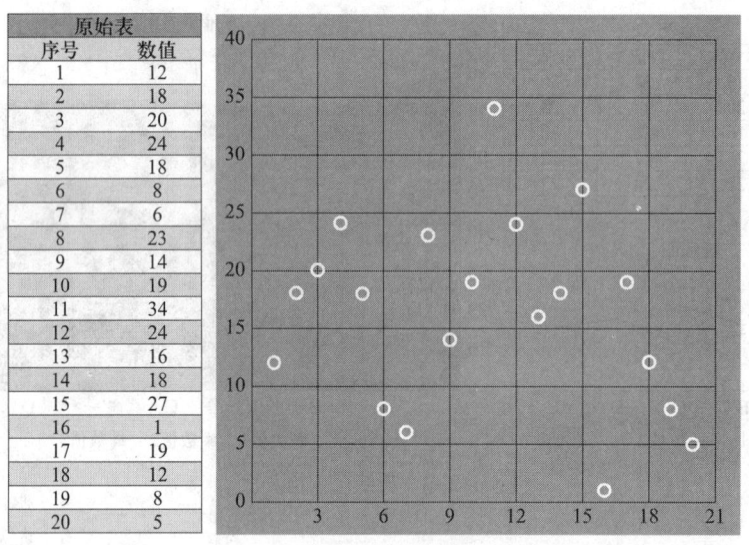

图 6-2-6 散点图

气泡图可用于展示三个变量之间的关系，气泡图与散点图相似，不同之处在于，气泡图允许在图表中额外加入一个表示大小的变量，适用于展示三维数据之间的关系，气泡由大小不同的标记表示，如图 6-2-7 所示。其应用场景主要为销售数据分析、客户数据分析等方面，例如售后回访数据等。

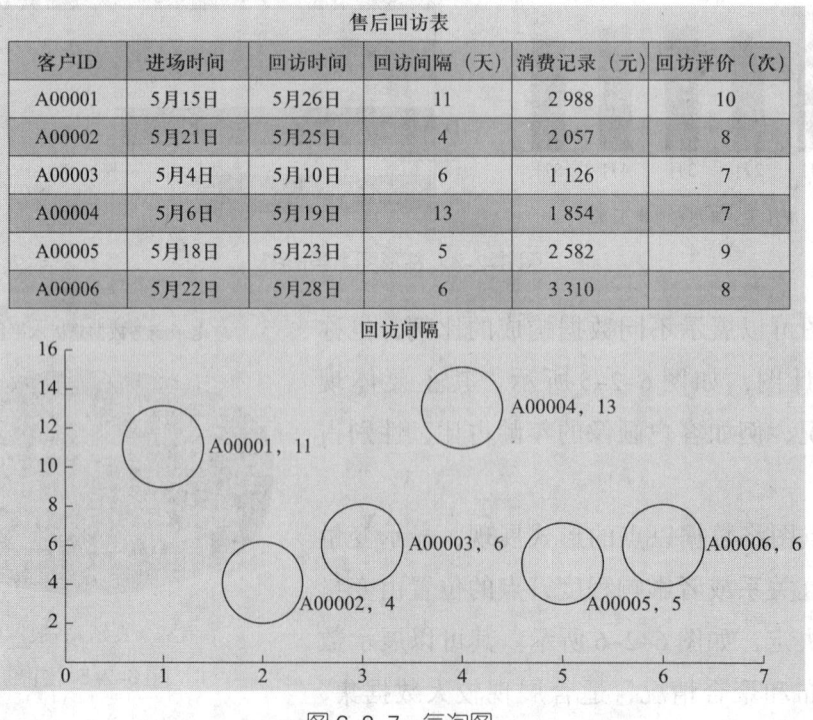

图 6-2-7 气泡图

雷达图又称网络图、星图、蛛网图，是以从同一点开始的轴上表示的三个或更多个定量变量的二维图表的形式，显示多变量数据的图形方法。适用于多维数据，且每个维度均可以排序，主要用于了解各项数据指标的变动情况及其好坏趋势，如图 6-2-8 所示。其应用场景主要为运营数据分析，例如，企业可以把收益性、生产性、安全性、成长性指标用雷达图展现出来，帮助电商企业完成运营。

运营分析表		1月	2月	3月	4月	5月	合计
无人超市	运营人数	3人	4人	4人	4人	2人	17人
常规超市	运营人数	12人	15人	7人	4人	4人	42人
无人超市	人工成本	21 000元	28 000元	28 000元	28 000元	14 000元	119 000元
常规超市	人工成本	60 000元	75 000元	35 000元	20 000元	20 000元	210 000元
无人超市	客流	500人次	700人次	600人次	800人次	500人次	3 100人次
常规超市	客流	400人次	300人次	260人次	870人次	770人次	2 600人次
无人超市	人均消费	54元	33元	40元	39元	23元	189元
常规超市	人均消费	23元	19元	30元	24元	20元	116元

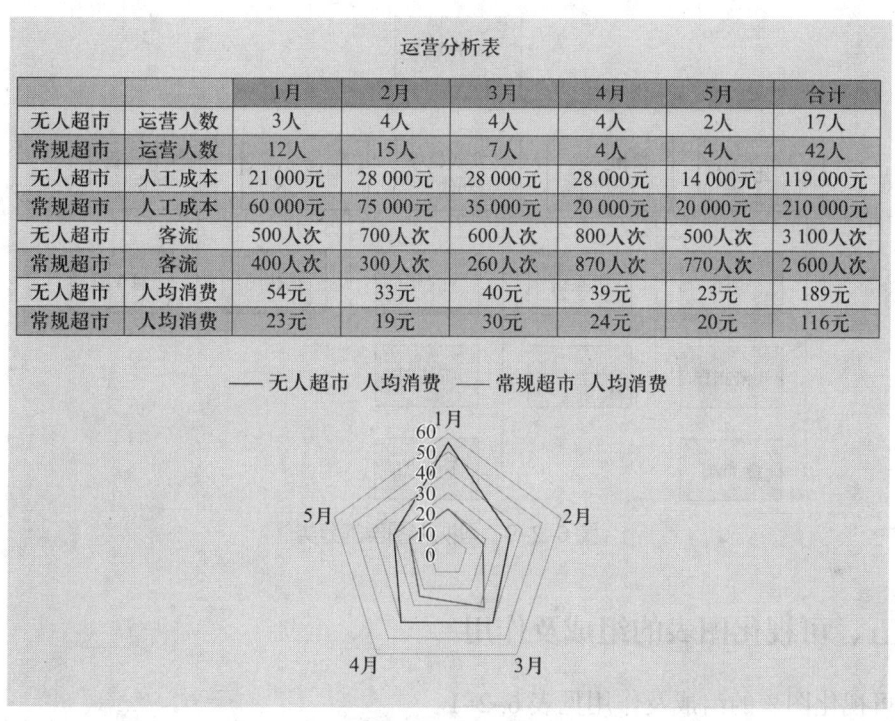

图 6-2-8　雷达图

2. 可视化图表的特点

（1）简洁化

可视化图表具有简洁化和可理解的特点，通过可视化图表可以更加清晰地展示数据，便于客观真实地传递信息。

（2）形象化

可视化图表可以更加形象地展现数据的量化与结构，给人们更多的感官感受和认知。

（3）透视化

可视化图表可以更加深入地分析数据的变化趋势，便于数据的研究和分析。

四、常用数据报表业务指标的可视化展示方法

数据报表的业务指标可根据不同类型进行可视化展示,占比类图表通过饼图、矩阵树图、瀑布图展示;相关类图表通过散点图、气泡图展示;趋势类图表通过柱形图、折线图、面积图展示;差异化图表通过雷达图展示;工作流程图表通过漏斗图展示,如图 6-2-9 所示。

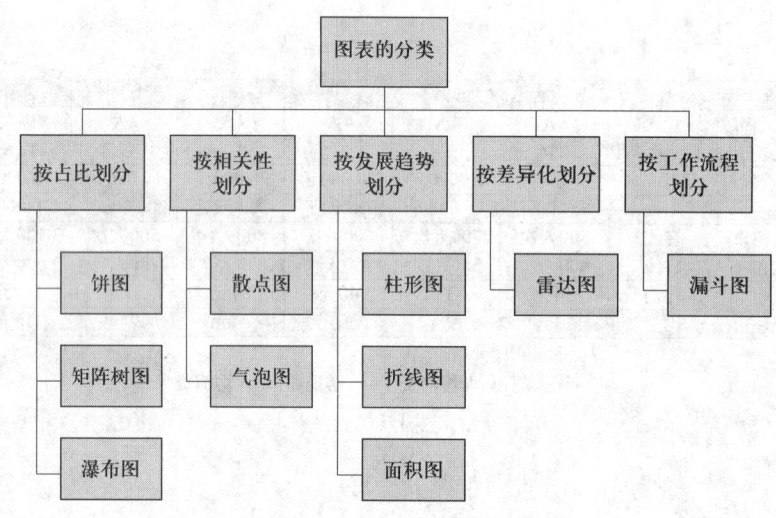

图 6-2-9　可视化图表的分类

五、可视化图表的组成及作用

可视化图表的组成及作用见表 6-2-1。

表 6-2-1　可视化图表的组成及作用

组成	作用
标题	标题用于表明图表或分类的内容。一般来说,用于表明图表内容的标题位于图表的顶部
坐标轴	坐标轴是作为绘图区一侧边界的直线,为在图表中进行度量或比较时提供参考框架,对于大多数图表而言,数据值均沿数值轴 Y 轴绘制,类别均沿 X 轴绘制
数据系列	绘制在图表中的一组相关数据点是一个数据系列。每一个数据系列都有特定的颜色或图案
数据点	即数据标记。图表是工作表的图形化,一个数据点本质上是工作表中一个单元格的数据值的图形表示
网格线	网格线是指图表中的线条,有助于查看和评估数据。网格线从方向轴上的刻度线处延伸至绘图区,包括水平和垂直网格线

续表

组成	作用
刻度线与刻度线标志	刻度线是与轴交叉的起度量作用的短线,类似于尺子上的刻度。刻度线用于表明图表中的类别、数值和数据系列,例如水平方向6个刻度分别用来代表6个月
图例	图例用于说明两个数据系列中的图形外表,可以是一个方框、一个菱形或其他小图块,用于标示图表中为数据系列或分类所指定的图案或颜色
数据标签	数据标签是图表中专为数据标记提供附加信息的标签,代表源于数据表单元格的单个数据点或值

操作技能 1

可视化展示方法

一、操作情景

小瑞计划通过对数据报表的分析掌握店铺在半年内的整体运营情况,包括销售额、成交转化率及毛利率等,并选择条形图与折线图来反映数据在某个时间段内的变化趋势。半年内店铺的销售毛利率与成交转化率见表6-2-2。

表6-2-2　7月—12月店铺销售毛利率与成交转化率

月份	毛利率	成交转化率
7月	81.45%	64.68%
8月	90.12%	61.25%
9月	84.95%	60.65%
10月	86.68%	61.73%
11月	84.23%	50.54%
12月	88.93%	48.89%

二、操作步骤

步骤1　在Excel中打开表6-2-2,选中表格内容,点击"插入"选项卡中"图表"命令组右下角的下拉按钮。

步骤2　在弹出的"插入图表"对话框中选择"所有图表"选项卡。

步骤3　在界面左侧菜单中选择"组合",为系列名称"毛利率"选择"簇状柱形图","成交转化率"选择"折线图",点击确定。

步骤4　更改图表标题为"毛利率与成交转化率关系图",如图6-2-10所示。

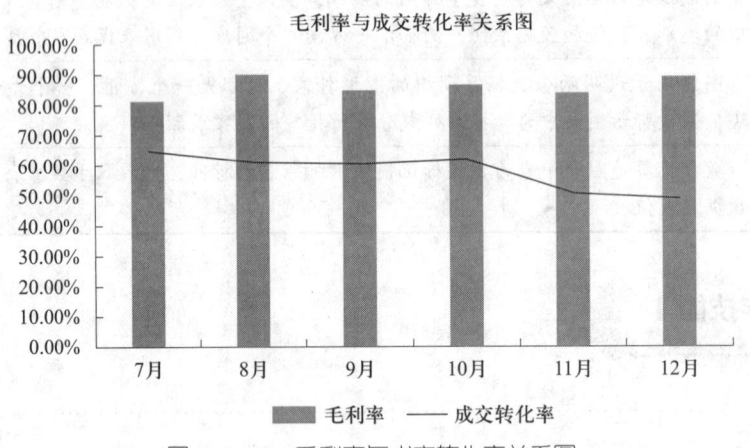

图6-2-10　毛利率与成交转化率关系图

六、常用可视化图表的制作工具

前面介绍的数据分析工具都可以进行可视化图表制作,例如 Excel、Tableau 和 Power BI 是经常用到的图表制作工具,除此之外还有 Google Data Studio、D3.js、ECharts 和 Highcharts 等。

1. Tableau

Tableau 是市场占有率较高的商业化可视化工具,支持多种数据源和各种交互式图表。Tableau 的作用主要是快速了解行业趋势数据,发现模式和趋势。应用场景主要是商业金融领域,可以有效地帮助互联网金融公司在数据分析方面探索不同的投资中心,在电商运营中帮助企业了解行业发展趋势,进行选品与采购。

2. Power BI

Power BI 是微软推出的商业化可视化工具,能够快速连接到各种数据源,并支持丰富的图表类型和可定制化报告。应用场景主要是市场营销活动管理,在财务管理中帮助进行财务状况分析、市场营销管理等。

3. Google 数据工作室(Google Data Studio)

Google 数据工作室是 Google 推出的免费可视化工具,支持与 Google Analytics、Google Ads 等 Google 产品无缝连接,并提供许多模板供用户选择。应用场景主要是在企业用户数据中心部署，通过企业用户分析，帮助企业进行生产、销售、客户等数据维护。

4. D3.js

D3.js 是一款基于 JavaScript 的可视化开发库，适合开发人员使用，支持各种自定义图表类型。D3.js 可以帮助开发者处理复杂的数据结构，并提供了多种布局算法，例如，分层图、打包图等，让开发者可以轻松地创建出各种形状和层次的图表。应用场景主要是在散点图等方面，可以综合分析企业各区域销售数据，进行交互数据的开发。

5. ECharts

ECharts 是百度推出的可视化开发库，具有易用性和良好的文档支持功能，支持多种图表类型和自定义主题。应用场景主要是在商业数据分析领域，ECharts 可以用于展示销售数据、用户行为数据等，帮助企业更好地了解市场和用户需求。

6. Highcharts

Highcharts 是一款商业化的可视化工具，具有易使用性，支持多种数据格式和图表类型，社区资源丰富。应用场景主要是将交互式、针对移动设备优化的图表添加到企业的网页和移动项目中进行综合应用。

选择图表制作工具需要注意以下原则和方法。

1. 评估需求和预算

先要弄清楚需要图表制作工具的哪些功能，以及企业的预算是多少。还需考量付款方式，是否有折扣或优惠，以及在购买图表制作工具后，购买和使用的成本。

2. 确定功能并搜索图表制作工具

根据企业的需求列出图表制作工具的功能，确定一款或者几款工具，一般来说，图表制作工具功能越多越好，但是也要考虑到实际需求和价格。然后浏览不同网站，比较其特点，参考官方介绍和用户反馈，以及其他可能有用的信息，最后确定一款最合适的工具。

3. 重点比较功能

在确定最终选择的工具后，要仔细进行研究，特别应注意哪些功能比较突出，结合自己的实际需求，确定这款工具的功能是否完全满足，如果不能，可以考虑选择其他补充功能。

4. 定期更改解决方案

随着时间的推移，新的解决方案会不断涌现，所以，时刻关注新的发布和更新，可以在发现有新的解决方案时，将新方案纳入考虑范围，将它们与现有的工具进行比较，以求得更优的解决方案。

七、可视化图表的制作

1. 流量趋势折线图制作

以单品日报为例，为了更好地查看每日数据变化趋势，可选择折线图。折线图适合多个二维数据集的比较，能够清晰地展现某个维度的变化趋势，并且可比较多组数据在同一维度上的变化趋势。

以店铺10天活动期间流量趋势折线图的制作为例，根据表6-2-3，制作如图6-2-11所示的流量趋势折线图，具体制作步骤如下。

表6-2-3　活动期计划访客数与实际访客数

日期	计划访客数	实际访客数
4月26日	15 200	15 108
4月27日	10 300	12 908
4月28日	16 300	15 231
4月29日	16 500	16 325
4月30日	15 200	15 608
5月1日	17 900	18 701
5月2日	17 000	18 503
5月3日	16 700	16 325
5月4日	15 800	15 631
5月5日	15 000	14 567

步骤1　在Excel中打开表6-2-3，选中表格内容，点击"插入"选项卡中"图表"命令组右下角的下拉按钮。

步骤2　在弹出的"插入图表"对话框中选择"所有图表"选项卡。

步骤3　在界面左侧菜单中选择"折线图"，点击确定。

步骤4　更改图表标题为"流量趋势折线图"，如图6-2-11所示。

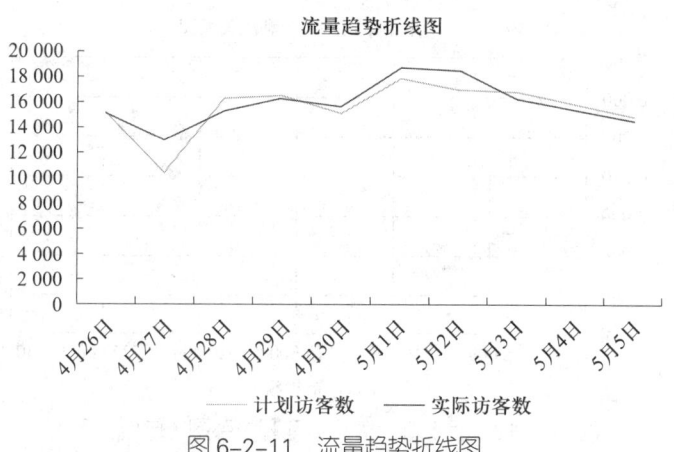

图 6-2-11　流量趋势折线图

2. 利润与销售额散点图制作

散点图适用于展示三维数据集中只有两维数据需要展示和比较的场景。根据表 6-2-4 绘制如图 6-2-12 所示的销售额与利润关系散点图,具体制作步骤如下。

表 6-2-4　某店铺上半年销售额与利润统计表

月份	销售额(元)	利润(元)
1 月	23 379	5 675
2 月	20 845	5 003
3 月	24 118	5 298
4 月	26 666	5 725
5 月	21 386	4 089
6 月	22 669	5 038

步骤 1　在 Excel 中打开表 6-2-4,选中表格内容,点击"插入"选项卡中"图表"命令组右下角的下拉按钮。

步骤 2　在弹出的"插入图表"对话框中选择"所有图表"选项卡。

步骤 3　在界面左侧菜单中点击"XY 散点图",选择右侧的散点图,点击确定。

步骤 4　选中散点图,点击右侧"加号",勾选即可完成各类图表元素的添加。例如,添加"坐标轴标题",将 X 轴标题改为"销售额",Y 轴标题改为"利润"。

步骤 5　更改图表标题为"上半年销售额与利润关系图",如图 6-2-12 所示。

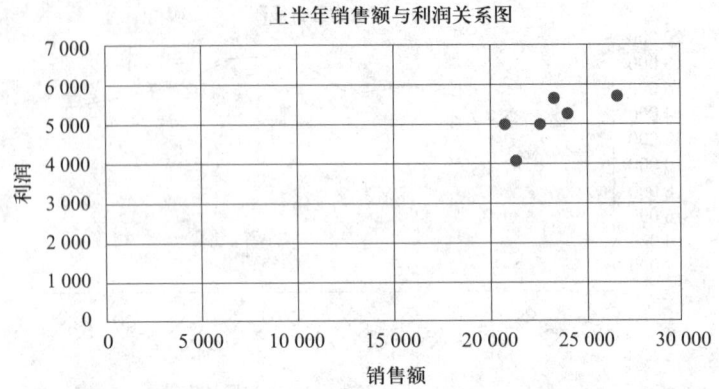

图6-2-12 上半年销售额与利润关系图（单位：元）

图表是数据可视化最基本的表现形式，所谓"一图胜千言"，在各类新闻报道及专业数据报告中，好的图表可以对数据进行更为直观的呈现与解读。

八、数据报表的制作步骤

数据报表是通过表格的形式呈现电商企业运营过程中特定时间段的各项数据。它作为一种信息组织和分析的有效手段，一方面有利于了解经营动态，进行整体评估；另一方面可以统计数据，便于随时查找，也能够为经营策略的调整提供系统的参考信息。依据报表制作的准确性、可视性、交互性和合理性原则，数据报表的制作包括如下步骤。

1. 明确数据报表的需求

数据报表的制作需要围绕日常数据汇报需求展开，明确需要达成的目标，例如，客户分析、销售分析、竞店分析、运营分析等，据此形成日报表、周报表、月报表。

2. 构思数据报表大纲，确定维度

需确定从哪些维度构思报表大纲，才能符合企业需求。

3. 进行报表数据指标的选择

选择合理的指标体系，能全方位地展示企业的经营数据。

4. 搭建（日、周、月）报表的框架。

5. 进行数据的采集与处理。

6. 报表的制作与美化

例如，市场分析报表需要结合行业发展数据、市场需求数据、目标客户数据、竞争对手及活动数据展开。运营分析报表需要综合呈现客户行为数据、推广数据、交易数据、服务数据、采购数据、物流数据、仓储数据，与日报表、周报表、月报表类似。产品分析报表的制作围绕相关产品行业数据、产品盈利能力数据展开。

动态数据报表制作方法

一、操作情景

小瑞尝试制作一个"动态数据报表",让枯燥的静止报表变成可以交互的动态看板。表 6-2-5 中记录了某品牌口罩的全年销售数据(未完全展示),包括销售城市、产品类别、销售员及口罩销售金额等。

表 6-2-5 销售统计表

日期	销售城市	产品类别	销售员	数量	单价(元)	金额(元)
2020-1-1	南京	纯棉口罩	妮妮	6	1	6
2020-1-1	武汉	明星口罩	刘大锤	30	30	900
2020-1-1	深圳	明星口罩	刘大锤	2	30	60
2020-1-3	上海	防雾霾口罩	张盛茗	63	28	1 764
2020-1-4	武汉	明星口罩	张盛茗	25	30	750
2020-1-4	武汉	防雾霾口罩	妮妮	40	28	1 120
2020-1-5	深圳	明星口罩	刘大锤	5	30	150
2020-1-5	上海	N95口罩	张盛茗	71	25	1 775
2020-1-5	上海	纯棉口罩	妮妮	60	1	60
2020-1-6	厦门	明星口罩	刘大锤	27	30	810
2020-1-6	武汉	医用口罩	赵小平	232	3	696
…	…	…	…	…	…	…

二、操作步骤

步骤1 在 Excel 中打开表 6-2-5(部分数据),选中表格内容,点击"插入"选项卡中的"数据透视表"按钮(见图 6-2-13),在打开的"创建数据透视表"对话框中点击"确定"按钮，调出"数据透视表字段"，如图6-2-14所示。

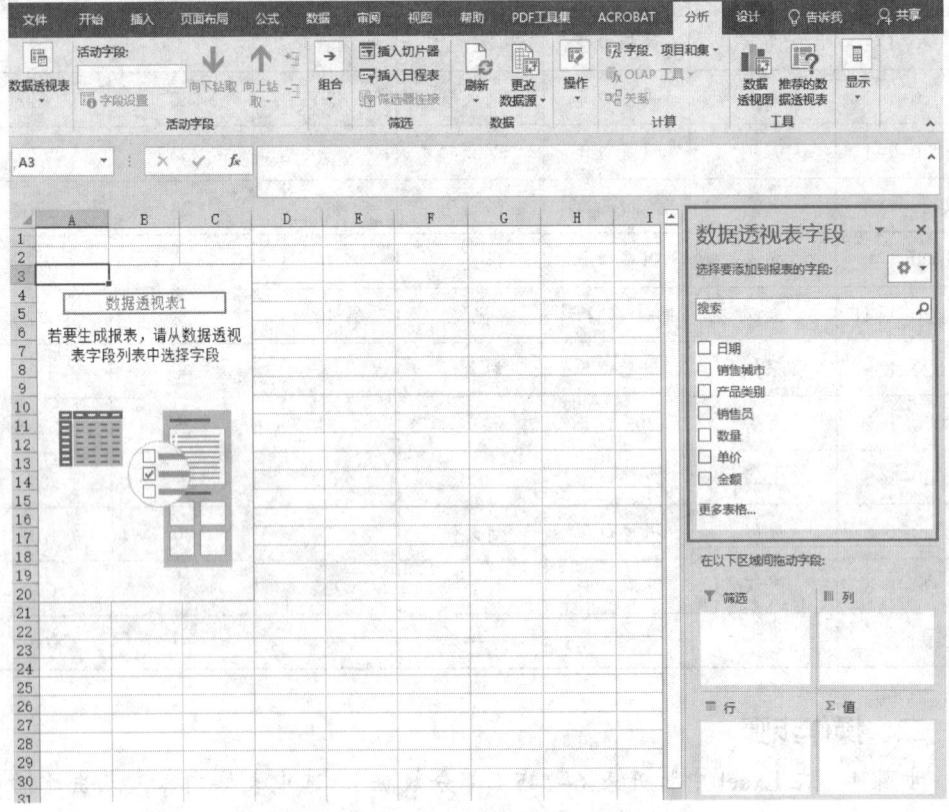

图6-2-13 创建"数据透视表"

图6-2-14 调出"数据透视表字段"

步骤2 在"数据透视表字段"中勾选"产品类别"和"金额",如图 6-2-15 所示。

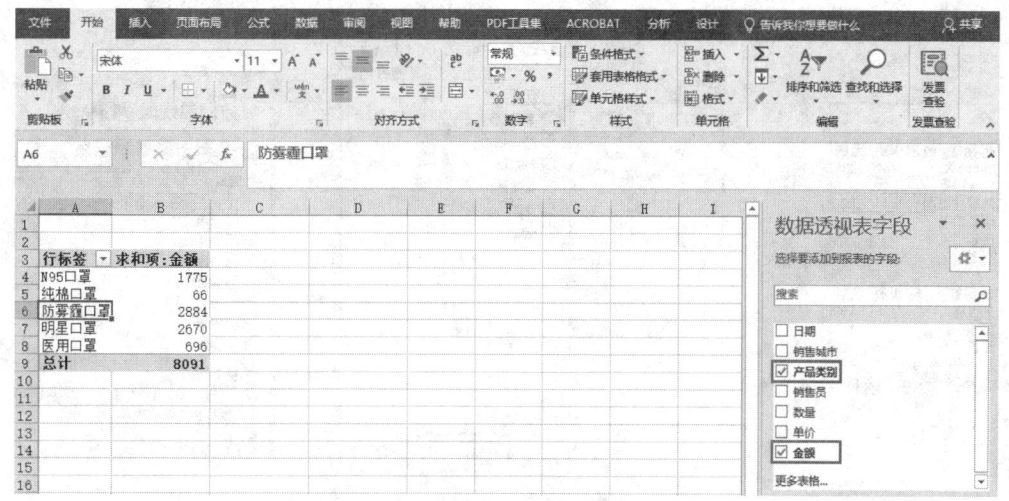

图 6-2-15 勾选"产品类别"和"金额"

步骤3 按照上述同样的方法,在另外一个 sheet 中新建数据透视表,在"数据透视表字段"中勾选"销售员"和"金额",并将生成的数据透视表与上一步骤中的数据透视表合并在一个 sheet 当中,如图 6-2-16 所示。

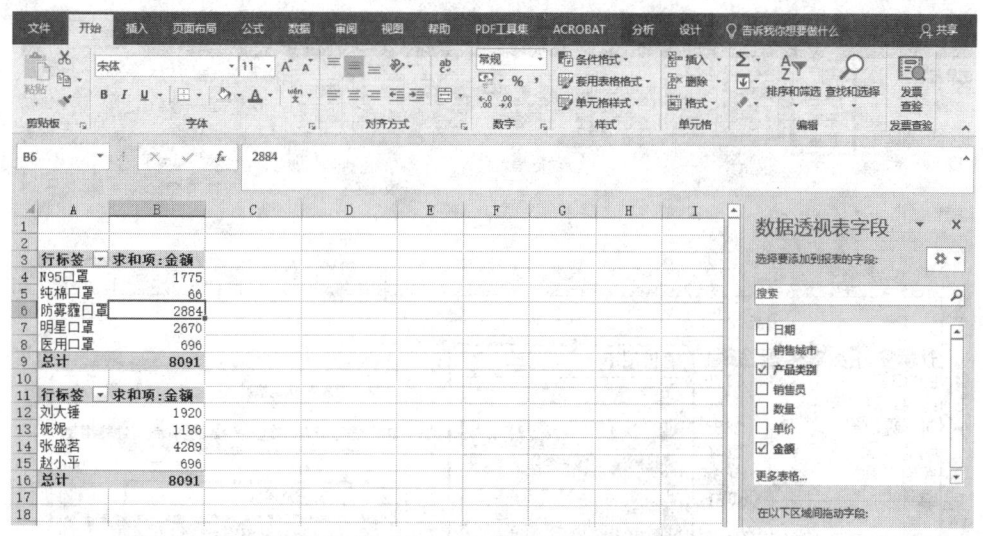

图 6-2-16 合并后的数据透视表

步骤4 选中数据透视表区域,点击"插入"选项卡中的"切片器"按钮,在打开的"插入切片器"对话框中勾选"销售城市"后点击"确定"按钮,如图 6-2-17 所示。

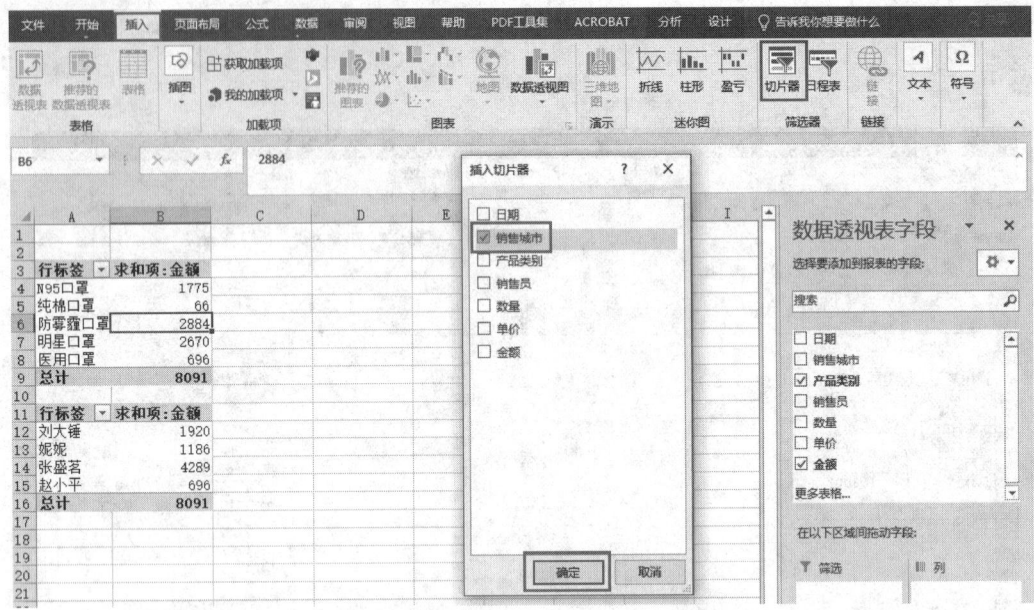

图 6-2-17 插入"切片器"

步骤5 点击"选项"选项卡中的"报表连接"按钮，在打开的"数据透视表连接（销售城市）"对话框中，勾选已经建立好的数据透视表和切片器，将插入的切片器与创建好的两个数据透视表连接起来，如图 6-2-18 所示。

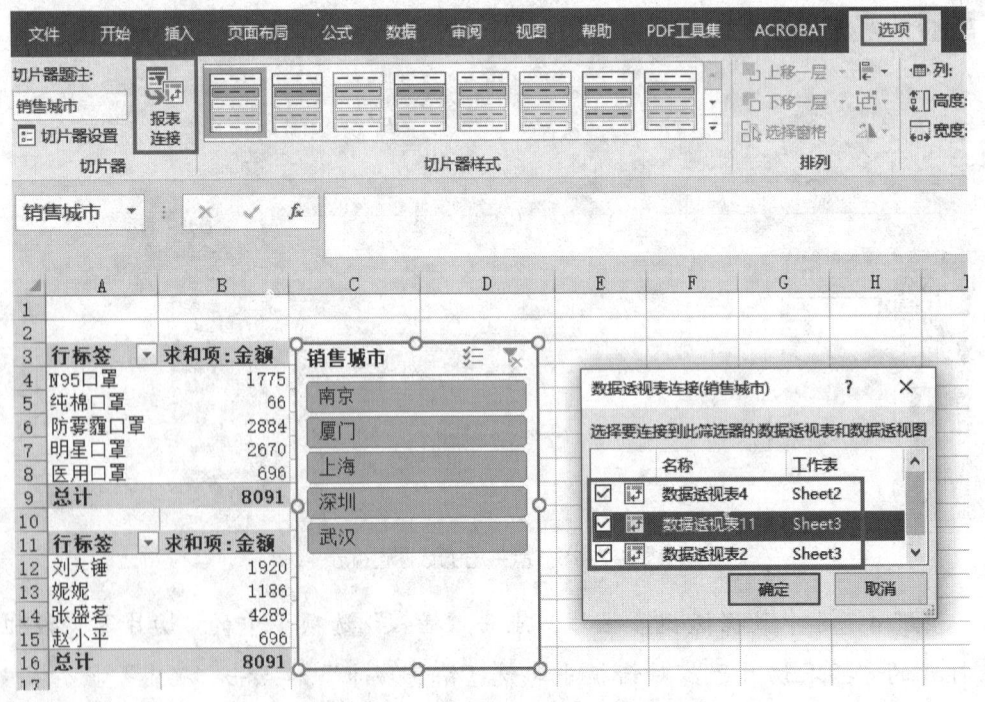

图 6-2-18 连接切片器与数据透视表

步骤6 选中"产品类别-金额"数据透视表,点击"插入"选项卡中的"数据透视图",在打开的"插入图表"对话框中选择"饼图",点击"确定"。采用同样的方法,为"销售员-金额"数据透视表创建数据透视图(柱形图)。汇总并调整后如图6-2-19所示。后期可适当进行颜色搭配和版式调整,设置标题,使可视化图表更精美。

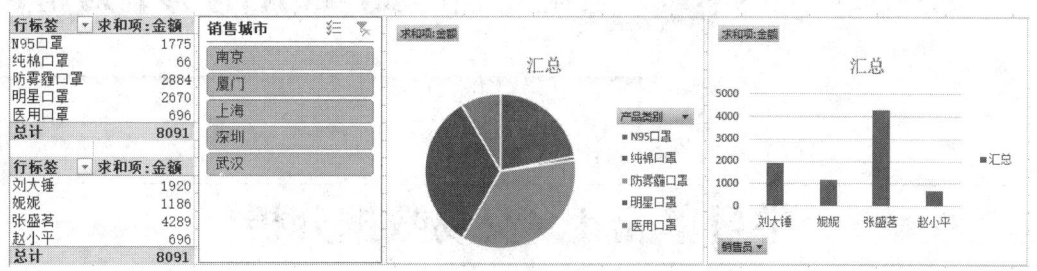

图6-2-19 动态数据报表展示

九、数据报表制作的注意事项

1. 准确性

在数据报表制作前,应该先确定数据来源是否准确可靠,核对确认报表中所用到的数据资料。

2. 美观性

数据报表不仅要将客观数据反映给报表使用者,还要考虑数据报表的布局美观,让报表使用者能够迅速掌握数据报表的实质意义,以此来提高报表的利用效率和精准性。

3. 简洁性

应尽量避免使用过于复杂的语句,不要使用未经测定的客观变量,制作报表前应明确字段定位,并将数据可视化,使数据报表更加直接简洁,易于理解。

4. 及时性

数据报表制作完成后,应及时进行更新,确保其可靠性,使报表使用者能够得到最新的数据,以便更好地决策。

培训课程 3 电子商务数据统计分析

学习单元 1 交易数据分析

一、交易数据分析的作用

1. 分析消费者行为

交易数据分析可以帮助企业有针对性地了解消费者行为、品牌偏好等信息,从而更好地为市场营销和产品定位提供依据。

2. 实现客户关系管理

针对客户的购物习惯及好恶、交易特点等进行精准分析,可以得出有效的客户关系管理模型,使企业为客户提供的服务更加科学、到位。

3. 精准产品推荐

企业通过交易数据分析,可以根据客户购物习惯及活跃度,提供针对性的商品推荐,进而降低客户流失率。

4. 降低运营成本

企业可以根据数据统计分析结果,精准匹配产品需求,提高销售和服务效率,缩短产品上市时间,避免制造、储存、物流等成本的浪费。

二、交易数据分析指标体系的建立

在数字经济时代,店铺交易数据分析结果一直是店铺运营以及后期决策调整的重要指标。交易数据分析指标离不开交易的数量、类目、渠道、金额以及转化率等。现以天猫平台为例，介绍交易数据分析指标体系的构成。

1. 订单数量分析

订单数量分析包括分析单个订单或者客户的总订单数量、分析各渠道订购的占比等。

2. 订单金额分析

订单金额分析包括分析销售金额、平均订单金额、最大和最小金额订单数量等。

3. 交易转化率分析

交易转化率分析包括分析访问深度、有效访问数量、交易转换数量与转换率等。

4. 客户购买行为分析

客户购买行为分析包括分析购物车金额、在线下单比例、反复购买率等。

5. 送货时间分析

送货时间分析包括分析送货成功率、超时送货率、交期偏差等。

6. 客户满意度分析

客户满意度分析包括分析客户满意度指数、投诉处理时间、投诉处理满意率等。

7. 失效订单分析

失效订单分析包括分析失效订单原因、失效订单金额占比等。

三、交易数据的统计分析

通过对交易数据的统计分析，可以完成供货商及客户行为数据的统计分析，帮助企业判断交易方的信用和制定相应的策略，减少市场风险。此外，可以从交易数据统计与分析中发掘出重要的潜在客户，有助于企业建立与未来客户之间的长期关系，从而达到提高企业效率和客户信任度的目的。另外，交易数据的统计与分析有助于企业了解客户和市场，确定客户需求和预测市场趋势，促进定制产品和服务，以实现客户满意度最大化。还可以帮助企业识别客户的忠诚度，从而制定相应的促销活动方案，提升企业的市场份额。

利用交易数据统计分析完成销售数据异常值预警

一、操作情景

某店铺在运营过程中发现，部分商品持续多月销售数据不理想，严重影响资金流转并占用仓库。现要求小瑞对店铺进行交易数据统计分析，对销售数据进行异常值预警。根据"连续数月低于销售均量40%"的目标设置监控指标，鉴别异常数据，完成监控报表制作与分析，对相关数据及时预警。

二、操作步骤

步骤1　确定方案。小瑞的数据分析工作主要是围绕工作任务中"商品月均销量不足店铺销售均量40%"的监控目标，网店的销售额＝展现量×点击率×转化率×客单价＝访客数×转化率×客单价。

步骤2　制作数据图表。根据方案，将商品月均销量低于店铺销售均量40%的数据进行突出显示，同时对店铺转化率数据进行数据条展示。插入数据透视表，求出平均销售量及平均支付转化率，如图6-3-1所示，右侧为数据透视表操作界面，左侧为同步实现的操作结果。

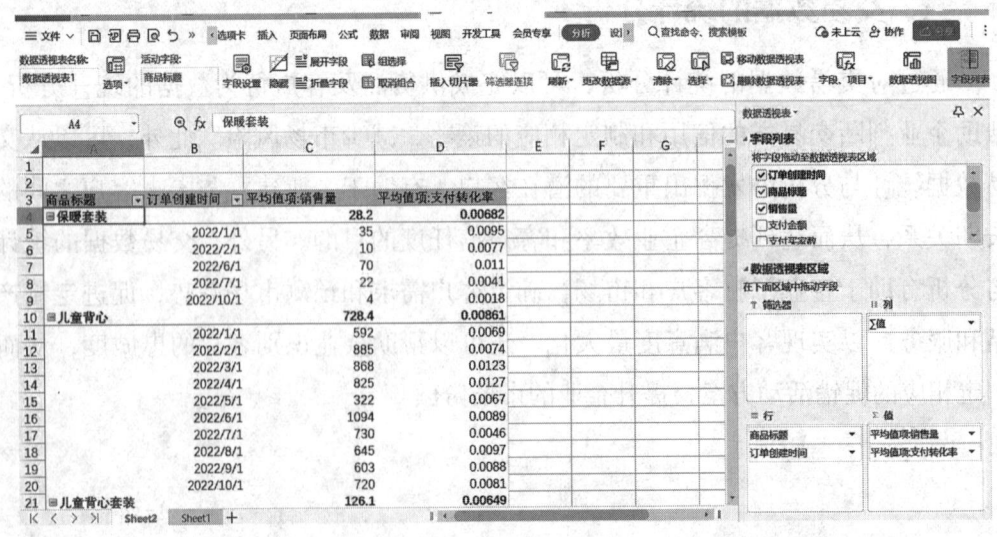

图6-3-1　数据透视表操作

步骤3 用"条件格式"突出显示异常数据。使用"开始"选项卡"条件格式"中的"突出显示单元格规则",标识出销售量指标中低于店铺销售均量40%的单元格,并对低于平均值的支付转化率进行标识。异常数据监控报表的操作结果见表6-3-1。

表6-3-1 异常数据监控报表操作结果

商品标题	订单创建时间	平均值项:销售量(件)	平均值项:支付转化率
保暖套装		28.2	0.006 82
	2022/1/1	35	0.009 5
	2022/2/1	10	0.007 7
	2022/6/1	70	0.011
	2022/7/1	22	0.004 1
	2022/10/1	4	0.001 8
儿童背心		728.4	0.008 61
	2022/1/1	592	0.006 9
	2022/2/1	885	0.007 4
	2022/3/1	868	0.012 3
	2022/4/1	825	0.012 7
	2022/5/1	322	0.006 7
	2022/6/1	1 094	0.008 9
	2022/7/1	730	0.004 6
	2022/8/1	645	0.009 7
	2022/9/1	603	0.008 8
	2022/10/1	720	0.008 1
儿童背心套装		126.1	0.006 49
	2022/1/1	92	0.008 9
	2022/2/1	64	0.004 7
	2022/3/1	79	0.005 4
	2022/4/1	33	0.004 1
	2022/5/1	59	0.004
	2022/6/1	195	0.007 5
	2022/7/1	106	0.005 8
	2022/8/1	277	0.007 4
	2022/9/1	154	0.007 3
	2022/10/1	202	0.009 8

续表

商品标题	订单创建时间	平均值项：销售量（件）	平均值项：支付转化率
儿童秋衣		419.4	0.010 55
	2022/1/1	354	0.010 5
	2022/2/1	385	0.010 8
	2022/3/1	602	0.014
	2022/4/1	177	0.005 7
	2022/5/1	211	0.006 3
	2022/6/1	835	0.016 8
	2022/7/1	383	0.006 7
	2022/8/1	312	0.014 8
	2022/9/1	486	0.010 8
	2022/10/1	449	0.009 1
睡衣分体套装		594.7	0.003 46
	2022/1/1	540	0.004
	2022/2/1	524	0.003 1
	2022/3/1	505	0.004 2
	2022/4/1	350	0.004 5
	2022/5/1	210	0.002 6
	2022/6/1	1 177	0.002 5
	2022/7/1	975	0.002 5
	2022/8/1	317	0.003 1
	2022/9/1	736	0.005 5
	2022/10/1	613	0.002 6
睡衣连体衣		1 466.5	0.003 34
	2022/1/1	1 112	0.003 5
	2022/2/1	1 524	0.004 2
	2022/3/1	1 828	0.004 3
	2022/4/1	1 420	0.002 9
	2022/5/1	2 401	0.002 6
	2022/6/1	1 599	0.003 1
	2022/7/1	1 451	0.003 7
	2022/8/1	818	0.002
	2022/9/1	1 040	0.003 4
	2022/10/1	1 472	0.003 7

续表

商品标题	订单创建时间	平均值项：销售量（件）	平均值项：支付转化率
睡衣棉被装		40.142 857 14	0.007 071 429
	2022/1/1	20	0.004 8
	2022/2/1	41	0.007 2
	2022/3/1	41	0.006 1
	2022/4/1	20	0.004 2
	2022/5/1	20	0.004 1
	2022/6/1	119	0.018 4
	2022/7/1	20	0.004 7
睡衣舒适裤		330	0.006 38
	2022/1/1	320	0.006 4
	2022/2/1	385	0.010 9
	2022/3/1	418	0.013 8
	2022/4/1	290	0.007 8
	2022/5/1	151	0.003 4
	2022/6/1	426	0.002 7
	2022/7/1	433	0.002 4
	2022/8/1	295	0.009
	2022/9/1	271	0.004 9
	2022/10/1	311	0.002 5
总计		514.902 777 8	0.006 554 167

步骤4 制作可视化图表，分析销售量异常数据（四舍五入），见表6-3-2及图6-3-2。

表6-3-2 销售量异常数据

商品标题	月均销量（件）	平均销量（件）	平均销量40%（件）
保暖套装	28	515	206
儿童背心	728	515	206
儿童背心套装	126	515	206
儿童秋衣	419	515	206
睡衣分体套装	595	515	206
睡衣连体衣	1 467	515	206
睡衣棉被装	40	515	206
睡衣舒适裤	330	515	206

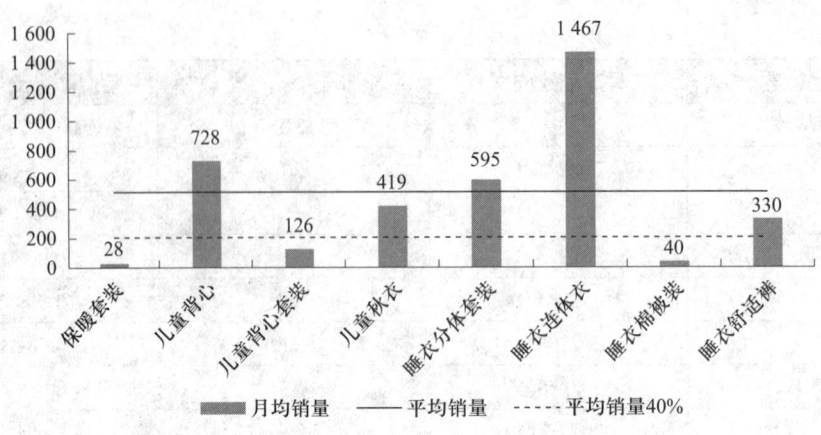

图 6-3-2 销售量异常数据分析（单位：件）

从图 6-3-2 中可以看出，保暖套装、儿童背心套装和睡衣棉被装远低于销售均价的 40%。

步骤 5　根据影响销售额的数据，分析有关指标，主要是支付转化率、销售额和客单价。支付转化率总体数据如图 6-3-3 所示。

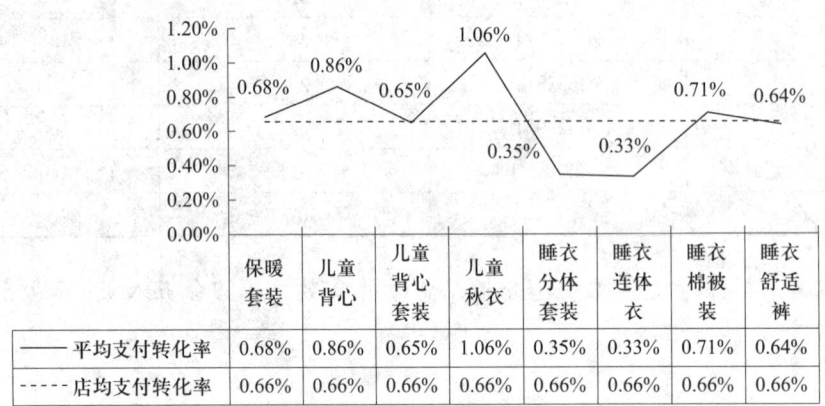

图 6-3-3　支付转化率数据分析

月均销量低于店铺销售均量 40% 的三款商品，支付转化率并不低，说明这三款商品月均销量低并不是因为转化的影响。

步骤 6　分析三款商品的销售额，保暖套装和睡衣棉被装销售额较低，其中保暖套装有 5 个月滞销，睡衣棉被装有 3 个月滞销，可能由于产品受季节因素影响较大。查出商品展示量和浏览量等方面的数据，以此来挖掘销售额低的真正原因，以及是否可以采取反季促销等策略。

步骤 7　从月均客单价情况来看，5 月客单价数据最大，6 月客单价数据最小，如图 6-3-4 所示。

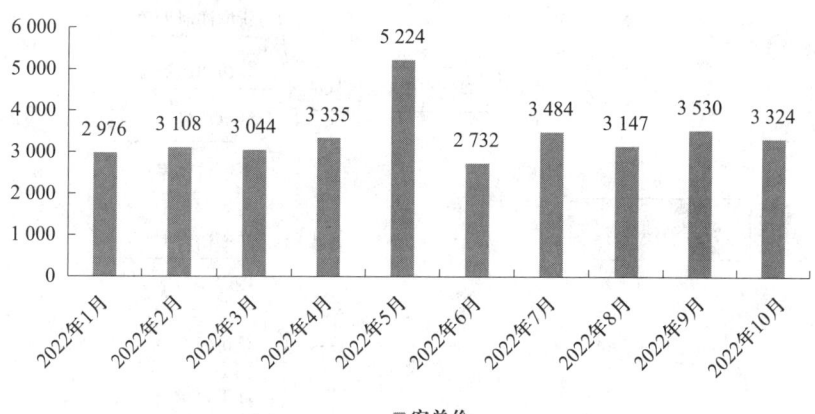

图 6-3-4　客单价（单位：元）

综上所述，对于销售数据，低于基准值 206 的为异常数据，需要与相关部门及时沟通。同时，应通过分析找出销售额下降的真实原因，并提供相应对策，防患于未然。

学习单元 2　营销活动数据分析

一、营销活动数据分析指标体系的建立

1. 常规营销活动数据分析指标体系建立

营销活动指标一般分为市场营销活动指标和广告投放指标等，是指根据市场营销目标、策略和活动设计，以及数据收集和分析方法等，从多个角度对市场营销活动和广告投放进行全面、客观、科学的评估和优化。通常以访客人数、下单转化率等指标来建立营销活动数据分析基础指标体系，如图 6-3-5 所示。

以下是在市场营销活动数据分析中使用的较为全面的指标体系。

（1）ROI（投资回报率），是市场营销投资与获得收益之间的比率。

（2）CTR（点击率），是广告或优惠信息被点击的频率。

（3）CVR（转化率），是广告或营销活动带来的购买率。

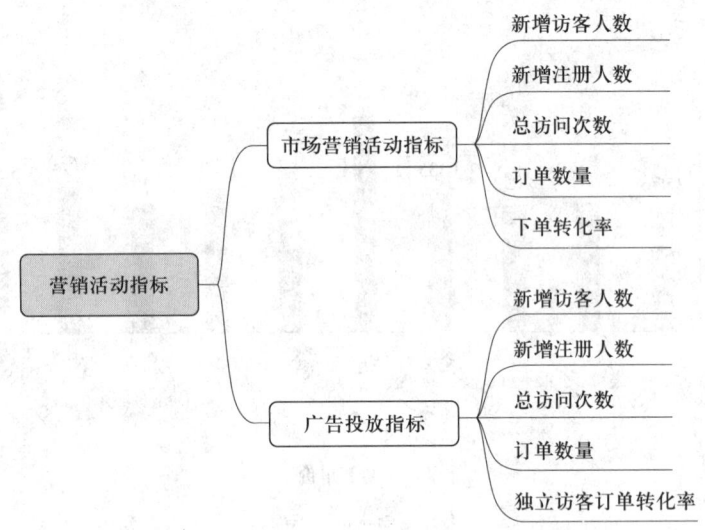

图 6-3-5 营销活动数据分析基础指标体系

（4）CAC（Customer Acquisition Cost，客户获取成本），是通过营销活动获取一个新客户所需的成本。

（5）CPM（千人展示成本），是广告展示一千次所需的成本。

（6）PPC 广告，是根据点击广告或者电子邮件信息的用户数量来付费的一种网络广告定价模式，是企业付费于购买搜索引擎特定版位的关键词行销方式。PPC 计费方式采取点击付费制，在用户搜索的同时，协助潜在客户更容易地主动接近企业提供的产品及服务，是按照点击量付费(业绩)的广告中的一种。

（7）CPS（Cost Per Sales，按销售付费），是以实际销售产品数量来计算广告金额的一种方式，按照广告点击之后产生的实际销售笔数，付给广告站点销售提成。

（8）竞争指标，用于评估商品在同行业中的地位和竞争力，包括市场份额排名、口碑指数和转化率等。

（9）市场占有率，是市场中公司的销售额占总销售额的比率。

（10）趋势指标，用于监测市场的趋势和变化，包括需求变化、市场渠道选择变化等。

（11）社交媒体参与度，是指社交媒体上用户参与或分享市场营销内容的频率。

（12）客户留存率，是已有客户再次购买或续订的概率。

（13）用户体验，是用户在交互、购买等环节中的满意度。

以上指标不是必须全部使用，而应根据具体情况和目的选择需要进行分析的指标。

2. 大型促销类营销活动数据分析指标体系的建立

随着网络营销的不断发展，各大平台陆续开展"双十一""双十二""618""99购物节"等多种多样的大型促销类营销活动，针对这些活动指标体系的建立，网商企业看重如下指标。

（1）流量类数据指标体系

企业关注浏览量PV（Page Views）、访客数UV、当前活动在线人数（15分钟内在线的UV数）、平均在线时长、停留时间、平均访问量、日均流量、跳出率等指标，可见流量类指标体系是在大型促销活动中企业较关心的体系，这个数据能帮助企业更好地引流，增加企业流量。

（2）转化类数据指标体系

企业关注转化率、注册转化率、客服转化率、收藏转化率、添加转化率、成交转化率、渠道转化率等指标，通过转化指标能帮助企业更好地了解大型促销活动产品的关注、转化、成交等情况，进一步了解转化渠道，帮助企业更好地引流并形成转化。

（3）运营类指标体系

企业关注成交指标、订单指标、退货指标、效率指标（客单价、连带率、动销率）、采购指标、库存指标、供应链指标等，通过运营类指标，企业能更好地完成供销存的管理。

（4）会员类指标体系

企业关注注册会员数、活跃会员数、会员复购率、会员留存率、会员流失率、平均购买次数等，通过会员类指标能帮助企业更好地开发新客户、维护老客户。

（5）财务类指标体系

企业关注新客成本、单人成本、单笔订单成本、费销比、物流财务指标等，通过财务类指标能帮助企业更好地控制成本，提高利润。

因此，企业在开展大型促销活动的同时，要时刻关注上述五类指标体系，多引流、强转化、巧运营、稳会员，这样才能更好地完成大型促销活动。

二、营销活动数据的统计分析

营销活动数据统计分析是通过对营销活动的数据进行统计、分析和挖掘，来评估营销活动的效果和价值的过程。可以从以下维度出发，进行营销活动数据统计分析。

1. 受众分析

受众分析是指通过对受众的特征和行为进行分析，来更好地理解受众需求和购买决策过程。通过更好地理解受众，可以优化广告投放和营销策略，提高转化率。

2. 竞争分析

竞争分析是指通过对竞争者的市场份额、产品定价以及促销策略进行分析，来评估竞争者的优劣势。通过对竞争者的深入分析，可以帮助企业制定更好的竞争策略。

3. 活动效果分析

活动效果分析是指通过对人群分析、渠道分析、转化率分析以及 ROI 分析，来评估活动的效果。通过对活动效果的深入分析，可以帮助企业改善活动策略和效果，提高 ROI。

4. 渠道分析

渠道分析是指通过对不同营销渠道的效果和成本进行分析，来评估各个渠道的投入回报率，从而优化渠道选择和投放策略。

5. 品牌价值评估

品牌价值评估是指通过对品牌忠诚度、品牌影响力和品牌资产等多个维度进行评估和分析，来评估品牌的价值和成长潜力。通过更好地理解品牌的价值和潜力，可以帮助企业打造更具竞争力的品牌。

典型案例

某企业对受众访问渠道的分析

下面以某企业在淘宝平台开展的情人节推广活动为例，来对受众访问渠道进行分析，说明营销活动统计分析过程。

步骤1　从"生意参谋"后台查询到"流量"–"商品来源"数据。

步骤2　将数据加载至 Excel 中，如图 6-3-6 所示。

商品来源	访客数（人）	加购人数（人）
效果广告	53	2
手淘推荐	25	1
手淘搜索	21	2
购物车	20	2
我的淘宝	12	2
淘内待分类	8	1
订阅	8	0
手机天猫	6	0
站外广告	3	1
手淘旺信	3	0

图 6-3-6　营销活动商品来源数据汇总表

步骤 3　选中所有数据区域，插入并制作数据透视表和数据透视图，如图 6-3-7 所示。

商品来源	求和项:访客数/人	求和项:加购人数/人
订阅	8	0
购物车	20	2
手机天猫	6	0
手淘搜索	21	2
手淘推荐	25	1
手淘旺信	3	0
淘内待分类	8	1
我的淘宝	12	2
效果广告	53	2
站外广告	3	1
总计	**159**	**11**

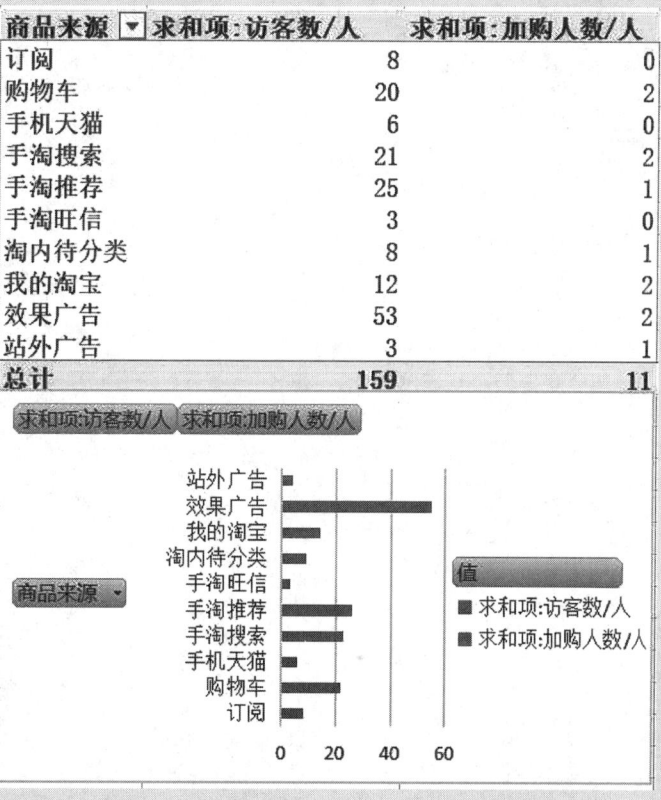

图 6-3-7　营销活动商品来源数据透视图表

根据图表分析受众访问渠道，得出分析结论：

> 从制作的数据透视图表中,能够看出受众最主要的入口页面是效果广告,因此可知,这次效果广告推广相对成功,访客人数53人,但加购人数却不多,需进一步分析主页页面问题,提升广告推广效果。

综上所述,营销活动数据统计分析可以帮助企业更好地评估和优化营销策略,提高营销效果和ROI,从而实现更好的市场表现。